KB055638

IT'S GREAT TO SUCK AT SOMETHING

나는 파도에서 넘어지며
인생을 배웠다

IT'S GREAT TO SUCK AT SOMETHING

나는
파도에서 넘어지며
인생을 배웠다

넘어져도 무너지지 않고
다시 일어나는 법

캐런 리날디 지음 • 박여진 옮김

갤리온
GALLEON

로코와 지오에게

자신을 향해 처음으로 웃는 날 성장한다.
-에설 배리모어Ethel Barrymore

성공은 열정을 잃지 않고
실패에 실패를 거듭할 때 찾아온다.
-윈스턴 처칠Winston Churchill

얼마나 시도했든, 얼마나 실패했든, 괜찮다.
다시 시도하라. 다시 실패하라. 더 잘 실패하라.
-사뮈엘 베케트Samuel Beckett

필요한 것은 단 하나의 파도다.
단 한 번, 단 한순간만 파도를 타도
파도는 끊임없이 또 다른 순간으로 우리를 끌어당기는데,
그 과정은 결코 끝나지 않는다.
-제리 로페즈Gerry Lopez (다큐멘터리 영화Step into Liquid)

차례

"완벽하지 않아도 괜찮다"

못하는 일이 없다고 치자.

첫째, 그건 망상이다.

설령 그 말이 사실이라고 해도, 나는 그렇게 말하는 이들에게 뭔가 근사한 걸 놓치고 있다는 점을 알려줄 참이다. 이 책에서 나는 여러분에게 못하는 일을 받아들이고, 못하는 일을 하라고 독려할 것이다. 못하는 일을 한다는 것이 얼마나 멋진 일이 될 수 있는지 이야기하고 싶다. 대단치 않은 일, 시시한 일, 남에게 자랑하기에 변변치 않은 그 무언가를 하려고 힘겹게 노력하는 모습이 진정 얼마나 위대한 일인지 말하고 싶다. 그 대단치 않은 일에 애정과 진심을 담아 해보라. 즐겁게 그 일을 해보라.

내가 이 즐거움을 잘 아는 이유는 서핑을 하기 때문이다. 그리고 서핑을 지독히도 못하기 때문이다. 나는 서핑과 허니문 단계에 있는 사람이 아니다. 서핑에 낭만적인 환상을 품고 있는 단계가 아니라는 뜻이다. 서핑은 내 삶에서 아주 큰 부분을 차지했다. 지난 17년 동안 일 년 중 여덟 달을 서핑을 했고(혹시 이 글을 읽고 있을 서핑 중독자들이여, 한껏 코웃음을 쳐도 좋다) 최대한 많은 시간을 바다에서 보내고자 했다. 나는 서핑을 할 수 있을 만큼 돈을 벌게 해주는 일을 직업으로 선택했고, 힘들게 번 돈을 아낌없이 서핑에 투자했다. 가족 중 극히 일부만 인정하는 삶의 방식을 택했다. 그리고 나는 여전히 서핑을 못한다. 그럼에도 서핑을 사랑한다.

지난 몇 년 동안 나 자신을 파도에 무수히 밀어 넣었다. 그리고 서핑은 내가 쏟은 애정보다 훨씬 더 큰 애정을 돌려줬다.

여러분도 나처럼 못하는 일을 할 수 있는 잠재력이 풍부하다. 이 일에는 그리 많은 것이 필요하지 않다. 그저 있는 그대로의 자기 자신과 약간의 용기와 유머 감각 그리고 새로운 무언가를 시작할 의지만 있으면 된다. 설령 결과가 공식적인 기록으로 남지 않는다 해도 다시 시작하고 나아지려는 의지만 있으면 된다. 이 책은 당신을 어떤 분야에 통달하게 하려고 쓴 책이 아니다.

그러나 이 책이 여러분의 기회에 누가 되지 않을 것이다. 최근 〈과학과 기술의 심리학 저널Journal of Psychology of Science and Technology〉에 발표된 자료에 따르면 과학 분야의 노벨상 수상자들이 미국국립과학아카데미National Academy of Sciences 소속 과학자들보다 "취미활동에도 훨씬 적극적이었으며 예술과 기예에 대한 선호도가 뚜렷하게 컸다"고 한다.[1] 다른 말로 하자면, 노벨상 수상자들은 현미경을 들여다보지 않을 때면 첼로를 연주하거나 매듭공예를 즐겨 한다는 뜻이다. 그들은 아무도 귀 기울여주지 않을 음악을 연주하고 아무도 관심 갖지 않을 매듭을 만들어 벽에 걸어둔다. 끔찍하게 못한다 해도 상관없다. 그들은 그저 직관에 따라 그런 일을 할 뿐이다. 우리도 그 일이 어떤 일인지 스스로 알아내야 한다.

자, 무엇이 당신을 머뭇거리게 만드는가? 어떤 일을 못한다는 것은 부당한 비난일 뿐이다. 그저 평판에 불과하다. 어떤 일의 표준에 미치지 못한다는 말에는 불쾌함이라는 속성이 내재하지 않는다. 생각해보라. 만약 그렇다면 인류가 무언가를 배운다는 것이 가능하기나 했을까? 우리는 삶에서 많은 에너지를 나약함을 감추는 데 소모한다. 오직 성공을 향해서 맹렬히 달려가고 그에 대한 보상을 무엇보다 중요시하기 때문에 우리는 삶 한편에 있는 새로운 재능과 관심사를 발견할 여유를 갖지 못한다. 새로운 재능이나 관심사를 발굴해 키우려면 처음에는 필연적으로 고통과 실패가 따른다. 누가 봐도 바보처럼 보일 것이다. 실패할 것이다. 그래서 대다수 사람들은 그 과정을 건너뛰곤 한다.

새로운 일에 접근할 때 사람들은 그 일을 완전히 지배하려고 한다. 그러지 못할 때는 그 일을 무시한다. 무시함으로써 하나의 문제를 해결하는 것이다. 즉 어떤 일에 자신의 능력이 충분하지 않다는 사실을 인정하지 않는 것이다. 그런데 여기서 또 다른 문제가 생긴다. 우리의 삶이 축소되고 공백이 추가된다. 성인이 되면서 그 공백이 축적된다. 이것은 들어가기 두려운 공간으로 둘러싸인 반(反)성장의 지대다. 이런 일이 벌어지는 이유는 자신이 마음대로 통제할 수 없는 일에 관해 알기를 꺼려하기 때문이다. 하지만 나약함을 인정하지 않고 새로운 도전을 회피한다면 우리에게 남는 것은 빠르게 늙어가는 것뿐이다.

나는 행복은 못하는 일에 도전하는 데 있다고 생각한다. 물론 불편한 공간에 들어가는 것은 쉽지 않은 일이다. 우리를 매혹하는 무언가를 능숙하게 하지 못해서 생기는 좌절에 빠지면 누구나 고통스럽다. 그러나 불편함이란 삶에서 보면 지극히 미미한 부분에 불과하다. 이 책에서 나는 그 불편함의 정당성을 입증하려 한다. 언뜻 들으면 말도 안 되는 얘기 같지만 그 불편함에는 좋은 것이 무수히 숨어 있다. 시작도 하기 전에 그만두는 것은 비극이다. 절망과 낙담의 또 다른 한편에는 인내와 희망이 있다. 우리가 만족할 지점은 과정에 있다.

일중독과 성과 지상주의적인 삶에서 우리는 많은 것을 얻지만 그만큼 많은 것을 잃는다. 획일화된 목표와 그 목표만을 추구하는 맹목적인 삶에서 다른 가치는 희생된다. 자존심이 우쭐해지느냐 아니냐에 따라 좋은 날이 결정된다면, 좋은 날은 결코 없다. 만약 우리가 칭찬과 보상에 대한 욕구는 조금 뒤에 두고 누구나 뭔가를 못한다는 진실을 마주한다면 어떨까?

사실 정말로 뛰어나게 잘할 수 있는 일은 몇 개 되지 않는다. 못하는 일을 피하다 보면 인생의 많은 부분을 불필요할 정도로 피하게 된다. 재능은 유용하다. 그렇지만 인생에는 유용성 이상의 것들이 있다. 재능이 결단력에 대해 무엇을 가르쳐줄 수 있는가? 인내심은? 의지는?

정신이 굳건한 사람은 그 일을 한다는 사실이 중요할 뿐 보상은 기대하지 않는다. 제2차 세계대전 직후 활동한 독일의 철학자 요제프 피퍼Josef Pieper가 〈여가: 문화의 기본Leisure:The Basis of Culture〉에서 "여가 개념은 노동자라고 하는 전체주의적 개념과는 정반대다."라고 말한 것과 소위 '사회적 유용성'과는 동떨어진 인간의 활동을 찬양한 것도 비슷한 맥락일 수 있다.[2]

내게 서핑만큼 사회적 유용성과 동떨어진 것은 없다. 내 서프보드는 누군가의 기타일 수도 도자기일 수도 골프채일 수도 있으며, 이런저런 모양을 만드는 긴 고무풍선일 수도 있다. 도구나 행위는 우리가 단순한 유용성을 초월해 무언가를 행하는 수단이다. 어떤 도구든, 어떤 수단이든 내가 그 일을 못할 수 있다는 사실을 받아들이면 인내심을 품고 진짜 중요한 것들을 더 잘해나갈 수 있다. 근사한 사람으로 살아갈 수 있다.

이 책의 첫 번째 미션은 바로 이것이다. 나는 삶의 기본적인 요소를 쌓아나가는 이야기를 하려 한다. 새로운 것을 시도하지 못하게 가로막는 신념을 모두 부술 것이다. 완벽주의, 최초라는 거짓말, 의미를 부여해 일반화해버린 그럴싸한 말들을 모두 무너뜨릴 것이다. 물론 이런 이야기만 하려는 것은 아니다. 내가 이 책을 쓴 것은 단지 서핑 때문이 아니다.

2013년 나는 유방암 진단을 받았다. 그리고 석 달 후 다시 서 프보드에 올랐을 때, 나는 생산성 따위는 생각하지 않았다. 건강을 되찾아 다시 회사로 복귀하리라는 생각도 하지 않았다. 오직 그곳에 존재하는 나 자신만 생각했을 뿐이다.

이 책의 두 번째 미션은 이것이다. 별로 중요해 보이지 않는 일을 하는 삶의 기술을 알려주고 싶다. 특히 남은 인생이 중대한 문제를 향해 갈수록 그런 기술이 필요하다. 못하는 일을 하면 삶의 어려운 순간을 재구성하는 데 도움이 된다. 서핑에서 얻는 기쁨은 성취의 순간에서 오는 것은 아니다. 어쩌다 얻은 성공은 반가운 보상이지만 그것을 기쁨이라고 생각한다면 잘못 짚었다. 기쁨은 노력에서 온다. 이것이 나만의 이야기는 아니다.

얼마 전 뉴욕타임스에 나는 이런 글을 썼다.[3] "못하는 일을 한다는 것(은 굉장한 일이다)." 동시에 내 서핑 장면을 찍은 영상도 인터넷에 올렸다. 창피해서 몇 년 동안 숨겨두었던 영상이다. 개인적으로 나와 친분이 있는 이들은 내가 서핑을 즐기는 걸 알고 있었는데, 나는 그들이 내 서핑 실력이 꽤 괜찮을 거라고 생각하도록 내버려두었다. (내가 서핑에 쏟아 부은 시간을 감안할 때 자연스럽게 할 수 있는 추측이었다.) 그런 의미에서 그 동영상은 일종의 고백이었다.

친구가 집에 찾아온 적이 있는가? 그리고 친구가 당신을 본래 모습보다 조금 더 나은 사람이라고 믿게끔 내버려두었다는 사실을 문득 깨달은 적이 있는가? 재활용 쓰레기가 수북이 쌓여 있다는 사실, 했어야 할 오만 가지 집안일을 처리하지 않았다는 사실을 들킨 것이 부끄러워 이불을 발로 찬 적이 혹시 있는가?

서핑 동영상을 올린 것은 그 무렵 내가 한 일중 가장 잘 한 일이었다. 나는 무수히 많은 전 세계의 독자들에게 이런 말을 들었다. 내가 못하는 일을 부끄러워하지 않고 이야기했기 때문에, 많은 이들이 자신도 못하는 일이 있다고 밝혔다. 우리에게는 일종의 동지애가 싹텄다. 참으로 멋진 경험이었다. 또한 무수히 많은 이들이 할 수 없을 거라는 생각에 아예 시도조차 하지 않았던 일들을 이야기했다.

당신을 이 세계로 초대하려 한다. 못하는 일을 하는 것이 주는 즐거움의 세계, 잘해야 한다는 압박감 없이 무슨 일이건 새로 시도할 수 있는 세계로 말이다. 혹시 아는가? 갈피를 잡지 못하고 헤매다가 넘어졌는데, 그곳에서 우연히 전에는 발견하지 못했던 재능을 찾게 될지? 그러나 이것이 최종 목표는 아니다. 최종 목표 따위 없다. 장차 그 분야 전문가가 되지 않아도 된다.

그토록 많은 이들의 피드백을 얻은 것을 보면, 내 이야기는 나만의 유일한 경험이 아니다. 사람들은 자신이 못하는 일에 관해서는 말하지 않는다. 그래서 많은 사람들이 내 이야기에 짜릿해하는지도 모른다. 세상에서 오가는 이야기는 온통 승리에 관한 내용뿐이다. 끔찍한 이야기를 할 때는 남들을 웃기려 할 때뿐이다. 자, 이것이 또 다른 미션이다. 나는 완전히 새로운 장르의 대화를 나누고 싶다. 그 시작이 될 이야기를 하고 싶다.

우리의 삶은 완벽과는 거리가 멀다. 물론 완벽한 순간도 있다. 완벽한 파도가 밀려오고 내 몸과 마음이 파도를 탈 준비가 되어 있으며, 그 파도를 잡아 물결을 타고 내려오는 순간은 완벽하다. 그러나 나머지는 파도 밑에서 허우적거리는 순간들이 대부분이다. 그렇지만 나머지 순간에도 축복하고 찬양할 일은 무수하다. 기꺼이 못할 마음의 준비를 하고 시작하기만 하면 된다.

이것이 세 번째 미션이다.

못하는 일을 열정적으로 하기: 열정의 진짜 힘을 알려면, 뇌가 한 가지 일에만 열중하게끔 만들어지지 않았음을, 생의 모든 스펙트럼을 위해 만들어졌음을 알아야 한다.

비생산적인 일을 열정적으로 하기: 엉뚱한 일에 담긴 특별한 점을 꼼꼼히 살펴보자. 특히 끔찍한 일에만 집중해야 하는 듯한 때일수록, 엉뚱하고 비생산적인 일을 더욱 열심히 해보자.

다른 사람들과 함께 못하는 일을 해보기: 누군가 자신이 못하는 일에 관해 이야기하면 내 경험담도 이야기해보자.

내가 못하는 일을 하기 위한 조건을 갖춘 것은 서핑을 배우기 전이었다. 나는 사랑하는 일을 직업으로 갖고 있다. 내 직업은 편집자다. 특정 분야의 주제를 깊이 파고드는 전문가들의 중간자가 되어 그들의 지식을 책으로 만들어낸다. 나는 일을 하면서 다양한 주제에 관해 배운다. 결코 늙지 않는 생각을 가진 사람들과 친분을 쌓는 특혜도 누린다. 신비로운 삶의 표면을 물수제비 뜨듯 툭툭 건드려보기도 한다. 못하는 일을 하는 것이 내 전문 분야라 해도 과언이 아니다.

이 책은 (바라건대) 내가 가장 잘하는 일과 가장 못하는 일이 버무려져 있다. 나는 과학과 철학과 문학과 역사를 기웃거리고, 전문가들에게 도움을 요청해 그들의 지식을 풀어냈다. 마음이 어지러울 때 나를 흔들리지 않게 해주는 건 못하는 일을 꾸준히 하는 것이다. 나는 세상을 보는 새로운 방식을 보여주고 싶었다.

그러나 파도를 향해 나아가기 전에, 우선 내가 어쩌다가 못하는 일을 한다는 개념에 사로잡히게 됐는지 밝히고 싶다. 시작은 아주 순진한 질문에서 출발했다. 내게는 여덟 살 난 아들 로코가 있다. 로코를 학교로 데려다주는 길에 나는 다른 학부모인 존을 만나 얘기를 나누고 있었다. "로코는 올해 학교에서 좀 어땠어요?" 존이 물었다.

존과 나는 이전에도 로코 이야기를 나눈 적이 있었다. 로코는 정교한 동작을 익히는 데 서툴렀고, 감각을 느끼고 지각하는 데도 어려움을 겪고 있었다. 누가 봐도 문제는 뚜렷했다. 아이가 글씨를 쓰지 못한다는 것도 그중 하나였다. 로코가 쓴 글씨는 다른 사람은 말할나위없고 스스로도 판독할 수 없을 정도였다. 키

보드를 사용하는 데는 문제가 없었지만 종이에 글씨를 쓰는 숙제를 할 때면 몹시 괴로워했고, 선생님들은 로코의 과제물을 알아볼 수 없어서 평가하지 못했다. 로코는 숙제를 할 때마다 끊임없이 좌절했다.

어느 날 저녁, 로코가 식탁에 앉아 숙제를 하느라 낑낑대고 있었다. 아이는 글씨 쓰기가 너무 힘들어서 숙제에 집중할 수 없다고 하소연했다. 우리는 로코가 과제의 내용을 잘 이해하지만 막상 종이에 생각을 옮겨 적을 때면 그 생각이 멈춰버린다는 사실을 잘 알고 있었다. 로코는 숙제를 하다가 우는 날이 많았다.

"아, 로코는 손 글씨로 숙제하는 데 어려움을 겪고 있어요." 나는 존에게 말했다. 로코는 내 옆에 서 있었는데 부끄러워하지 않았다. 다른 사람도 자신의 문제를 알고 있다는 사실을 아는 로코는 동의한다는 듯 고개를 끄덕였다. "노력은 하는데, 글씨를 쓸 때마다 스트레스를 받다 보니 숙제 하는 게 여간 곤욕이 아니에요." 내가 존에게 말했다.

존은 한마디도 놓치지 않았다. 존은 로코를 보고 미소 지으며 손을 코트 주머니 안으로 깊이 찔러 넣고는 하늘을 바라보았다. 그러고는 한숨을 쉬며 이렇게 말했다. "그래, 로코. 못하는 일을 한다는 건 정말 굉장한 일이란다."

로코의 표정에서 걱정이 녹아내리더니 미소가 보였다. 아이가 빛났다. 아이가 상황을 인지하고 안심하고 있다는 게 느껴졌다. 마치 오래전 잃어버렸다고 생각했던 소중한 물건이 어느 날

갑자기 옷장 깊숙한 곳에서 나와 손안에 들어온 기분이었을 것이다.

로코는 자신이 정교한 동작을 할 능력이 부족하다는 사실을 받아들이는 것 말고는 선택할 수 있는 게 없었다. 자신에게 부족한 점을 받아들이고 그것을 기꺼이 인정하는 순간 아이는 있는 그대로 나아갈 수 있는 자유를 얻었다.

이 책을 통해 당신은 못하는 일을 어쩔 도리 없이 정말 못하고 있는 자신에게 가하는 채찍질을 멈추는 법을 배울 것이다. 그러나 그것이 핵심은 아니다. 나는 여러분이 진정으로 사랑하는 일을 찾기를 바란다. 설령 지독히 못하더라도 그 일을 하면서 즐거움을 만끽할 수 있는 그런 일을 찾길 바란다. 뛰어나지 않지만 자유로 가는 길목에 서 있는 자신을 뿌듯해하기를 바란다.

지난 10년 동안 나는 사람들이 중요한 일에 실패한 경험담을 얘기하면서 속마음까지 다 털어놓는 경우를 많이 보았다. 실패담은 늘 아름다운 대화였다. 부디 이 책을 통해 독자 여러분도 누군가와 이런 대화를 나눠 우리가 그토록 간절히 열고 싶어 하는 문을 열게 되기를 바란다. 궁극적으로 그런 대화는 유대감을 형성해준다. 그렇지만 그 유대감은 자신과 먼저 형성해야 타인과도 만들 수 있다.

내가 아들을 학교에 데려다주던 그날 오후로 되돌아가보면 존이 옳았다. 하지만 더 중요한 것은 로코가 그의 말을 들었다는 점이다. 로코는 여전히 지독한 악필이지만, 글씨를 잘 쓰지 못해

도 학업을 잘 해냈으며 10년 후 고등학교를 졸업생 대표로 졸업
했다.

첫 번째 파도

누구나 처음은
엉망이다

처음부터 바로잡자. 내가 서핑을 못하는 일이어서 시작한 것은 아니다. 나도 처음부터 못하는 일을 시도하는 달인은 아니었다. 서핑을 이제 막 시작한 이들이 그렇듯 나도 착각에 빠져 있었다. 다시 말하면, '그까짓 게 어려워봤자 얼마나 어렵겠어?' 이렇게 생각했다. 다윈상(Darwin Award, 어리석은 실수나 어처구니없는 일로 잘못된 사람을 조롱하는 말로, 인류에게 해악이 되는 유전자를 제거했다는 의미에서 나온 표현이다-옮긴이) 수상감이었다.

처음의 내 허세가 부끄럽지는 않다. 아니 솔직히, 약간의 망상은 유익할 수도 있다. 그것이 새로운 일을 추진하는 도화선이 되는 경우도 종종 있으니까. 하지만 일이 우리 의지대로 술술 풀리지 않는다는 사실을 깨닫는 순간, 망상의 연료는 빠르게 연소된다. 어떤 일이든 생각보다 어렵기 마련이다. "와, 이거 생각했던 것보다 훨씬 어렵네." 우리는 이런 말을 얼마나 많이 해봤던가? 이런 말에서 알 수 있듯이 뭔가를 잘하지 못한다는 사실은 해가 동쪽에서 뜬다는 사실만큼이나 필연적이다. 하지만 망상이 우리를 데려갈 수 있는 곳은 딱 거기까지다.

현대사회는 우리 모두를 승리에 광적으로 집착하도록 몰아가고 있다. 목표를 달성하기 위해, 동료보다 앞서기 위해, 더 잘하기 위해 건강과 삶을 '해킹'하고 있다. 하지만 모두가 성과를 제대로 거두는 것 같지는 않다. 우리는 소셜 미디어와 각종 광고에서 보는 그림 같은 삶을 완벽한 삶이라 믿으며 열망의 정신질환을 앓고 있다. 당신의 삶은 어떠한가?

그렇게 대단하지는 않을 것이다. 그렇지 않은가? 우리는 매일 더 많이 갖고, 더 많이 해내고, 더 잘하기 위해 분투해야 한다는 의무감에 시달린다. 이것이 자본주의 방식이다. 기를 써서 얻어야 할 만한 것이 없다면 그렇게 번 돈을 어디에 쓰겠는가? 그런데도 우리는 그런 방식에 사로잡혀 있다. 이 모든 압박은 우리를 마비시킨다. 새로운 일을 시작할 수 없게 만든다. 머릿속에서는 실패할지도 모른다고, 그러니 시도하지 않는 게 최선이라고 속삭이는 소리가 끊임없이 들린다.

못하는 일을 하라는 말이 상식에 어긋나게 들릴 것이다. 하지만 이것은 삶을 충만하게 살 수 있는 방법이다. 나는 당신을 첫 번째 파도에 밀어넣고 두 발로 서게 하고 싶다. 그러려면 우선 당신이 충분히 자신 있는 일이 아니라 해본 적 없는 일을 찾아야 한다. 못하는 일로 뛰어들어야 한다. 물론 그 일은 의미 있는 일이어야 한다.

만약 빵을 좋아하지 않는다면 제빵을 형편없이 하는 것이 별로 의미가 없다. 음악에 영혼이 울리지 않는다면 쇳소리 나는 바이올린도 별 가치가 없을 것이다. 계속해서 그 일을 잘하고 싶은 마음이 들려면, 그 일을 좋아해야 한다.

하고 싶지 않은 일이라면 그만두게 될 것이다. 단순하다. 어떤 일을 중단할 때는 온갖 이유가 있다. 시간 낭비라서, 어리석어 보여서, 더 나아지고 있다는 가시적인 지표가 없어서 등. 형편없이 못하는 일을 하고 싶어 하는 것은 엄밀히 말하면 완전히 비합리적이다. 그리고 그래야만 한다.

나는 첫 서핑 수업을 받은 후 파도를 잡기까지 5년이 걸렸다. 5년이라는 시간은 터무니없이 불합리한 시간이다. 패들링을 하고, 파도를 잡고, 일어서고, 턴을 하고(서프보드의 한쪽 면을 기울여 물을 가르며 도는 동작─옮긴이), 파도의 페이스(파도가 부서지지 않은 매끄러운 앞면을 가리키는 서핑 용어─옮긴이)를 미끄러져 내려올 수 있을 때까지 5년이 걸린 것이다. 다시 말하면 실제로 서핑을 하기까지 5년이 걸렸다.

알고 보니 서핑은 생각보다 훨씬 어려웠다.

그렇지만 5년이라는 시간이 공허하지는 않았다. 실패와 깨달음으로 충만한 나날이었다. 포기할 줄만 알았던 일을 하기 위해 끊임없이 노력하는 시간을 보낸 후 나는 성공에 관한 기존의 케케묵은 생각을 버리기 시작했다. 성가신 신화들을 파기하는 법을 배웠다. 서핑 초창기 시절 하와이 왕들이 즐겨 타던, 윌리윌리 나무로 만든, 76킬로그램에 달하는 올로 서프보드의 무게만큼이나 무겁게 나를 짓누르는 성가신 신화들을 무너뜨리는 법을 배웠다. 그 무거운 보드를 내려놓고 좀 더 가벼운 보드를 집어 들자. 하와이의 왕이 될 것이 아니라 파도 위에 똑바로 서자는 말이다.

누구나 처음은 엉망이다

새로운 일을 시도할 때면 필연적으로 첫 순간을 맞이한다. 사람들은 첫 순간에 대해 향수를 품고 흐릿한 기억을 간직하곤 한다. 다들 예의를 갖추느라 다른 사람이 자신만의 신화에 빠져 있도록 내버려둔다. 서로의 조작된 추억을 인정해준다. 아무도 그 첫 순간에 있었던 진실, 엉터리 순간에 대해서는 언급하지 않는다. 첫사랑, 첫 자동차, 첫 직장. 그러나 자신에게 솔직해진다면, 그리고 또렷하게 되짚어본다면 자신이 정말 엉망이었음을 깨닫게 될 것이다. 첫사랑은 상처만 잔뜩 남겼고, 첫 차는 시동이 걸리지 않아 철사로 시동을 걸어야 했던 똥차였고, 첫 직장은 싫어하는 상사에게 커피를 갖다주어야 했던 곳이다.

어쩌면 이것은 희생자 없는 범죄다. 첫 순간에 솔직하지 못하면 지금까지 자신이 걸어왔던 길을 제대로 보기가 더욱 어려워진다. 여기에서 솔직해지면 자신이 해온 일들을 더 많이, 더 넓게 볼 수 있다.

처음에 얼마나 못했는지는 중요하지 않다. 못하는 일을 하는데 가장 중요한 요소는 첫 순간들이 과대평가된다는 사실을 인정하는 것이다. 적성에 맞는 일을 할 때도 마찬가지다. 일단 첫 순간을 솔직하게 떠올려보라. 내가 먼저 해보겠다. 내 첫 순간들은 그렇게 아름답지만은 않았다. 첫 키스는 침으로 뒤범벅됐었고 첫 섹스에서는 자갈에 긁혀 상처를 입었다. 첫아이를 낳았을 때는 과다출혈로 거의 죽을 뻔했다. 이 모든 일은 정말 형편없었지만, 그럼에도 불구하고 꾸준히 노력하지 않았더라면 아마 나는 내 인생에서 가장 끝내주는 섹스도, 결혼생활도 경험하지 못했을 것이다.

못하는 일을 한다는 것은 장대한 서사가 될 수 있으며 섹스, 사랑, 결혼, 일, 출산, 죽음 같은 문제에 직면했을 때 중요한 역할을 할 수 있다. 다시 말해 위험이 낮은 상태에서 못하는 일을 하는 법을 배우면 정말 중요한 일을 잘 못하는 순간에 궁극적으로 도움이 된다는 뜻이다. 훈련은 우리에게 그 상황에 대처할 근육 기억(특정 신체활동을 반복함으로써 그 활동을 할 때 나타나는 신체의 생리적 적응–옮긴이)을 만들어준다. 위험은 처음이 가장 낮다.

나의 다른 첫 실패담도 많다. 손님을 처음 초대해 만들었던 요리, 말을 처음 탔을 때, 프랑스에서 처음 식사를 주문했을 때 등수도 없이 많다. 대학을 졸업한 뒤 얼마 안 되는 돈을 들고 파리로 갔을 때 나는 그곳에서 내 남은 인생을 보내게 되리라는 환상을 품기도 했다. 중학교 때부터 프랑스를 좋아했고, 고등학교와 대학 시절에도 프랑스어를 열심히 공부했다. 이 정도면 내 프랑스어 실력이 꽤 유창하다고 생각했다. 음식을 잘못 주문해 동물의 콩팥으로 만든 요리를 먹으면서도 내가 프랑스어를 잘못 알아들었다는 사실을 인정하기 싫어서 웃으며 그 요리를 다 먹기 전까지는.

당신은 저 일들 중 하나라도 시도해본 적이 있는가? 그리고 그 일을 되돌아보지 않은 적이 있는가? 바보처럼 보일까 봐 두려운가? 아니면 구운 콩팥 요리를 먹는 게 두려운가?

보기보다 힘들었던 이런 일들의 목록은 끝도 없다. 어떤 일을 처음 시도한다면, 정말 형편없을 것이다. 형편없이 못할 준비를 하라. 첫 순간이 얼마나 감동적이었는지에 대한 자동반사적인 향수에 기댈 생각은 접어두기를 바란다. 향수에 기대 인생의 첫 순간을 과장할 일은 없을 것이다.

피하기 어려운 일도 있다. 집을 사기 위해 주택 담보 대출을 신청해본 적 있는가? 해본 적 없다면 단단히 마음먹기를 바란다. 역대급으로 못하게 될 테니.

망상의 반대는 단순히 정직함이 아니다. 망상의 반대는 자기 신뢰다. 자기 신뢰는 훨씬 더 믿음직하고 오래 지속되는 연료다.

운이 좋게도 처음 서핑을 하기로 결심했을 때 나는 이미 자기 신뢰가 어느 정도 돈독한 상태였다.

하지만 운동은 제2의 천성이었다. 솔직히 말하면 나는 운동에는 재능이 없었다. 공 던지기, 장거리 달리기 등 분야를 막론하고 젬병이었다. 어린 시절 살던 집 창문 난간에서 마루로 뛰어내리기까지는 2년이 걸렸다. 피어리더 팀 대형을 만들기 위해 다리를 양옆으로 벌리고 손으로 발끝을 치는 연습을 하기 위해 창문에서 마루로 뛰어내린 것이다. 그런데 창문에서 뛰어내릴수록 내 두 다리는 정말 튼튼해졌고 나는 투포환 경기에서 내 몸집의 두 배는 되는 여자아이들을 이길 수 있었다. 치어리더 팀 단장이 스타 투포환 선수가 된 것이다. 어느 면에서 보더라도 나는 그 일을 잘 해냈다. 나는 강했고, 결단력이 있었으며, 자신감이 넘쳤다. 당연히 서핑도 연습하면 잘하게 될 거라고 생각했다.

아, 순진한 생각이었다.

서핑을 시작한 건
바다가 두려웠기 때문이다

못하는 일을 하려면 현재를 굳건하게 유지해야 한다. 하지만 진정으로 즐겁게 못할 일을 찾기 위해 과거를 살펴봐야 할 때도 있다. 내가 서핑을 시작한 것은 바다가 지독히도 무서웠기 때문이다. 나는 오랫동안 바다에 관한 악몽과 좋은 꿈을 반복해서 꾸었다. 그 꿈들은 지금까지도 여러 형태로 이어지고 있다.

좋은 꿈에서는 거대한 파도가 나를 향해 온다. 그러면 나는 파도를 피해 달아나고 싶은 마음이 생기지 않고 그냥 파도에 항복한다. 그리고 그 거대한 힘과 하나가 된다. 꿈속의 나는 주로 모래사장에 가만히 앉아서 파도가 나를 집어삼키도록 그냥 내버려 두곤 한다. 꿈속에서 나는 내가 꿈을 꾸는 중이라는 사실을 알고 있으며, 물속에서 숨을 쉴 수 있다는 사실도 알고 있다. 소용돌이에 휘말릴까 봐 조마조마해하지 않으며 파도가 내게 거세게 부딪쳤을 때 벌어질 상황에도 초조해하지 않는다. 파도가 다가오는 동안 차분하게 기다리다가 드디어 내게 도착하면 파도의 힘을 나의 힘으로 받아들인다. 실로 아름다운 꿈이다.

악몽에서는 좋은 꿈과 마찬가지로 거대한 파도가 나를 향해 밀려오는데 이번에는 거대한 벽이나 절벽 같은 구조물이 내 뒤에 있다. 달아날 곳이 없다. 설령 꿈속에서 이것이 꿈이라는 사실을 인지한다 해도 그 빌어먹을 파도에서 달아나야 한다. 그러나 행운은 없다. 나는 죽을 처지에 놓인다. 나는 완전히 겁에 질렸으며 물속에서 숨을 쉬지 못한다는 사실을 인지하고 있다. 내가 곧 죽으리라는 확실한 불안이 엄습한다. 좋은 꿈에서의 항복과 평화는 악몽에서 공포와 두려움으로 바뀐다.

자라면서 머릿속에는 늘 이 상충하는 장면들이 부딪쳤다. 어린 시절 가족들과 휴가를 갔을 때도 이 장면들과 마주쳤다. 10대였던 나는 친구들과 수영을 하다가 두 발이 물밑 모래바닥에 닿지 않아 순간 공황상태에 빠졌던 적이 있다. 라구나 비치 해변을 따라 걸을 때도 그 악몽은 계속됐다. 조수 차가 심하지 않았지만 내 뒤에 절벽이 있었고 나는 밀물이 얼마나 빨리, 얼마나 깊은 깊이로 다가올지 알지 못했다. 악몽이 현실로 구현된 것이다.

지금도 파도가 생각보다 높이 올라오면 악몽이 현실이 되곤 한다. 나는 파도를 피하려고 물속에 들어가서 벌어질 일을 생각하느라 숨을 제대로 쉬지 못한다. 이안류(파도가 거꾸로 치는 현상으로, 해변에 있던 사람들이 바다로 휩쓸려가는 사고가 발생하곤 한다-옮긴이)에 휩쓸려 바다로 밀려갈 때도 악몽에 빠진다. 수평선 위로 일어나는 파도가 어렴풋이 보일 때, 그 파도를 잡아 파도의 꼭대기에 올라가지 못할 때도 악몽이 재현된다. 바다에 대한 이런 공포는 본능적인 것일 수도 있고 서퍼로서의 경험과도 관련된 것일 수 있지만, 우리는 알지 못하는 것 혹은 예측할 수 없는 그 어떤 것에라도 압도적인 공포를 느낄 수 있다.

바다에 대한 내재된 공포, 예컨대 바다의 파도나 바다의 수면 아래로 헤엄치는 행위에 대한 공포를 극복하기까지는 30년이 걸렸다. 그렇지만 바다에 가까이 가고 싶다는 충동이 이 공포에 맞서게 해준다. 나는 거대하고 푸른 바다에 이끌린다. 설령 그 깊은 곳에 가는 것이 나를 완전히 무너뜨릴지라도. 나는 반평생을 서퍼들을 부러워하며 살았다. 그들의 서핑 능력이 부러운 게 아니다. 나는 내가 서핑을 지독히 못한다는 사실을 이미 인정했으며, 의도적인 노력이건 아니건 간에 그 점은 꽤 빨리 극복했다. 내가 정말 부러운 건 그저 바다에서 두려움 없이 즐기는 그들의 모습이다. 그것도 내가 그토록 간절히 하고 싶었던 것을 하면서 말이다.

못하는 일을 향한 애정은 바다로의 이끌림과 그것이 표상하는 모든 두려움과 투쟁, 생존에 대한 도전에서 비롯되었다. 하지만 그보다 중요한 것은 그것을 행동으로 옮기고 싶은 강한 충동이었다. 모든 동물은 두려움을 경험한다. 두려움에 맞서 도전하는 행위는 인간을 훨씬 더 인간답게 만든다. 그럼에도 처음 어떤 일을 행할 때는 두려움에 온몸이 떨린다.

한나 아렌트Hannah Arendt는 저서 《인간의 조건》에서 이러한 행동을 "기적적으로 작동하는 인간의 능력"이라고 말한다.4 "새로운 것을 해석하고 시작하는 능력, 즉 인간이 반드시 죽는다 해도 죽기 위해 태어난 것이 아니라 시작하기 위해 태어났다는 사실을 상기시켜주는 행위의 내재적 능력이 없다면, 죽음을 향해 달려가는 인간의 생애는 필연적으로 인간적인 모든 것을 황폐화하고 파괴할 것이다."

아렌트의 철학적 사유와 사회 이론은 새로운 무언가를 시작하는 데도 적용된다. 아렌트는 이런 말도 했기 때문이다. "행위 능력은 냉혹한 일상적 삶의 자동적인 과정을 중단시킴으로써 이 법칙을 방해한다"(한나 아렌트는 "인간사는 그대로 내버려두면 탄생과 죽음 사이에 존재하는 가장 신뢰할 만한 법칙인 사멸성의 법칙을 따를 수 있다"고 말했는데, 여기서 이 법칙은 '사멸성의 법칙'을 의미한다-옮긴이). 자동적인 삶에서는 그 어디에서도 자기만족을 얻을 수 없다. 바라기만 하는 것보다 행동으로 옮기는 게 더 낫다. 아예 망치지 않는 것보다는 망쳐보기라도 하는 편이 낫다.

시작도 전에
그만두고 싶었다

내 뇌를 지배하는 복잡하게 뒤얽힌 회로에서 서핑을 하고 싶다는 욕망이 도출되었다. 몇 년 동안 나는 파도를 타는 사람들을 부러워했지만 내가 그것을 하리라고는 감히 상상도 못했다. 그러나 이제 내 오랜 두려움은 물러났고 새로운 두려움이 맹렬하게 돌진해왔다. 평생 패들링 한 번 못해보고, 파도를 향해 한 번도 가보지 못하고 늙어갈 것이라는 공포와 함께. 서핑 한 번 해보는 게 뭐 그리 대수인가. 나는 더 이상 두렵지 않았다. 솔직히 두려워만 하기에는 아까웠다. 갑자기 나는 '될 대로 돼라!' 식의 태도를 갖게 되었다.

나는 바다에서의 삶을 진지하게 고민하다가 가족과 함께 살던 뉴욕을 떠나 저지 쇼어로 이사했다. 출퇴근 시간을 포함해 내 삶에 어떤 비용이 들지, 현실적인 계산은 뒤로 미룬 선택이었다. 나는 현실 파악에도 형편없는 사람이기 때문이다. 서핑은 해본 적 없으면서, 서핑을 위해 모든 것을 걸었다.

첫 서핑 강습 등록을 하던 주에, 나는 임신 사실을 알게 됐다. 서핑의 꿈은 좀 더 기다려야 했다. 본래 삶이란 때로 우리를 엉망진창으로 만들기를 좋아하지 않던가. 3천 시간의 출퇴근 시간을 보낸 후 몸매도 엉망이 되었고, 마음도 완전히 지쳤다. 그래도 서핑이 하고 싶었다. 빌어먹을. 내 나이는 마흔한 살, 아이들은 각각 두 살과 네 살이었다. 멍청한 짓을 하기에는 너무 늦은 때였다.

마침내 어느 여름 아침, 나는 동네 서핑 강습소에 전화를 걸었다. 날씨가 좋고 파도가 아주 잔잔한 날(이라 쓰고 파도가 거의 없을 때라고 읽는다), 서핑 강사에게 전화가 왔다. "날이 좋아요. 20분 뒤에 해변에서 뵐 수 있을까요?"

해변에 도착하자 강사가 물었다. "좋습니다, 캐런. 그러니까 음…… 스노우보드는 타시나요?"

"아뇨."

"스케이트보드는요?"

"시도는 해본 적 있어요."

"수상스키나 윈드서핑은요?"

"전혀요."

"좋습니다. 그럼 일단 시작해보죠." 강사가 씩씩하게 제안했다.

우린 초보자용 10피트짜리 소프트톱 보드(겉과 속을 스펀지로 마감해서 다루기 쉬운 편이라 주로 입문자들이 사용하는 보드─옮긴이)를 들고 바다로 들어갔다. 서프보드라기보다는 평평한 작은 보트에 가까운 모양이었다. 나는 서툰 자세로 엉거주춤 보드 위에 올라갔다. 몸 아래로 딱딱한 보드 외에는 아무것도 느껴지지 않았다.

바로 그 운명의 날 아침, 인내심 많은 젊은 청년 덕분에 나는 반박할 수 없이 미천하고 보잘것없는 나라는 존재와 직면했다. 중년의 나이에 체력은 엉망인 생초짜. 나는 시작도 하기 전에 그만두고 싶은 충동과 싸워야 했다. 그러나 여기서 포기하고 물러선다면 서핑의 꿈은 영원히 내 삶의 언저리에만 머물 터였다.

강사는 빈말을 하지 않는 사람이었다. 첫 수업이 끝나기 전 나는 처음으로 파도 위에서 설 수 있었다. 무릎 높이의 느린 파도로 사실 파도라기보다는 물결에 가까웠지만. 강사는 나를 파도로 밀어넣고 소리쳤다. "지금이에요! 일어나세요!" 나는 기다시피 하며 간신히 일어섰고 그다음에 뭘 해야 할지 몰라 우물쭈물하다가 넘어졌다. 부서지는 파도가 내 가슴에 매달려 있던 비키니 상의를 위로 훌렁 올려버렸다. 나는 목에 비키니를 달랑달랑 매달고 물 표면에 이는 거품 속을 허우적댔다. 순간의 부끄러움은 곧 '짜릿함stoked'으로 극복되었다. 서핑에서 가장 치명적인 순간을 영어로 'stoked'라고 표현한다. 짜릿하다는 뜻이다. "정말 짜릿했어요. 와, 정말……"

정말 벅찬 단어였다. 그 말을 내뱉는 순간 그 느낌이 너무도 생생하게 전달되었다. 그 순간은 정말 짜릿했다. 나는 강사에게 본의 아니게 가슴을 노출해 미안하다고 사과했다. 웃기려는 의도는 아니었음을 재차 강조한 뒤 행복하게 강사료를 지불했다.

그리고 내일 같은 시간에 또 만나자는 약속을 하고는 800미터쯤 떨어진 집으로 달려갔다.

진짜 파도를 탄 건 5년 후

사실, 그것은 나의 첫 파도가 아니었다. 정말 아니었다. 첫 서핑 이후 나는 헤아릴 수 없이 많이 파도를 잡으려 노력했지만 실패했다. 내가 진짜 첫 파도를 탄 것은 첫 서핑 수업을 받은 여름 이후 5년 만이었다. 혼자 패들링을 하고 뒹굴고 넘어지며, 파도의 하얀 물살이 나를 해변까지 거칠게 밀어내는 곳으로 들어가 넘어진 시간이 5년이었다. 이건 보통 서핑 캠프에서 난생 처음으로 서핑을 하는 사람에게서 볼 수 있음 직한 서핑이다. 처음엔 재미있어도 이내 파도에 질질 끌려가게 된다. 잔잔한 물 위에 떠 있는 보드에 앉아 내가 탈 파도가 오기를 차분하게 기다리며 바다를 즐기는 것이 아니라 보드에 매달려 물과 끊임없이 싸우는 시간의 연속이다. 게다가 이건 서핑도 아니다. 뭔가 이름을 붙여 줄 만한 가치가 있는 것이 아니다.

그 세월 동안 가족들은 그런 나를 지켜보며 고개를 가로저었다. 매주 토요일 가족과 함께하는 식사자리에서 여든여덟살의 아버지는 나의 투쟁을 물끄러미 바라보곤 하셨다. 그러고는 이렇게 물으셨다. "대체 무엇 때문에 계속하는 거니?"

나는 아버지의 질문에 멋지게 답을 하지 못했다.

홀로 바다에 들어가 몇 시간씩 있을 정도로 바다에 대한 두려움을 극복했다는 사실도 내가 꾸준히 서핑을 한 이유 중 하나였다. 보드를 가지고 바다에 들어가 서핑을 시도하는 것이 영웅처럼 느껴졌다. 게다가 내가 예전에는 느끼지 못한 종류의 성취감도 더해졌다.

난 뭔가 느꼈다. 그리고 그 느낌은 언제나 새로웠다. 패들링을 할 때마다 한 번도 가보지 못한 곳에서 한 번도 해본 적 없는 일을 하고 있다는 사실에 묘한 전율을 느꼈다. 바다는 불과 30분 전과도 같지 않으며 15분 후에는 반복되지 않을 상황들이 펼쳐진다. 바람이 바뀌기도 하고 거세지기도 하며, 놀이 커지기도 하고 사라지기도 하며, 밀물이 들어오기도 하고 썰물이 나가기도 한다. 헤아릴 수 없이 많은 요소들이 바다와 파도의 상황을 달라지게 했다. 그 진기한 광경이 끊임없이 다시 만들어지고 또 만들어졌다. 똑같은 파도는 절대 없다. 서핑에는 새로움이 무궁무진했다.

이는 나만의 전율이 아니다. 포유류의 뇌는 새로운 환경을 찾게끔 되어 있기 때문이다. 굶어 죽지 않으려면 사냥하고 채집하기 위해 끊임없이 새로운 곳으로 가야한다. 개를 데리고 산책을 나갈 때를 생각해보라. 늘 다니던 길로 아침 산책을 나갈 때와 주말에 특별히 아주 먼 거리를 산책할 때 개의 반응이 전혀 다르지 않던가? 새로운 곳에 갈 때 개가 더 흥분하고 좋아하지 않던가? 새로운 환경에 온 정신이 팔린 것이다.

우리는 오래전부터 새로운 것을 배우는 행위가 다양한 신경 반응을 활성화한다는 점을 알고 있었다. 그리고 이것은 행동 기억 외에 다른 부분에까지 유익한 영향을 끼친다. 새로운 것을 배우는 행위는 중심이 되는 신경 체계를 건강하게 유지시켜준다. 이것은 장수에도 긍정적인 영향을 미친다.[5] 호기심이 많은 노인이 그렇지 않은 노인들보다 더 오래 산다는 연구도 있다.

심지어 새로움에 대한 기대는 도파민을 증가시킬 수 있다. 도파민은 우리가 사랑에 빠지는 순간 뭔가에 홀리게 만들고, 어떤 것에 강하게 중독되게 만드는 강력한 신경전달물질이다. 행동신경과학자 베서니 브룩셔Bethany Brookshire는 도파민이 섹스와 마약, 로큰롤에 푹 빠지게 만드는 물질이라고 말한다.[6] 더 근본적으로 보면 도파민은 인간의 운동기능에도 중요한 역할을 하는데, 도파민 감소는 파킨슨병의 주요 원인 중 하나다. 도파민은 대단히 복잡한 물질로, 그것을 분비시키는 행위가 옳고 그른가에 따라 분비되지는 않는다. 그러나 한 가지 확실한 것은, 도파민이 분비되면 기분이 좋아지면서 그것이 더 분비되기를 원한다는 사실이다.

물론 장수나 도파민 분비가 새로운 무언가를 시작해야 하는 충분한 이유가 되지는 않을 것이다. 그렇다면 이런 이유도 있다. 내가 서핑을 할 때 얻었던 것이다. 당시 내게 서핑은 성공해야 한다는 의무감 없이 꾸준히 할 수 있는 유일한 일이었다. 아이들을 키우고 직장일도 정신없이 해나가던 그 숨 가쁜 시기에, 서핑은 내 삶에서 온전히 나만의 것이었다. 아무도 내게 서핑을 좀 더 잘하라며 성가시게 참견하지 않았다. 다들 서핑에서 얻을 수 있는 게 딱히 없다는 사실을 알고 있었다. 덕분에 나는 나만의 속도로 느긋하게 서핑을 해나갔다. 서핑은 나만의 영역이었으며, 서핑을 못한다는 사실도 나만의 영역이었다.

못하는 일을 하기 위한 안내서

못하는 일을 할 때 첫 번째 원칙이 있다. 바로 그 일을 간절히 원해야 한다는 것이다. 완벽하게 하고 싶다는 바람 이상으로 그 일을 하고 싶어야 한다.

지금 당장 해야 할 일: 끌리는 일에 관한 기본 사항들을 적어보자. 어쩌면 그 일은 아침으로 먹을 토스트에 올릴 스크램블드에그를 완벽하게 하는 것일 수도 있고 출근 전 화장이나 면도를 하는 것일 수도 있다. 또는 아침에 YMCA 수영장에서 수영하기나 헬스장에서 케틀벨을 들고 터키시 겟업 (누운 자세에서 덤벨이나 케틀벨 등을 한 손으로 들고 일어서는 운동 – 옮긴이)을 하거나, 잠자리에 들기 전 요가 동작을 하는 것 등이 될 수도 있다. 아니면 교통이 정체되는 시간에 막히지 않는 길로 가는 법이나 대중교통 체계를 최대한 활용하기와 같은 요긴한 것일 수도 있다. 어떤 것이든 완전히 초보자라는 마음으로 낱낱이 분석하라. 그 일을 가능한 여러 단계로 만들어라. 그 일이 실제로는 얼마나 말도 안

되게 복잡하고 어려운 일이었는지 알고 있었는가?

어떤 일이 실제로는 얼마나 어려운 일인지 이해해야 기대치가 낮아진다. 그리고 바로 그때 압박감에서 해방될 수 있는 첫 단계에 들어서게 된다. 못하는 일을 할 자유를 얻게 되는 것이다. 낯설고 새로운 일은, 비록 실패와 실수가 가득할지라도 그 일을 계속했을 때 얻는 것이 있다. 그 일은 당신의 인생을 더 좋은 방향으로 변화시킬 것이다. 서핑을 통해 내 인생은 좋은 방향으로 변화했다.

내 과거는 무수한 시도와 실수와 실패로 가득하다. 복싱을 하다가 기절해 카운트 열을 셀 때까지 일어나지 못한 적도 있다. 수상스키를 타다가 탐폰이 빠져서 입고 있던 수영복에 끼는 바람에 얼굴 붉힌 적도 있다. 눈 덮인 산비탈을 멈추는 법도 모른 채 질주한 적도 있고 인라인스케이트와 사이클, 스케이트보드를 탈 때도 비슷한 위기일발 상황을 맞은 적이 있다. 온몸이 멍들고 당황스러운 순간들이 있었지만 나는 그런 일을 조금도 후회하지 않는다. 그 일들을 하는 동안 아무도 내게 계속하라고 강요하지 않았지만, 내가 진짜 힘든 일에 부딪쳐 비틀거릴 때면 그 경험에서 깨달은 것들이 나를 잡아주었다.

무엇보다도 나는 내가 감행했던 모든 모험을 굳이 할 필요가 없었다. 어떤 일에 최선을 다하도록 자신을 압박하는 것은 못하는 일을 할 때 생기는 자유에서 멀어지게 하는 또 다른 속박이다. 중요한 것은 열린 마음으로 새로운 무언가를 시작하는 것이다. 하다 보면 열심히 노력을 기울일 때도 있고 그러지 않을 때도 있을 것이다. 그저 호기심이 이끄는 대로 내버려두면 이전에는 미처 발견하지 못했던 열정을 발견하기도 하고, 존재하는지 조차 몰랐던 사람들의 응원에 위안을 받기도 한다.

다음은 새로운 일을 시작하는 데 참고할 만한 조언이다.

어릴 때 하고 싶었지만 막상 시도하기 겁나서 또는 "정말 엉망이구나!" 하는 소리를 들어서 시작하지 못한 일이 있는가? 다른 사람이 어떤 일을 하는 모습을 보고 '나도 저렇게 할 수 있다면!' 하고 생각했던 일은 무엇인가? 무엇이 두려운가? 그 두려움을 극복해야 한다는 압박감이 있는가?

다음 질문에 대답해보자. 만약 내가 지금 당장 직장을 그만둔다면 어디에 가겠는가? 무엇을 하겠는가? (무책임하게 직장을 그만두라고 부추기는 것이 아니다. 잠시 의무감에서 벗어나 미지의 영역을 마음속으로 자유롭게 돌아다녀보라는 것이다.)

주의할 점이 몇 가지 있다. 그 일이 업무가 되지 않게 하라. 도자기 만드는 일이나 매듭법 배우는 일을 시작했다면 그 일을 배워 상점에서 팔아야겠다는 일념으로 투자하려 들지 말라. 시를 쓰고 싶다면, 지금 당장은 시집을 내겠다는 생각도 하지 마라. 노래를 하고 싶다면 오디션을 봐야겠다는 생각도 지금은 하지 마라. 단어 보드게임인 스크래블에 푹 빠졌다면 국제대회를 노릴 것이 아니라 별로 똑똑하지 않은 이모나 뭐든 다 아는 척하는 사촌들을 상대로 게임을 하면서 최적의 단어를 찾는 일에 골몰하라.

한 가지, 말하기도 입 아픈 사실을 명심하자. 당신은 그 분야에서 최고가 될 수 없을 것이다. 그러니 지금 그 사실을 극복하는 것이 최선이다. 내가 도와주겠다.

완벽주의를 부수는 법

지구상에는 거의 80억에 가까운 사람들이 살고 있다. 그런 지구에 '최선을 다하는 사람들'이 얼마나 많겠는가? 그렇다면 남은 우리들이 가야 할 곳은 어디인가?

나는 완벽주의라는 말을 싫어한다. 그 말에 담긴 기만에 내가 굴복할 수도 있다는 사실을 잘 알기 때문이다. 완벽주의는 편리하다. 어떤 사람을 만나 내가 잘하지 못하는 일을 하는 것이 얼마나 멋진 일인지를 이야기할 때 사람들은 대부분 완벽주의라는 그럴듯한 변명을 한다. 기를 쓰고 완벽하려고 한다는 말은 '두렵다'는 말의 포장에 불과하다. 멍청해 보이기 두려운 것이다. 어딘가에서 시작해야 한다는 게 두려운 것이다. 망치기 두려운 것이다.

문제는 완벽주의가 실은 나약함에 대한 자기방어에 불과한데도 미덕으로 여겨진다는 사실이다. 심지어 광고 문구에도 영감을 준다. 최근 고급 승용차 브랜드 광고에도 이 표현이 사용됐다. 갓 출시된 자동차가 구부러진 도로를 고속으로 달리고, 음악과 함께 목소리가 깔린다. "아버지는 늘 제게 말하셨죠. '네가 인생에서 무얼 하는지는 중요하지 않단다. 그저 그 분야의 최고가 되렴.'" 내 귀에는 그 말이 7천만 원짜리 차를 사라는 소리로 들린다.

자, 이제 우리는 못하는 일을 함께 추구할 사명을 갖게 됐다. 우리는 완벽주의라는 신화를 부술 것이다. 완벽주의의 진짜 실체인 '두려움'을 부술 것이다. 잘하려고 분투하는 것과 완벽주의를 부여잡는 것 사이의 차이도 구분해야 한다. 하나는 우리를 앞으로 나아가게 할 것이고, 다른 하나는 우리를 뒤로 잡아당길 것이다.

물론 쉽지 않을 것이다. 완벽주의를 둘러싸고 복잡하게 뒤얽힌 관념은 우리에게 꽤 깊숙이 스며 있다.

완벽주의에 끌리는 심리의 기원을 이해하기 위해 20세기 초 오스트리아의 의사이며 심리학자인 알프레드 아들러Alfred Adler의 이론을 살펴볼 필요가 있다. 그의 연구는 열등에서 월등으로 나아가기 위한 노력이 인간의 모든 행동을 이끈다는 데 초점을 두고 있다. 아들러는 이러한 노력을 "아래에 있는 충동부터 위에 있는 충동에 이르기까지 결코 멈추지 않는 충동"이라고 표현했다.

못하는 일을 즐기는 삶을
살기 위한 질문

살면서 정말 하고 싶은 못하는 일을 찾아보자

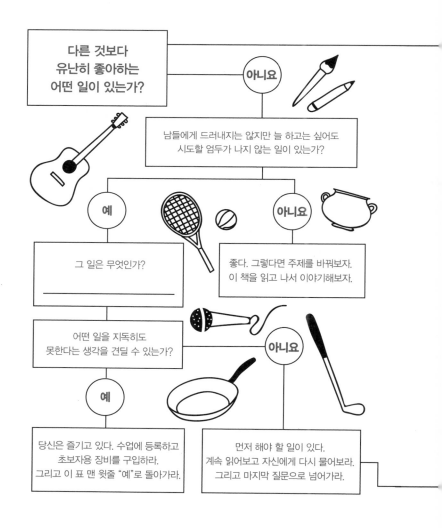

다른 것보다 유난히 좋아하는 어떤 일이 있는가?

아니요

남들에게 드러내지는 않지만 늘 하고는 싶어도 시도할 엄두가 나지 않는 일이 있는가?

예

아니요

좋다. 그렇다면 주제를 바꿔보자. 이 책을 읽고 나서 이야기해보자.

그 일은 무엇인가?

_____

어떤 일을 지독히도 못한다는 생각을 견딜 수 있는가?

아니요

예

당신은 즐기고 있다. 수업에 등록하고 초보자용 장비를 구입하라. 그리고 이 표 맨 윗줄 "예"로 돌아가라.

먼저 해야 할 일이 있다. 계속 읽어보고 자신에게 다시 물어보라. 그리고 마지막 질문으로 넘어가라.

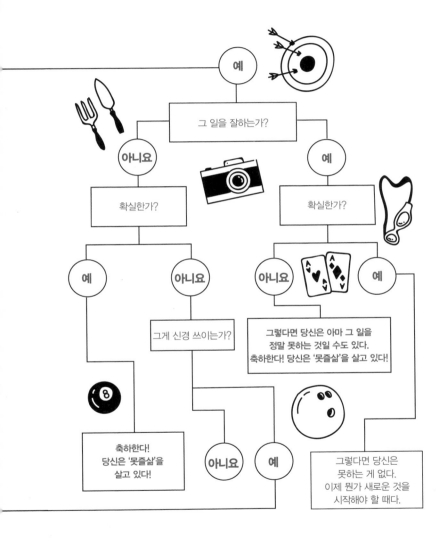

예

그 일을 잘하는가?

아니요

예

확실한가?

확실한가?

예

아니요

아니요

예

그게 신경 쓰이는가?

그렇다면 당신은 아마 그 일을
정말 못하는 것일 수도 있다.
축하한다! 당신은 '못즐삶'을 살고 있다!

축하한다!
당신은 '못즐삶'을
살고 있다!

아니요

예

그렇다면 당신은
못하는 게 없다.
이제 뭔가 새로운 것을
시작해야 할 때다.

아들러는 인간의 모든 노력의 원동력인 완벽함을 추구하려는 의지는 타고난 것으로 "그것이 없는 삶은 생각할 수도 없다"고 말한다. 이러한 의지가 없는 인간은 결코 생존할 수 없을 것이라고 말한다.[7]

아들러는 이러한 의지가 유아기부터 시작되며 평생에 걸쳐 이어진다고 설명한다. 설령 추구하는 것을 얻을 수 없을지라도 인간을 끊임없이 앞으로 나아가게 하는 동기가 된다는 것이다. 실용적인 관점에서 보면 논리적이다. 살기 위해 버둥거리지 않는 아기는 절대 걷고 읽는 법을 배울 수 없다. 사실 유아나 아기, 청소년은 무슨 일이든 못하는 일을 도전하는 명수들이다. 어린 시절에는 잘하든 못하든 어떤 일을 제대로 할 때까지 끊임없이 시도하곤 한다.

아들러는 그것을 '진실을 향한 불굴의 탐구'라고 일컫는다. 그리고 그것을 다시 완벽주의와 연관 지어 말한다. "삶의 문제들을 해결하기 위한 결코 충족되지 않는 노력은 일종의 완벽주의를 향한 갈망에도 그 원인이 있다."[8] 아주 어린 아기가 신발 끈 매는 법을 터득하는 것부터 노벨상을 수상한 과학자들이 우주의 기원을 밝히려고 노력하는 일에 이르기까지, 우리는 모두 일종의 진실을 추구하며 문제 해결을 위한 탐구를 한다.

아들러는 완벽주의를 실제로는 도달할 수 없는 이상으로 보긴 했지만 완벽주의를 위한 비정상적인 노력과 정상적인 노력 사이에 차이가 있다고 말한다. 완벽주의를 향한 강박적이고 비정상적인 충동에서 핵심은 자기중심이며 유일한 관심사는 오직 자신 (이것을 '에고'라고 해도 무방하다)이다. 완벽주의를 향한 정상적인 충동은 상식적인 선에서 동기부여가 되며 이런 충동은 아들러가 "모든 인류의 이상적 공동체, 사회적 진화의 궁극적 충족"이라고 말한 지점을 향한다. 사회적 진화에 무려 희망씩이나 품었던 아들러는 어쩌면 비현실적인 낙천주의자인지도 모른다. 하지만 그가 선을 위한 힘을 인간의 정상적인 노력으로 보았다고 생각하면 가슴이 따뜻해진다.

우리가 스스로 해방해야 할 신경증적인 완벽주의는 전자의 완벽주의다. 어쩌면 나도 마음속으로 완벽한 파도를 꿈꾸며 패들링을 했을지도 모른다. 그렇지만 요즘은 그냥 패들링을 하기 위해 패들링을 한다. 멋진 파도가 오더라도 굳이 성가시게 그 파도에 등급을 매기지 않는다.

아들러를 추종하는 심리학자 소피 라자스펠드Sophie Lazarsfeld는 "완벽함을 건강하게 추구하는 것과 강박적으로 완벽해지려 하는 것 사이에는 차이가 있다"고 말한다. 라자스펠드는 사람들이 심리요법을 통해 "자기 자신의 불안전함과 직면하는 법을 배우고, 불완전해지기 위해 필요한 용기를 얻는다"고 말한다.9 라자스펠드의 이런 견해를 뒷받침하는 최근 연구들도 있다. 우울과 낮은 자존감은 자신의 불완전함을 받아들이지 않은 결과라는 것이 그런 연구의 골자다.10 여기에 조심해야 할 점이 있다. 우리 안에 생기는 '나는 완벽하지 않은 존재'라는 결핍감은 못하는 일을 하는 것과는 아무 상관이 없다.

완벽주의자들은 늘 좌절할 것이다. 그들에게는 무엇을 하든 즐기지 못하게 만드는 방어벽이 있다. 목표에 완벽하게 도달해야 한다면 그 일을 하면서 어떻게 만족하거나 즐길 수 있겠는가? 그런 일들은 실패할 수밖에 없다. 그 외에 다른 길은 없다. 뛰어난 배우로 알려진 어느 영화배우는 자신이 연기하는 장면을 보지 못한다고 말한다. 자신의 실수를 차마 볼 수 없기 때문이다.

만약 아들러의 첫 번째 전제로 완벽주의를 이해한다면 우리는 이러한 노력을 인간 고유의 특징으로 이해하면서 시작할 수 있다. 더 발전하려는 충동은 우리에게 내재하는 것이다. 어떤 일이든 절대 완벽해지지 못하리라는 사실을 인정한다면 실수를 하거나 잘 못하더라도 자신을 지나치게 비난하지 않고 그 일을 계속할 수 있다. 적어도 시도조차 하지 않은 것에 대한 변명으로 완벽주의를 이용하지는 않을 것이다. 뭔가를 하면 조금이라도 발전하기 마련이다. 어떤 일을 꾸준히 시도하는 한 당신은 계속해서 앞으로 나아가고 있는 것이다.

자신에게 불가능한 기준을 부과하는 것과 (하지만 사실은 그런 기준을 핑계 삼아 시도조차 하지 않는) 다른 사람들을 부당하게 판단하는 행위는 매우 깊은 관계가 있다. 문제가 있는 아이들을 위한 프로그램을 개발한 의사 루돌프 드라이커스Rudolf Dreikurs는 1957년, 오리건대학교에서 다음과 같이 경고했다.[11]

"우리는 실수 중심의 사회에 살고 있다. 우리는 잘못된 모든 것들에 지나치게 강력한 영향을 받는다. 실수의 중요성에 관해 잘못된 전제에 지나치게 사로잡혀 있다 보면 실수에 의연하게 대처할 수 없게 된다. 자신에게 비판적인 사람은 타인에게도 비판적이다." 드라이커스는 우리가 잘 못하는 부분에 집중하는 병적인 증상을 지적했다.

내가 앞에서 언급했던 차이에는 이러한 어려움도 포함된다. 자신이 어떤 일을 못한다는 사실을 받아들이고 포용한다면, 못하는 일을 시도한다는 게 멋진 일이 될 것이다. 조금 못한다는 이유로 지나친 좌절감에 사로잡히지 않을 것이다. 이제 막 달리기를 시작했다면 처음 몇 킬로미터를 달릴 때 근육통을 느끼겠지만, 더 많이 더 오래 달릴수록 좋은 스트레스를 느끼게 될 것이다. 이 좋은 스트레스를 찾아야 한다. 그러지 않으면 자기 자신의 부족한 점을 이유로 그 일을 그만두거나 다른 사람을 비난하게 될 것이다.

드라이커스는 "우리가 기능적인 것을 배우고, 그 일이 어떤 일이든지 즐기는 법을 배운다면 완벽해지려고 애쓸 때보다 더 잘할 수 있다"고 믿었다.[12] 즐겁게 하되 반드시 성공을 목표로 할 필요는 없다는 말이다. 라자스펠드의 말대로 '불완전해질 용기'를 깨닫고, 어떤 일을 못할 때도 자신의 완벽주의자 기질에 난 상처를 치유하는 것으로 생각해야 한다. 자신보다 그 일을 못하는 사람을 보고 나무라지는 않더라도, 우리는 그들을 도마 위에 올려놓고 완벽함의 역할을 부여한다. 그렇게 함으로써 우리 자신의 열망에 호소하고 자신을 의심한다. 우리는 재능 있는 사람들은 그 일을 즐길 수 있을 만큼 완벽한 수준에 도달해 있지만, 자신은 고작해야 칭찬이나 받으면 다행이라고 생각한다.

오래전에 나는 완벽해 보이는 나의 우상 중 한 명과 작업한 적이 있다. 두말할 나위 없는 최고의 무용수 미하일 바리시니코프Mikhail Baryshnikov였다. 나는 그의 강렬함과 우아함, 아름다움과 재능에 매료됐다. 우리가 처음 만난 곳은 링컨센터Lincoln Center 건너편에 있는 작은 식당이었다. 그때 나는 임신 8개월이었다. 그런데 그날 바리시니코프가 취소할 수 없는 중요한 약속이 있다고 하는 바람에 식당에서 함께한 시간은 매우 짧았다. 그 일은 내게도 무척 다행이었는데, 택시에서 극심한 자궁 수축이 느껴졌기 때문이다. 미하일 바리시니코프가 세계적 거장이라고 생각하는 나의 믿음을 확인시켜주기라도 하듯, 그는 내게 산기가 있음을 알아챘다. 나는 나름대로 그 사실을 꽤 잘 감췄다고 생각했다.

나는 그에게 거짓말을 했다. "아녜요. 그냥 배뭉침이에요."

바리시니코프는 내 말을 믿지 않았다. "난 내 아이들 넷이 태어나는 걸 직접 봤어요. 그래서 그 과정을 잘 아는데, 내가 보기에 지금 당신은 출산이 임박한 것 같아요."(훗날 그의 에이전트는 내게 "미하일은 사람들에게 매우 좋은 영향을 끼치는 사람"이라고 했다.)

알고 보니 바리시니코프가 옳았다. 나는 그에게 말했다.

"이렇게 하죠. 일단 이 회의를 마쳐요. 회의를 마치면 저는 곧장 병원으로 갈게요. 어때요?"

"좋소."

내 인생에서 중요한 순간을 그가 목격하고 있다고 생각하니 우리가 꽤 친해진 듯한 기분이 들었다. 나는 용기를 내 그에게 말했다. "이 회의를 마친 뒤에 제가 무엇을 할지 말해줬으니, 당신도 이 회의를 마치고 나면 무얼 할지 말해주세요."

그의 대답은 놀라웠다. "무용 수업을 들어요."

돌이켜 생각하면 내 반응은 정말 촌스러웠다. "뭐라고요?!"

세계에서 가장 뛰어난 무용수가 무용 수업을 듣고 있었다. 그것은 완벽함을 향한 갈망이 아니었다(설령 그가 완벽에 가까운 무용수라 해도 말이다). 그는 단 한 번도 무용 수업을 거른 적이 없다고 했다. 그 일은 둘째 아들을 낳기 전 2주 동안 병상에 있으면서 많은 생각을 하게 했다.

완벽함을 포기해서 얻는 궁극의 장점은 완벽함에 관해 그렇게 많은 생각을 할 필요가 없다는 것이다. 완벽함은 측정의 개념이기 때문에 항상 무엇이 지금 여기에 있는지, 무엇이 있어야 하는지를 평가하게 된다. 그러다 보면 생각할 것이 지나치게 많아진다. 완벽함에 얼마나 가까워져야 완벽한 것이란 말인가?

진짜 첫 파도를 타던 날, 나는 다치지 않은 왼손을 이용해 첨벙거리며 물로 들어갔다. 패들링을 하며 나아가서 파도가 나를 들어 올리는 것을 느끼며 다친 손목에 바짝 신경을 썼다. 나는 왼손과 붕대를 감아 두툼해진 오른손으로 서툴게 보드를 눌러

가며 가까스로 일어섰다. 무슨 일이 벌어지고 있는지 미처 알기도 전에 나는 1미터쯤 되는 파도 페이스를 매끄럽게 활강하고 있었고 다른 서퍼들과의 간격을 조절하기 위해 본능적으로 왼쪽으로 몸을 돌리고 있었다(오른발을 앞으로 내밀고 타는 서퍼들은 대부분 이 방향으로 몸을 돌리는 것을 선호한다). 나는 해변 근처까지 무사히 파도를 탔다. 심지어 내가 어떻게 했는지도 모르게 해냈다. 내가 서핑을 한 것이다! 생각을 멈추자 지난 5년간 노력했던 일이 성과를 낸 것이다.

파도 타기에 성공한 뒤에 걸어서 집으로 돌아가는 길에 사위에게 물었다. "내가 파도 잡는 거 봤어?"

목격자가 있느냐 없느냐 하는 문제는 꽤나 중요하다. 서핑에서는 특히 그렇다. 서퍼들은 사람들이 자신을 봐주는 것을 좋아한다. 그래서 고프로GoPro 같은 카메라 업체가 수백억대 기업이 될 수 있는 것이다.

"네, 파도 타신 거 봤어요." 사위가 무덤덤하게 대답했다.

"파도를 그렇게 타기까지 5년이 걸린 거 알아?"

"알아요. 기분이 어떠세요?" 사위가 물었다.

"좋아. 정말 좋아." 내가 대답했다.

대화는 그게 전부였다. 그리고 그 대화는 내 인생 최고의 대화 중 하나였다.

8세기 당나라의 승려 도오道悟는 이제 막 출가한 스님에게 이렇게 말했다. "보고자 하면 한번에 다 보아라. 생각하기 시작하면 핵심을 놓친다."¹³ 생각이 지나치면 과할 수 있다는 사실을 나는 그때 이해했다.

못하는 일을 하기 위해
필요한 규칙

1. 그 일은 당신에게 중요한 일이어야 한다.
2. 타인과 비교하지 마라.
3. 성과나 보상이 없어도 그냥 좋은 일은 무엇인가?
4. 다른 사람과 비교하지 말고 자신이 못하는 일에서
   기쁨을 발견해야 한다.
5. '왜 저 사람들은 그냥 _____ 하지 않는 걸까?' 하는 생각을
   버리고 마음속에 생기는 비난을 잠재우라. ('그냥'은 없다. 모
   든 일은 겉보기보다 훨씬 힘들기 마련이다.)
6. 팀 경기를 망쳐서는 안 된다.
7. 못하는 일을 하면서 다른 사람에게 해를 끼쳐서는 안 된다.

초보자를 위한
서핑 기초

서핑의 다양한 요소를 이해하면 서핑이 도대체 왜 그렇게 말도 안 되게 힘든지를 파악하는 데 도움이 된다. 어떤 분야의 일이건 필요한 역량을 갖추기 위해 배워야 할 요소를 조목조목 구분해서 설명하면, 못하는 일을 하는 것이 부끄러워할 일이 전혀 아니라는 사실을 이해하는 데 도움이 된다. 그 일이 도대체 얼마나 힘든지 예측이나 해보자는 거다. 그럼으로써 그 일을 할 수 있도록 해보자는 거다. 차근차근.
다음은 물속에 들어가기 전 초보자가 익혀야 할 사항이다.

1. 우선 물에서 보드를 다룰 줄 알아야 한다. 패들링을 하러 보드에 채 올라타기도 전에 기우뚱하게 넘어져 보드가 뒤에서 날아오거나, 다른 서퍼나 수영하는 사람에게 날아가는 더 나쁜 사태를 막으려면 물에서 사용하는 장비를 통제할 수 있어야 한다. 부상은 대부분 서퍼가 쉬는 동안 보드에 집중하지 않고 한눈팔 때 발생하곤 한다.

2. 패들링을 시작하기 좋은 장소에 있다면 보드가 옆으로 기울지 않게끔 정확한 자세로 엎드려야 하며, 패들링을

최대한 활용하기 위해 처음부터 끝까지 가장 효율적인 자세를 확보해야 한다. 이런 자세는 본능적으로 나오리라 생각들 하겠지만, 장담컨대 그렇지 않다.

3. 파도를 기다리는 지점까지 패들링을 하며 나아갈 때 앞에서 부서지는 파도와 맞닥뜨려야 한다. 파도가 너무 작다면 패들링을 해서 부서진 파도 위로 올라타거나 몸을 보드 위로 살짝 들어 올려 물이 보드와 몸 사이를 흘러지나가게 해야 한다. 어느 정도 크기의 파도가 오면 부서지는 파도의 힘이 당신을 다시 해변으로 밀어낼 것이다. 아무리 기를 쓰고 앞으로 나아가도 아무런 결과를 얻지 못하는 시시포스의 돌을 굴리는 기분이다. 이런 무의미한 결과를 피하려면 그리고 숏보드를 타고 있다면, 오리가 자맥질하듯 파도 밑으로 잠수해 빠져나가는 덕다이브 duck dive를 해야 한다. 롱보드를 타고 있다면 거북이 배를 위로 하고 몸을 뒤집는 형태로 몸을 돌려 보드를 몸 위로 가게 한 뒤 안전하게 보드 아래에서 부서지는 파도를 빠져나가는 터틀롤 방법을 사용해야 한다. 오리며 거북 같은 귀여운 이름에 속지 마시라. 이 기본 동작들은 익히기가 몹시 어려우며, 특히 서퍼가 큰 파도를 만날 때면 정말 어려운 동작이다. 숏보드를 탄 서퍼가 덕다이브를 할 때는 보드의 노즈 부분을 아래로 눌러 다가오는 파도 밑

으로 들어가게 한 다음 적절한 순간에 무릎이나 발로 보드의 뒷부분을 눌러 부서지는 파도 아래로 들어갈 기회를 정확히 포착해야 하며, 물이 잠잠해지면 보드의 앞부분을 들어 수면 위로 올라가야 한다. 터틀롤은 보드가 너무 커서 덕다이브가 불가능할 때 사용하는 방법인데, 보드 양옆의 볼록한 레일 부분을 잡고 옆으로 굴러 물 아래로 들어가 보드가 내 몸 위로 올라가게 해야 한다. 양손과 다리로 보드에 매달려 자신을 향해 맹공을 퍼붓는 파도를 견뎌야 한다. 부서지는 파도가 지나가면 다시 몸을 뒤집어 패들링을 계속한다. 여기서 핵심은 파도의 힘에 해변으로 떠밀려가지 않는 것이다.

4. 파도를 타기 좋은 지점에 도달했다면 이제 숨을 고르고 보드에 앉아 수평선을 바라본다. 보드에 앉는 것도 배워야 할 기술이다. 보드 주위의 물은 끊임없이 움직이기 때문에 당신의 몸은 항상 그 움직임에 대응해야 한다. 물살이 급격히 바뀌거나 다른 방향에서 너울이 오면 몸이 코르크 마개처럼 흔들거릴 수 있다. 앉아서 균형 잡는 법을 배우는 것은 그리 어렵지 않지만, 이 역시 연습을 해야 하는 동작이다. 어떤 사람들은 앞쪽에 앉아 보드의 뒷부분이 올라오게 앉는다. 또 어떤 사람은 보드 뒤쪽에 앉아 앞머리가 올라가게 앉는다. 감이 좋은 서퍼들은 롱보드로

패들링을 하고 파도를 기다릴 때 얌전히 무릎을 꿇고 있다. 나는 여전히 이 동작을 하지 못하고 있다(계속 노력하고 있는데도 말이다).

5. 죽지 않고 무사히 호젓한 라인업(파도가 부서지는 바깥쪽에서 서퍼들이 파도가 오기를 기다리는 곳 – 옮긴이)에 도착했다면 이제는 파도 고르는 법을 배워야 한다. 내가 가장 어려워하는 부분이기도 하다. 다가오는 파도의 선을 파악하는 것은 서핑의 핵심이며 전문가들 사이에서도 어떤 파도를 타야 하는지, 어떤 파도를 보내야 하는지를 두고 다양한 의견이 있는 기술이다. 나는 뭐, 그렇다. 잘 못한다. 나는 파도를 잘 읽는 누군가가 내게 저 파도를 타라고 말해줄 때 가장 잘 탄다. 사위는 늘 감이 온다고 말한다. 아들은 바다에서는 앞을 잘 보지 못하는데(콘택트렌즈를 지독히도 못 낀다), 그럼에도 좋은 파도를 잘 읽는다. 난 여전히 모르겠다. 도대체 아들이 보이지도 않는 파도를 어떻게 파악하는지.

6. 파도를 골랐다면 자신의 영역을 확실히 해야 한다. 이 말은 당신이 탈 파도의 경로에 다른 서퍼가 가까이 있는지 반드시 확인해야 한다는 뜻이다. 다른 사람의 서핑 영역에 끼어드는 행위는 서핑에서 절대, 절대 하지 말아야 할

행동이다. 다른 사람이 이미 타고 있는 파도는 절대 침범해서는 안 된다. 몇 줄 안 되는 이 서핑 교훈에서 배운 것이 없더라도, 지금 이것은 반드시 배워야 할 교훈이다. 십계명의 열 번째 계명인 "남의 재물을 탐하지 말라"는 서핑에도 적용된다. 탐욕을 부리면 라인업에서 쫓겨날 수도 있고 더 나쁜 일을 당할 수도 있다.

7. 자, 이제 파도를 고르고, 당신에게 우선권이 있음을 확인했다면(이 모든 과정이 15초 안팎에 일어난다는 사실을 명심하자), 파도를 잡기 위해 미친 듯이 패들링을 하자. 파도를 잡으려면 파도의 속도와 방향, 바람의 속도와 방향, 수심, 파도의 높이와 가파른 정도, 그 밖의 다른 요소들을 고려해야 한다. 관건은 다가오는 파도의 속도를 따라잡기 위해 패들링을 해서 파도의 에너지에 몸을 싣고 앞으로 나아가는 것이다. 파도를 잡으면 세상에서 가장 황홀한 기분을 느낄 수 있다. 마치 우주에 직접 플러그를 꽂는 기분이다. 나는 그런 기분을 충분히 많이 느끼지 못한다. 파도를 제대로 만끽하기가 그토록 어려운데도, 해냈을 때 느끼는 기분이야말로 이 빌어먹을 스포츠에 내 삶과 다른 수백만 명의 삶이 저당 잡힌 이유 가운데 하나다.

8. 파도를 잡았다면 두 발로 일어서서 보드를 오른쪽으로

가게 할지 왼쪽으로 가게 할지 보드의 방향을 결정해야 하는데, 이 방향은 파도가 부서지는 방향에 따라 정해야 한다. 보드에서 일어서는 것 역시 '엄청난' 연습이 필요하다. 서핑에 진입하는 장벽이 이렇게 높은 이유 중 하나는 파도를 타기 전에 완벽하게 익혀야 할 요소가 너무도 많기 때문이다. 실제로 서핑을 하는 시간은 서핑을 하기 위한 준비 시간에 비해 지극히 미미하다. 전문 서퍼들이 실제 물에서 서핑을 하는 데 보내는 시간은 전체 서핑 시간의 8퍼센트에 불과하다는 연구 결과도 있다.14 서핑 시간의 약 54퍼센트는 패들링을 하는 데 보낸다. 내게는 그 수치가 더욱 극명하게 차이가 나서 0.004퍼센트 정도의 시간만 서핑을 하고 80퍼센트는 패들링을 한다. 지구상에 이런 스포츠는 없다. 이렇게 숙달하기가 어렵고 차라리 포기하는 편이 나은 스포츠는 없다.

9. 보드에서 일어서서 제대로 방향을 잡았다면 파도의 부서지지 않은 경사면을 따라 보드를 조종해야 하며 주위에 사람들이 있는지 잘 살펴야 한다. 서핑 동영상 속 서퍼들을 보면 자신에게 달려오는 파도를 부서뜨리지 않고 타기가 얼마나 어려운지 정확하게 알 수 있다. 파도를 타는 다른 사람들(서퍼, 부기 보더, 보디서퍼 등)이 늘 있기 때문에 또는 파도가 지나치게 가까워서(타야 할 면 없이 파도

가 부서져서) 부서지는 파도에 휘말리지 않으려면 보드에
서 뛰어내려야 하는 순간이 무수히 많다. 덜 숙련된 서퍼
들의 경우에는 이렇게 뛰어내리는 횟수가 서핑을 제대로
해서 만족감을 누리는 횟수보다 훨씬 많다. 내가 얼마나
많은 순간을 보드에서 뛰어내려야 했는지 아마 다들 짐
작할 것이다.

10. 보드에서 뛰어내리거나 파도에 휩쓸리지 않았다면 바로
그 순간 파도의 흐름에 반응하면서 최대한 길게 파도를
타야 한다. 이 시점에서는 몸의 무게중심을 바꾸고 몸을
돌리는 것이 중요하다. 끊임없이 움직이고 변하는 물 위
에서 끊임없이 몸을 움직이고 변화를 주어야 하는 일이
다. 차례로 부서지는 파도 앞으로 맞춰 나가는 일(파도
가 변할 때 파도의 다른 면을 타는 일)도 이 단계에서 해야
한다. 똑같은 파도도, 반복되는 상황도 절대 없다. 그러
므로 매 순간 그때그때 필요한 대응을 해야 한다.

11. 파도를 탔다면 파도를 밀어 차며 뛰어넘는 동작인 킥아
웃을 한다. 나는 프로 서퍼들이 파도를 킥아웃하는 광경
을 볼 때가 가장 좋다. 어떤 이들은 우아하게, 어떤 이들
은 재미있게, 또 어떤 이들은 공격적으로 이 동작을 한
다. 물론 킥아웃을 하지 않고 침착하게 보드 위에 가만

히 서서 물속으로 뛰어들거나 부서지는 파도의 꼭대기로 뛰어들 수도 있다. 보드를 뒤집어 파도를 보내고 다시 바다 쪽으로 향할 수도 있다. 파도에 휩쓸릴 성싶으면 보드를 버리고 자세를 웅크려 부서진 흰 거품 속으로 마치 투포환처럼 몸을 날릴 수도 있다. 불규칙하게 부서지는 파도에서 전략적으로 넘어지는 방법이다. 이는 해변으로 밀려가기 전에 파도에서 빠져나오기 위한 방법인데, 파도를 계속 타고 있으면 해변으로 밀려오게 되고 그러면 라인업까지 다시 긴 거리를 패들링해서 나아가야 하기 때문이다. 나 같은 초짜가 의도한 대로 킥아웃을 하는 경우는 거의 없지만, 그래도 내게 킥아웃 기술은 보드나 다른 서퍼와 부딪치지 않고 최대한 멀리 떨어지려는 시도다.

12. 1~11번을 실행하는 과정에서 어떤 결과가 나왔든 간에, 보드에 매달려 수평선을 바라보며 이 모든 과정을 되풀이한다.

기본 기술을 모두 숙달한다고 해서 완벽한 서퍼가 되는 것은 아니다. 심지어 저 기본기들을 익힌다고 해서 서핑을 잘하는 사람 축에 끼는 것도 아니다. 지금 언급한 점들은 단지 시작일 뿐이다. 내게는 영원히 시작만 하고 끝나지 않는 출발점이다.

자신을 아는 것,
그것은 세상에서 가장 힘든 일

서핑을 하는 사람이라면 누구나 응급실을 경험하게 될 것이다. 보드 핀에 맞는 것도 서핑의 한 부분이다. 운이 좋으면 몇 바늘 꿰매거나 뼈를 맞추는 선에서 끝날 것이다. 극단적인 경우에는 생명을 되살리는 조치를 받을지도 모른다. 파도는 우리보다 훨씬 강하며, 서프보드는 치명적인 무기가 될 수 있다.

인간은 지느러미를 달고 태어나지 않았기 때문에 인공적으로 만든 핀을 서핑 장비에 부착해 의존해야 한다. 서프보드의 핀은 돌고래나 상어의 지느러미와 비슷한 구실을 한다. 핀의 종류와 개수에 따라 속도와 효율성이 달라지며, 이 핀들이 물살을 가르는 데 필요한 추진력을 제공한다. 서프보드의 핀은 합성물 또는 섬유유리 등 다양한 소재로 만들며, 끝을 뾰족하게 다듬은 형태다.

서핑을 하면서 귀가 잘린 이야기, 고환을 잃어버린 이야기, 항문이 찢긴 사람들의 이야기를 들었다. 어떤 소년은 두피가 벗겨지고 아킬레스건이 찢어졌다. 가장 잔혹한 이야기는 수전 케이시Susan Casey의 책 《웨이브The Wave》에 나와 있다. 책에는 30미터 높이의 파도 위에서 제트스키에 연결하기 위해 장착한 견인용 핀에 종아리가 찢어진 브렛 리클Brett Lickle의 이야기가 나온다.[15] 당시 그는 동료 레어드 해밀턴Laird Hamilton과 함께였는데, 레어드는 자신의 웨트슈트를 찢어서 지혈해 그를 살렸다. 그런 다음 레어드는 해변까지 헤엄쳐서 알몸으로 도움을 요청하러 달려간다. 벌거벗은 바다의 신이 친구의 생명을 구했다는 이야기다.

서핑 사고 이야기에는 고귀한 용기가 동반되는 경우가 많다. 브렛 리클의 경우에 리클과 레어드는 그때까지 본 적 없는 가장 큰 파도를 타기 위해 노력하던 중이었다. 이 위대한 서퍼 두 명은 집채만 한 파도를 타기 위해 자연과 대결을 벌이고 있었다. 자연에 승리할 때 우리는 두려움 없이 그 일을 시도했던 이들에게 고개를 숙인다. 그 일은 우리의 두려움과 열망에 따라 악몽이 되기도 하고 아름다운 꿈이 되기도 할 것이다.

서핑을 하는 사람이면 누구나 예외 없이 다칠 수밖에 없다는 사실을 확률이 증명해준다 해도 나는 다칠 때마다 번번이 스스로에 대한 의심과 자괴감에 빠졌다. 종아리 근육이 찢어졌고, 왼쪽 무릎의 연골이 파열됐고, 손가락이 부러졌다. 레일(서프보드의 양쪽 끝부분-옮긴이)에 수도 없이 머리를 맞았고, 샌디에이고 오션 비치에서 악명 높은 파도에 휩쓸려 몸이 뒤로 반쯤 젖혀졌을 때는 몸의 오른쪽에 감각이 없었다. 몸이 뒤로 구부러져 발이 뒤통수를 후려갈겼을 때, 몸이 비정상적으로 뒤틀렸다는 사실을 깨달았다. 다시 수면 위로 올라와 해변으로 돌아온 나는 함께 서핑을 하던 친구와 방금 전 나를 위험에 빠뜨렸던 바보 같은 동작 이야기를 했다. 그 이야기는 며칠 동안 이어졌다.

지금까지 경험한 사고와 부상 이야기는 내가 극단적 낙천주의자여서 못하는 일에 도전하는 게 아니라는 사실을 알려줄 것이다. 서핑을 한다면 어디에나 던져지고 아무 데나 머리를 부딪칠 것이다. 그러나 이건 일을 할 때도 마찬가지다. 잘하는 일을 한다 해도 말이다. 다른 점이 있다면, 일을 할 때는 실수가 중요한 문제가 된다. 혹시라도 인간적인 직장 상사와 유난히 긍정적인 인사팀이라면 괜찮을 수 있지만, 일할 때마다 번번이 죽을 쑨다면 기회는 점점 줄어들 것이다. 여기에는 희소성의 법칙이 적용된다.

그런데 못하는 일을 하다가 죽을 쑤면 아무 문제가 되지 않는다. 아프긴 하겠지만 그게 전부다. 못하는 일을 하다가 죽을 쑤면 오히려 더 강해진다. 초심자가 되어 파도 위에 서는 매 순간이 직장에서 일을 잘 못하는 상황에 대비한 리허설이기 때문이다. 못하는 일을 한다는 건 실패를 각오한다는 말인데, 일정 범위 내에서 실패한다는 뜻이다. 그 과정을 경험하고 나면 무언가 망치고 죽을 쒀도 그것이 세상의 끝이 아니라는 사실을 알게 될 것이다. 그리고 그 경험을 통해 당신은 미래에 더 잘 대처할 수 있을 것이다.

서퍼라면 누구나
응급실을 경험한다

어느 늦여름, 바다에서 불어오는 바람이 작고 깨끗한 파도를 만들었다. 물에 있기 좋은 날이었다. 햇살은 눈부셨고, 수온은 완벽한 섭씨 22도였으며, 드물게 맑은 날이었다. 라인업에는 내 친구와 가족, 신참내기 서퍼, 선수급 선수들, 중년의 롱보더 등 스무 명 남짓이 있었다.

그날은 무척 아름다웠지만 서핑을 하기에 파도가 완벽한 날은 아니었다. 그래도 우리는 바다가 보내주는 파도에 만족하며 서핑을 해야 한다. 타기에 그다지 좋지 않은, 모래톱에서 얕은 물로 부서지는 파도를 지켜보면서 나는 어느 파도를 향해 패들링을 해야 할지 신중하게 고르고 있었다. 다른 서퍼들과 충돌하지 않기 위해 몇 차례 파도를 보내기도 했다. 두 시간 동안 물속에 있으면서 파도 하나를 제대로 잡아타지 못했다. 솔직히 말하면 그저 라인업에서 친구들과 웃고 즐기기에도 더없이 좋은 날이었지만 나는 파도를 원했다.

본래 나는 파도에 큰 욕심을 부리지 않는 편인데, 그날은 유독 다른 사람들이 멋지게 파도를 타고 내려오는 모습이 보였다. 나는 파도를 하나도 잡지 못하고 있었다. 행복하던 마음은 충족되지 않은 욕구로 가득 찼다. 모든 일은 그렇게 틀어지기 시작한다. 그때 나는 오직 한 가지 생각 뿐이었다. 파도를 타고 싶었고, 파도를 타려고 죽도록 노력하고 있었다. 밀물이 들어오면서 파도는 잘 부서지지 않고 더 깊은 물속에서 생겨났다. 나는 패들링을 하고 파도를 놓치는 과정을 거듭하면서 점점 지쳐갔다. 그렇다고 파도 한번 못 타보고 물 밖으로 나갈 수도 없었다. 나는 다음에 오는 파도는 반드시 타리라고 마음먹었다.

그때 저 멀리 수평선에서 커다란 파도가 밀려오고 있었다. 언뜻 봐도 내 어깨까지 오는 높이에 그날 본 파도 중 가장 큰 파도였다. 나는 자리를 잡아 우선권을 확보했다. 그리고 파도를 향해 패들링을 하며 나아가다가 그 파도가 내게 무리라는 사실을 심장으로 깨달았다. 둥글게 말려서 속에 터널이 생기는 파도를 타려면 드롭인을 늦게 해야 한다. 다시 말하면 서퍼가 발을 파도의 립(부서지면서 오는 파도의 꼭대기-옮긴이) 바로 아래에 두고 재빨리 균형을 잡으며 파도의 면으로 가야 한다는 뜻이다. 이는 쇼트보드보다 무겁고 느린 롱보드를 타는 서퍼에게는 특히 어려운 동작이다.

나는 바람을 주시했다. 그리고 에릭의 충고에 귀를 기울였다. 앞서 언급한, 내가 아는 최고의 서퍼 에릭 말이다. 에릭이 말했다. "이따금 넘어질 줄 알면서도 그냥 한번 덤벼보는 게 도움이 될 때가 있어요. 제대로 파도를 타고 내려와 성공하고 나면 마음이 편안해지죠." 물론 이 말은 서핑 초반부에나 해당하지 후반부에는 해당하지 않는다.

나는 파도를 잡아 위로 훌쩍 올라갔다. 하지만 파도의 면을 타고 내려오자마자 파도의 바닥이 내 아래로 훅 내려왔다. 파도의 꼭대기가 나와 보드를 한꺼번에 집어삼켰고 보드가 뒤집어졌다. 다리 사이에서 타는 듯한 통증이 느껴졌다. 보드를 다리 사이에 샌드위치처럼 끼운 채 해변까지 밀려났다. 물속에서 두 바퀴를 구른 나는 보드의 핀을 움켜잡고 다리 사이에 단단히 붙어 있던 보드를 떼어냈다. 그다음은 어떻게 됐는지 모른다.

정신을 차리고 보니 내 오른손 손바닥이 15센티미터쯤 찢어져 있었다. 핀에 얻어맞은 부위에 느껴지는 극심한 고통에 숨을 헐떡이느라 보드와 함께 물살에 밀려가고 있었다. 보드가 파도에 밀려 나를 때리고 있었지만, 그렇다고 보드를 폭행죄로 고소할 수도 없는 노릇이었다. 파도는 늘 자기 마음대로 제 길을 가지만 이번에는 지나쳤다.

파도가 부서지고 남은 물보라 속에서 어떻게든 방향을 잡고 상처를 수습하려 버둥거리는데 내 친구 지미가 우아하게 파도를 타고 내려와 물었다. "괜찮아?"

"아직 잘 모르겠어……" 내 대답은 의도한 것보다 훨씬 더 진지하게 들렸다. 방금 전 핀이 있던 곳에 내 목소리가 묻힌 기분이었다. 나는 지미에게 내가 다친 부위를 말했다.

"아, 나도 거기 다친 적 있어!" 그는 웃으며 몸을 돌려 다음 파도를 타기 위해 패들링을 하며 나아갔다. 정말 심각한 부상이 아니고는, 다시 말해서 정말 죽을 정도의 부상이 아니고는 서퍼들의 사전에 동정심은 없다.

나는 입이 다물어지지 않는 고통에 허리 높이의 물에서 꼼짝도 못한 채, 패들링을 해서 다시 해변으로 돌아갈지 말지 고민하고 있었다. 불에 타는 듯한 이 고통은 가라앉을 거라고 나 자신을 다독였다. 더없이 멋진 날이었고 나는 서핑을 끝낼 준비가 되어 있지 않았다. 하지만 다리를 벌리고 서서 보드를 탈 생각을 하니 몸서리가 쳐졌다.

충격을 받아서인지 첫 트라우마는 무디게 시작되었다. 그리고 다음 질문이 떠올랐다. "혹시 지금 나 피 흘리나?" 주변에 사람들도 많고 아들도 있는데 그들 앞에서 피 흘리는 모습을 보여주기는 싫었다. 물에서 피를 흘리면 작은 물고기들이 모이고, 작은 물고기들이 모이면 큰 물고기들도 모인다. 그리고 10억분의 1로 희석된 피 냄새로 먹잇감을 감지한다던 어느 상어 이야기가 떠오르면서 뇌가 잠시 작동을 멈추더니, 뭐에 홀린 듯 피를 흘리며 서핑을 하는 장면이 그려졌다. 바다는 넓다. 10억분의 1을 계산하는 것이 무의미할 정도로 넓다. 하지만 상상력의 세계는 바다보다 훨씬 더 넓다. 나는 서핑을 중단하기로 했다.

물을 내려다보았다. 붉은색은 아니었다. 처음으로 안도감이 들었다. 절뚝거리며 물 밖으로 나와서 보니 허벅지 안쪽이 찢어졌다. 콸콸 솟구치지는 않았지만 피가 흐르고 있었다. 상처를 보고 내린 첫 평가는 이랬다. '깊은 상처는 아닌 것 같고 그냥 피부 겉이 좀 찢어졌나 보군.' 괜찮았다. 그런데 빌어먹을, 걷기가 힘들었다.

두 아이를 자연분만으로 출산한 나는 이 외상이 아주 낯설지는 않았다. 나는 살아남았고 괜찮았다. 그러나 지속되는 통증을 느끼며 나 자신을 달래다 보니 무서운 생각이 들었다. 물에 휩쓸려 넘어진 스스로가 한심하고 원망스러웠다. 나는 쓸데없는 상상을 하며 내가 파도를 탈 때 턴을 주저하지는 않았는지, 그래서 상처를 입어 마땅했던 건 아닌지 생각했다.

서핑에서 망설임은 초보임을 인증하는 확실한 징표다. 파도 앞에서 두려움에 망설이면 파도를 놓치거나 파도에 휩쓸려 넘어진다. 파도의 벽을 향해 나아가는 행위는 설령 상처가 나더라도 서핑을 잘하기 위해 필요한 노력이다. 나는 파도를 향해 나아갔던가 아니면 도망쳤던가? 마음속으로 그날의 파도를 몇 번이고 복기했다.

절뚝거리며 집까지 와서 샤워하는 동안 남편은 동네 약국으로 반창고를 사러 나갔다. 샤워할 때 상처 부위에 비누거품이 닿자 다리 사이에서 살이 타는 듯한 고통이 느껴져 나도 모르게 비명을 질렀다. 나는 보고 싶지 않았던 상처를 거울로 들여다보았다. 보드 핀에 다친 경험은 '깊은 상처'라는 단어에 새로운 의미를 부여해주었다. 나와 비슷한 부상을 입은 가련한 서퍼 이야기를 들은 적이 있지만, 내 경우는 항문이 찢어진 것은 아니었다. 그러나 피부 조직은 살점이 드러나 피가 흥건했고 성기는 욕이 나올 정도로 아팠다.

"조엘! 반창고로는 안 되겠어!" 나는 소리쳤다.

병원 응급실에 도착해 간호사에게 부상을 설명하려고 접수대로 갔는데 간호사는 내 다리 사이에 있던 수건을 보지 못했다. 그때 나는 왼손으로 수건을 움켜쥔 채 다리 사이에 갖다 대고 있었기 때문에 간호사는 내 오른손 손바닥에 난 상처만 보았다.

"아, 서프보드에……." 간호사가 말했다.

"맞아요."

"제 아들도 보드 핀에 귀가 거의 잘릴 뻔한 적이 있어요. 뒤쪽으로 꿰맸어야 했는데……." 간호사가 말했다.

"손바닥 상처는 아무것도 아니에요……. 손바닥 때문에 온 게 아니에요." 내 목소리는 여전히 '왜 거기 있잖아요' 하는 말투로 우물거리고 있었다.

간호사가 나를 보며 물었다. "그렇다면 어디를?"

나는 다리 사이의 수건을 가리켰다.

그제야 간호사는 수건을 보고 고개를 뒤로 젖히며 웃었다. "으~! 의사 선생님들이 좋아하겠는걸요!" 간호사는 가장 빨리 나를 진료해줄 의사를 찾으러 갔다. 당시 응급실에는 출혈 환자나 심장마비 환자가 없었던 덕분에 내가 최우선 응급처치 대상이 되었다. 이런 부상을 보고 저렇게 재미있어하는 사람을 만나게 되어 반가웠다.

한 시간 반 뒤, 허벅지 안쪽과 외음부를 열일곱 바늘 꿰매고 응급실을 나오는데 대기실에서 웃음소리가 들렸다. 그게 뭐 어쨌다는 건 아니고, 그냥 그 일이 기억에 남는 에피소드였다는 말이다.

몇 주 동안은 앉지도 못했다. 일을 할 때도 서서 해야 했고 회의도 서서 참석했다. 직장 동료들도 응급실 직원들과 같은 반응을 보였다. 한 달 동안은 바지도 입지 못했다. 상처가 잘 아물고 있는지 확인하기 위해 거울로 들여다보니 외음부 전체가 시커매져 있었다. 나는 조엘을 향해 소리쳤다. "어쩌면 좋아! 내가 애를 죽였나 봐!"

핀에 부상을 당한 이튿날 지미를 만나 내 상처 이야기를 했더니 지미는 당시 상황을 금방 이해했다. "맞아. 난 그때 네가 뭐 하나 했어. 파도가 꽤 가팔랐거든!" 그래, 어쩌면 나 자신을 자랑스러워해야 할지도 모르겠다. 어쩌면 난 주저하지 않았는지도 모른다. 그러나 자부심 이전에 넘어짐이 있었다. 파도를 향해서 갔다는 자부심과 실패했다는 비참한 느낌 사이를 오가는데 지미가 정신이 번쩍 드는 말을 했다.

"이봐, 친구. 어쩌면 누가 무슨 말을 전하려고 했던 게 아닐까. 네가 서핑 하는 걸 원하지 않는다고."

만약 지미가 종교학 교사가 아니었다면, 서퍼가 아니었다면, 나는 다른 생각을 하지 않았을 것이다. 하지만 그때 나는 어쩌면 지미는 뭔가를 아는지도 모른다는 생각이 들었다. 어리석은 생각인지 몰라도, 가톨릭 신자로 자란 나는 어쩌면 누군가 내가 서핑 하는 것을 원하지 않는다는 생각이 들었다.

그 생각이 나를 괴롭혔다. 한술 더 떠 머릿속에서 누군가의 음성이 들리는 듯했다. 그 목소리는 멍투성이가 되고 조직이 부풀어 오르는 신체의 불편함과 고통보다 훨씬 더 아팠다.

부상보다 큰 상처,
트라우마

고통은 유용하다. 필요한 곳에 집중하게 해주기 때문이다. 고통을 느끼지 않는 것이 훨씬 안 좋은 경우가 많다. 만약 어디를 다쳤는데 고통을 느끼지 못한다면 상처를 치료할 수 없다. 내가 아픈 이유는 몸의 불편함 때문이 아니라 머릿속에 맴도는 생각 때문이었다. 내가 서핑을 할 만한 사람이 아니라는 생각 때문에 아팠다. 며칠 후 나는 결심했다. 물에 들어가지 않기로.

늦은 나이에 서핑을 시작하려면 치러야 할 대가가 있다. 나는 그 대가의 일부를 굴욕으로 치른다. 그리고 내가 결코 서핑을 멋있게 잘하지는 못할 것이라는 사실을 인정한다. 그럼에도 나는 조금씩 나아지고 있으며, 시간이 흐른 뒤 돌이켜보면 이런 사건들은 내가 좋아하는 일을 하다가 생긴 그저 소소한 사고일 뿐이라고 생각한다. 하지만 나도 그러기가 쉽지만은 않다. 힘들게 노력한다. 힘겨운 노력을 견디는 힘은 부끄러운 감정 속에 있다. 이는 서핑하는 삶을 다룬 윌리엄 피네건William Finnegan의 책 《바바리안 데이즈Barbarian Days》에 잘 담겨 있다.

나는 이 책을 다 읽자마자 맨 앞으로 돌아가 처음부터 다시 읽었다. 나는 이 책을 무척 좋아했지만, 읽을수록 괴로움이 커졌다. 책은 고통스러우면서도 매혹적이었다. 고통스러운 이유는, 피네건은 내가 감히 상상조차 할 수 없는 서퍼의 삶을 살았지만 나는 그렇게 살기엔 늙었기 때문이다. 이 책은 서퍼에게 천국이나 다름없다. 하지만 피네건이 한 말은 내가 경험한 불명예스러운 사고만큼이나 아팠다.

피네건은 10대였던 여자 친구를 두고 이렇게 말한다. "카린은 서핑을 배우는 데 관심이 없었다. 나는 그것이 합리적이라고 생각했다. 나이가 들어서, 그러니까 열네 살이 넘어서 서핑을 시작하는 사람들은 서핑을 능숙하게 하게 될 가능성이 거의 없으며 대부분 고통과 슬픔을 겪고 나서야 그만둔다."[16]

열네 살. 열네 살? 나는 마흔에 시작했는데. 피네건의 말대로라면 모든 것이 설명된다. 그의 글은 내 자기 망상을 확인시켜준다. 내 고통과 슬픔의 이유가 이해됐다. 어쩌면 피네건은 뭔가 알고 있는지도 모른다. 내가 피네건이 말한 나이보다 26년이나 늦게 서핑을 시작했다는 사실이 웃기면서도 씁쓸했다. 그런데 그 웃기는 숫자가 문득 깊은 곳에 있는 뭔가를 툭 건드린 느낌이

들었다. 더럽게 아팠던 그 사고에서 느낀 것보다 더한 감정을.

내가 동요하는 것은 또 다른 일이었다. 일반적인 자기 회의감. 26년은 당연히 임의의 숫자이고, 거기에 의미를 부여하는 것은 어리석은 일이다. 열네 살이 훌쩍 넘은 나이에 서핑을 시작한 뛰어난 서퍼도 아주 많다. 문제는 그게 아니었다. 그 말이 내게 와 닿은 까닭은 내가 깨달은 어떤 사실과 일치했기 때문이다. 여전히 내 마음 깊은 곳에 숨어 있는 것. 그것은 내가 나 자신을 속이고 있다는 사실이었다.

이런 자기 회의는 어디에서 왔을까? 나는 항상 내가 알지 못하는 것을 인정할 수 있다고, 또는 내가 할 수 없는 일에 기분 나빠하지 않을 수 있다고 생각했다. 그 중심에는 자신감이 있었다. 나는 늘 독학으로 무언가를 배워왔다. 정규 교육과정에서 배우지 못한 것들을 궁금해했고, 대학 시절 4년을 대학이 내게는 무익하다는 사실을 입증하는 데 보냈다. 졸업 후 편집자로서의 삶은 정규 교육과정에서 얻은 학위 덕분이 아니라 인생에서 배운 것들 덕분에 가능했다. 그런데 서핑은 다른 것과는 견줄 수도 없을 만큼 내 불안의 세포들을 고스란히 드러나게 했다. 나는 나 자신을 벼랑 끝으로 계속 몰아넣었다. 두 아이를 책임져야 할 엄마가 바다에서 노는 것이 현명한 일인가, 서프보드를 무기처럼 장착한 채 노는 것이 과연 옳은 일인가를 의심하고 또 의심하며 상처받았다.

나는 스스로의 수준을 완벽하게 알고 있으며 조금도 잘난 척 하지 않았다. 하지만 지미의 조언은 이제껏 생각해본 적 없는 내 무의식에 와닿았고 나 자신에 대한 믿음의 틈을 고통스럽게 파고들었다.

서핑은 다른 사람들이 보는 앞에서 할 수밖에 없는 것이라는 점. 그래서 다른 서퍼들의 시선을 피할 수 없다는 점도 문제였다. 더욱 안 좋은 점은 항상 나보다 실력이 뛰어난 서퍼들이 있으며, 그들은 자신들의 진로에서 내가 비켜주기를 바란다는 사실이었다. 그렇지 않다는 것을 잘 알면서도 우리는 사람들이 전혀 신경 쓰지 않는 순간에도 누가 우리를 지켜보고 판단한다는 생각에 두려워한다. 그들은 자신들에게 중요한 것들에 신경 쓰고 있는데도 말이다.

가면 증후군이라는 말을 들어봤을 것이다. 대부분의 사람들은 자신이 자격 없는 사람이라는 사실이 드러나지 않을까 하는 두려움, 자신이 어떤 일에 불충분하다는 걱정을 품고 있다. 이 잣대는 잘못됐다. 누군가 우리를 지켜보며 우리가 어떤 일을 지독히 못한다는 것을 평가하고 있다면? 우리는 이러한 내면의 문제가 결국 자신에게 하는 이야기이며, 그 문제에 어떻게 대처할지는 전적으로 자신에게 달렸다는 사실을 알아야 한다.

"화살경The Sutra of the Arrow은 불교 경전에서 반복되는 구절로 우리에게 두 가지 고통이 있음을 알려줍니다. 하나는 실재하는 육체적 고통이고 다른 하나는 우리가 만들어낸 정신적 고통이지요." 제이멀 요기스Jamal Yogis는 자연스럽게 서핑 용어를 사용해 복잡하게 얽히고설킨 사람들의 이야기를 풀어냈다. 그는 내게 이렇게 말했다. "당신이 자신에게 하는 이야기를 인식하고, 그것은 자신이 만들어낸 이야기라는 점을 깨달아야 해요. 애초에 그런 이야기를 만들었다는 사실에 스스로를 비난할 수도 있지만, 그 이야기들을 멀리 밀어내는 것은 더욱 고약한 일이에요."[17] 정신적 고통 역시 육체적 고통과 마찬가지로 우리에게 정보를 주고, 필요한 것에 관심을 기울이게 만든다. 해야 할 일은 그 이야기를 없애버리는 게 아니다. 그 이야기에 대처하는 법을 배우고, 그것이 뿌리내리지 못하게 하는 것이다.

"자신을 의심하라. 그리고 그런 자신을 용서하라"

자신감에 관한 수수께끼를 파고들면서 나는 그런 노력이 제대로 된 이야기를 만들어내는 데 도움이 되기를 바랐다. 영혼을 죽이지 않고 무럭무럭 살찌우는 이야기들, 좋지 않은 방향으로 길을 튼 신경 경로를 다시 잡아줄 그런 이야기를 만들고 싶었다.

나는 나이에 관한 윌리엄 피네건의 경고를 무시한 사람들이 있다는 사실을 발견했다. 케티 케이Katty Kay는 마흔 살의 나이에 카이트서핑(패러글라이딩과 서핑을 조합한 스포츠로, 서프보드에 연결된 연 형태의 천을 공중에 띄우고 바람을 이용해 움직이는 서핑 ─ 옮긴이)에 도전했고, 자신감에 관한 책을 썼다.[18] BBC방송 기자인 케티 케이와 ABC 뉴스통신의 클레어 시프먼Claire Shipman이 공동으로 쓴 《나는 오늘부터 나를 믿기로 했다》는 자신감과 저자들이 '자신감의 사촌들'이라고 일컬은 자존감 · 낙천주의 · 자기연민 · 자기효능감 (자신이 어떤 일을 수행할 수 있다고 믿는 기대와 심리를 일컫는 심리학 용어-옮긴이)의 관계를 다루고 있다.

부상을 입은 뒤로 나는 이 모든 것들에 몹시 초조해했다. 이것들은 모두 자신을 바라보는 여러 측면과 맞닿아 있으며 각각의 특징은 서로 연관돼 있다. 물론 이 요소들이 전부 함께 드러나지 않아도 된다. 자존감이 높아도 자신감은 위태로울 수 있다. 낙천주의는 자기 효능감을 보증하는 징표가 아니다. 낙천주의는 궁극적으로 모든 것이 다 괜찮으리라는 생각으로 세상의 바깥에 집중하는 태도다. 자신감은 어떤 일을 할 수 있다는 신념을 암시한다. 설령 못하는 일이라도 상관없다. 자신감, 낙천주의, 자기 효능감 등은 미묘한 차이가 있지만 두 저자는 이 모든 것들이 "개인의 역량에 대한 감각과 밀접한 관련이 있다"고 말한다.[19]

케이와 시프먼이 말했듯 개인의 역량은 자신감의 도움을 받는다. 자신감은 기본적으로 행동을 유도하기 때문에 자신감이 없으면 어떤 행동도 하지 않게 된다. "자신감은 생각을 행동으로 옮겨준다." 오하이오대학 심리학 교수인 리처드 페티Richard Petty는 이렇게 말한다.[20] 아무 행동도 하지 않는다면, 아무것도 얻지 못한다. 아무것도 시도하지 않는다면, 아무 것도 얻을 수 없다. 자신감 과잉은 더욱 적극적으로 행동하게끔 우리를 자극한다. 그렇다면 자신감 과잉으로 어떤 일을 시도했다가 실패하면 어떻게 될까? 이 스펙트럼의 반대편에 해결책이 있다. 어떤 일을 시도할 때, 그 일을 망칠지도 모른다는 사실을 받아들이라. 그러면 그 일을 시도하고 계속하는 것이 두렵지 않다.

케이는 광범위한 연구와 개인적인 경험을 바탕으로 못하는 일을 하는 것과 자신감에 관해 이야기한다. 자칭 운동광인 케이는 스키와 폴로를 아주 잘한다. 케이는 카이트서핑을 시작한 이유를 이렇게 말한다. "내가 카이트서핑을 시작한 13년 전에는 이 스포츠를 하는 여성은 별로 없었고 남자들이 현저하게 많았다. 그런 분야에 도전한다는 게 매력적으로 느껴졌다."[21]

"성취하고자 하는 일에서 최소한 어떤 부분은 못할 수도 있다는 사실을 인정하는 건 아주 유용해요. 완벽해지려고 애쓰다보면 그 일을 할 때 전혀 위험을 감수하려 들지 않거든요. 그냥 어떤 일을 한번 해본다는 생각으로 시작하면 많은 일을 시도할 수 있죠. 자기 자신에게 그 일을 못해도 괜찮다고 허락해주면 새로운 일을 할 수 있는 길이 열려요." 케이는 어떤 일에 실패해도 자신감이 생길 수 있다고 확신한다. 중요한 것은 틀을 잡는 과정이다. "다른 사람들이 구사하는 기술에 대해 경쟁심을 내려놓는 것이 중요합니다. 카이트서핑의 경우 그 운동을 계속할 수 있다는 사실이 내게 자신감을 주었습니다. 나는 용기를 품고 꾸준히 앞으로 나아갈 수 있었어요."

내가 케이와 나눈 대화에서 깨달은 바는, 어쩌면 우리는 자기 회의감을 치료할 수 있는 방법을 영원히 찾지 못하리라는 사실이었다. 그러나 우리에게는 회복 프로그램에 가까운 무언가가 이미 있는지도 모른다. 내가 배운 것은, 자기 회의감은 항상 그 자리에 있겠지만 자기 연민은 없앨 수 있다는 사실이다. 그냥 자신을 의심하라. 솔직해지라. 그것도 못하는 일 하기의 일부이며, 절대 지나쳐갈 수 없는 과정이다.

그리고 그런 자신을 용서하라.

자기 연민이라는 단어에서 '자기'를 무시하지 마라. 자기 의심은 자기 것이다.

연민의 토대는 사랑이다. 설령 어떤 일에 실패하더라도 자신을 사랑한다면 자신감을 갖고 다시 시도해볼 기회가 생긴다. 못하는 일을 하는 것은, 어떤 일에 실패했을 때 자신을 용서하고 사랑하는 법을 배우는 것과 같다. 그것을 깨닫는다면 우리는 삶의 다른 부분에서도 용서하고 사랑하게 된다. 틱낫한은 우리에게 이렇게 말한다. "우리의 가슴에, 생각에, 행동에 연민이 있다면 기적이 일어난다."

자기비판은 자기 연민을 배척한다. 자신에 대한 판단을 멈추면 부족한 면을 연민을 품고 바라볼 수 있다. 부족한 면을 무시하라는 말이 아니다. 어떤 일을 시도하고 실패했을 때 자신을 좀 더 사랑해주고 좀 더 따뜻하게 대해주라는 말이다. 자기비판은 마음속 목표에 근심이 있을 때만 생긴다. 그래서 뒤처지기 시작한다. 기대에 미치지 못한다.

어떤 일을 못한다는 의미는 이런저런 목표를 내려놓고 이 일에는 처음부터 목표가 없다는 사실을 받아들인다는 뜻이다. 목표가 없는데 어떻게 자신을 비판하겠는가?

이 모든 것은 정말로 중요한 일을 할 때 더욱 큰 역할을 한다. 못해도 무해한 일을 계속하는 자신을 인정한다면, 중요한 일을 망쳐서 난처한 상황에 맞닥뜨렸을 때도 그 상황을 받아들이고 효과적인 메커니즘으로 대처하게 된다. 여기서 착각해서는 안 될 점이 있다. 다른 사람에게 영향을 주는 일을 망쳐놓고 의기양양하게 굴어도 괜찮다는 뜻이 아니다. 다른 사람들이 믿고 맡긴 일을 마음껏 망치고 마음의 평화를 찾으라고 말하는 것이 아니다. 무의미한 일, 짧게 지나가는 일, 순간순간 생겼다가 완전히 사라지는 것, 파도에 이는 물거품 같은 것, 망치더라도 시도해보면 좋은 것을 말하는 것이다.

어떤 일을 못한다는 사실을 받아들이고 굴욕감에 대처하는 훈련을 한다면 정말 중요한 일을 할 때 더 나은 결과를 안겨주는 길을 견고하게 다질 수 있다.

15년 동안의 서핑이
가르쳐준 것

우리는 개인적인 경험에 집중해 그 경험을 낱낱이 분리하려는 경향이 있다. 힘든 하루를 보낸 날, 직장을 잃은 날, 연인과 헤어진 날, 건강에 관해 좋지 않은 소식을 들은 날 우리는 습관적으로 이렇게 생각하곤 한다. '왜 나에게 이런 일이 일어나지?' 그렇지만 이렇게 생각할 수도 있다. '나한테 이런 일이 일어나지 말란 법이 있나?' 자기 연민의 본질에는 누구나 부정적인 경험을 할 수 있다는 사실에 대한 이해도 포함된다.

나도 이 회복이론을 경험으로 증명할 수 있다. 코스타리카 여행에서 드물게 성공적인 세션을 마친 후 집에 돌아오자마자 기분이 별로 안 좋았다. 회사에서 일의 결과가 좋지 않다는 소식을 이메일로 받았기 때문이다. 그해에 꽤 혹독한 평가를 받을 거라고 짐작은 했지만, 그 정도로 못했다는 사실은 미처 깨닫지 못하고 있었다. 보통의 실적을 예상하고 있었기 때문에 그 소식은 더욱 당혹스러웠다. 이메일을 읽은 나는 속이 메슥거리면서 몇 년 전의 대화가 떠올랐다.

나는 서핑 잡지 편집장이었던 앨릭스 딕 리드Alex Dick Read와 서핑과 출판에 관한 대화를 나누고 있었다. 그는 훌륭한 잡지였지만 지금은 폐간된 《서퍼의 길The Surfer's Path》의 전 편집장이었다. 그때 나는 내 서핑 실력에 불평을 늘어놓고 있었다. '매일 서핑을 하려면 뉴욕에 있는 직장을 그만두고 생활비까지 줄여야 한다고? 하지만 그렇게까지 해도 여전히 서핑은 잘하지 못할 테니 멍청하기 짝이 없는 생각일 거야. 게다가 서핑으로는 돈 한 푼 벌지 못하니 얼마나 한심해!' 나는 앨릭스에게 이런 생각을 얘기했다.

앨릭스는 참을성 있게 내 말을 듣고는 물었다. "그러면 당신은 어떤 사람이 되고 싶은가요? 좋은 작가? 아니면 좋은 서퍼?"

"당연히 좋은 작가죠!" 나는 일 초도 망설이지 않고 바로 대답했다.

"좋습니다. 그렇다면 제대로 오셨군요." 앨릭스는 정말로 상냥했다.

나는 서핑과 직장 사이의 불균형에 불평이 생길 때마다 그 대화를 생각하곤 한다. 그 대화에서 앨릭스의 질문에 일말의 망설임도 없이 대답했던 나 자신을 생각하면 겸손해진다. 물론 나도 재미 삼아 하는 일보다는 직장 일을 더 잘하고 싶다.

그런데 그때 나는 직장에서의 일도 제대로 못했던 것 같다. 젠장!

그 후 며칠 동안 나는 파도를 잡지 않을 때 하는 것들을 단련했다. 나는 가만히 앉아 호흡했다. 내 머릿속에서 출렁대는 공포와 두려움을 옆으로 밀어놓고 가만히 앉아서 숨을 쉬었다. 도대체 어떻게 30년 동안 날마다 해온 일에서 그렇게 엉망인 결과가 나온 건지 생각했다. 그러자 내 문제점이 명료하게 보였다. 나에게는 해야 할 중요한 일이 있었으며, 나는 그것을 피하지 않고 정면으로 부딪칠 준비가 되어 있었다. 나는 내가 수익성이 떨어지는 결정을 내렸다는 사실을 인정하고 받아들여야 했다. 더 잘하기 위해서는 전략을 바꿔야 했다. 못하는 서핑을 하기 위해 보낸 시간이 15년이었다. 그 시간 동안 강도 높은 연습을 한 덕분에 나는 직장 일을 못했을 때도 대처할 수 있었다.

며칠 뒤 나는 내게 메일로 보낸 판매량이 근거 없는 수치라는 소식을 들었다. 새로 수정된 자료에는 내가 기대했던 결과가 있었다. 여전히 목표에는 미달했지만, 그렇게 터무니없는 수치는 아니었다. 나는 당면한 과제에 집중할 준비가 됐다는 느낌을 받았다. 내가 그 일을 성취하지 못했다는 압박감에 짓눌리기보다는 그 일과 정면으로 맞붙을 준비가 되었다. 지난 며칠 동안 나는 파도를 잡으려고 노력하면서 즐거운 시간을 보냈다. 불안해하고 초조해하는 것이 실패는 아니었다. 나에게 실패는 물, 태양, 서핑 그리고 내 가족과 이어져 있었다.

미쳐버리거나
포기하지 않는 법

자기 회의감에 시달리며 스스로를 괴롭히던 와중에 뜻밖의 선물을 받았다. 내가 사용하는 서프보드를 만든 짐 필립스Jim Phillips가 격려의 메일을 보낸 것이다. 그는 전설적인 서퍼였다. 그때 내 부상 이야기는 이웃에게까지 알려졌는데, 그 이웃에게는 샌디에이고에 사는 서핑을 즐기는 남동생이 있었다. 그 남동생이 다시 동료 변호사에게 내 이야기를 전했는데, 그 변호사가 내 보드를 만든 짐 필립스의 친구였다. 필립스는 그렇게 내 소식을 전해 듣고는 은둔생활을 하던 내게 격려의 메일을 보냈다.

"부디 치유는 빠르고, 파도를 타고 내려오는 시간은 더디고 안전하기를. 그 멍청하기 짝이 없는 망아지 같은 녀석이 다시는 당신을 넘어뜨리지 않기를. 앞으로 당신의 서핑에 고통보다는 즐거움이 가득하기를."

그의 말도 말이지만 무엇보다 위로가 된 것은 그가 나를 동료 서퍼로 인정해주었다는 사실이었다. 나는 어느새 그와의 연결고리를 찾고 있었다.

그렇게 많은 시간을 물에서 보내면서도 서핑 모임에는 한 번도 나가지 않았던 내가 다른 서퍼를 만났다. 나는 스스로를 서퍼라고 생각해본 적이 한 번도 없었다. 짐 필립스의 이메일을 받기 전까지는. 서핑을 그만둘 생각은 없었지만 마음속에서는 점점 의심이 피어올랐고, 이런 마음은 파도를 탈 때도 좋지 않은 영향을 끼쳤다. 헌신적인 태도가 부족하다는 것은 서퍼에게 저주와 같다. 나는 다시 의지를 발휘해 보드로 돌아가야 했다. 필립스의 말은 내가 서핑을 계속해야 할지 흔들리고 있을 때 가슴 깊이 와닿았다. 그의 애정 어린 충고 덕분에 기적이 일어난 것이다.

공동체와 유대감을 통해 기적이 일어난다. "의지력은 변화를 견딜 정도로 강하지 않다." 케슬러 박사는 말한다. "도전은 그저 자기 훈련에 불과한 그 무엇, 또는 비난에 불과한 그 무엇에서 힘을 이끌어낸다. 자신을 고립시키는 압박을 내려놓고 자신을 향한 의심과 비난 대신 응원을 받아들일 때 꾸준한 변화가 일어난다."22

　나는 이야기의 힘을 계속 말하고 있다. 당신이 의사건 과학자
건 심지어 소설 속 주인공이건, 이야기는 우리 삶에 길을 열어준
다. 부상을 입은 후에 내가 생각한 이야기는 내가 다른 사람들과
함께 물에 들어갈 권리가 없다는 것이었다. 나는 그럴 만한 가치
가 없다고 생각했다. 이와 반대로, 상처 입은 자존심이 너무 멀
리까지 가면 신뢰할 수 없는 감정에 기대게 된다. 그런데 결국
이 두 가지 모두 그저 자아의 왜곡된 상일 뿐이다. 내가 나에게
들려줄 이야기는 단순하다. "나는 서핑을 한다."

　그렇지만 나는 스스로 서핑을 하러 갈 수가 없었다. 친구의 도
움이 필요했다. 한 달 후 나는 머릿속에는 짐 필립스의 따뜻한
말을, 발 아래에는 그의 보드를 두고 패들링을 했다. 그의 메시
지는 효과적인 치유제였다. 나는 잘못된 파도를 선택한 나 자신
을 용서하고, 또 다른 파도를 향해 계속 나아갈 수 있게 하는 건
기술이 아니라는 사실을 깨달았다. 라인업에서 보드 위에 두 발
을 올린 채 나는 파도를 기다렸다.

"그냥 하라"
근사할 필요는 없다

　서핑을 한 지 3년이 지난 후, 나는 미쳐버리거나 포기하지 않

고 꾸준히 서핑을 하기 위해 몇 가지 방법을 적용했다. 그 방법 중 하나는 내가 원하지 않는 지점을 마음에 두는 것이다. 욕망을 억누르고 물에 있는 것만으로도, 패들링을 해서 나아가는 것만으로도, 보드 위에 앉아 있는 것만으로도 충분하다고 자신을 확신시킨다. 파도가 오면 나 자신에게 말한다. 파도는 바다가 보내주는 선물이라고. 파도를 잡고 그 파도를 타기 위해 패들링을 하는 것 역시 축복이다. 하지만 성공적으로 파도를 타는 행위와 결과는 순간적인 보상이다. 기대도 열망도 하지 않아야 하는 보상이다.

그렇지만 솔직히 말하자면 늘 이런 생각을 하는 것은 아니다. 실전에서 나보다 나은 사람들의 이야기를 들어보자. 제이멀 요기스는 《바다 부처Saltwater Buddha》와 《우리의 파도는 모두 물이다All Our Waves Are Water》의 저자다. 이 두 권의 책은 그가 평생 추구한 영성과 서핑, 두 가지를 함께 묶어 자신을 둘러싼 세상을 이해하기 위한 것이다. 그와 나는 못하는 일을 한다는 것이 얼마나 멋진 일인지에 관한 얘기를 나눴다. "우리는 못하는 일을 하는 데 지독히도 서툴죠. 서핑을 배우는 것 자체가 힘든 일이에요. 서핑을 완벽하게 배운다는 것은 불가능한 일이죠."

비밀은 하던 일을 그냥 계속하는 것이다. 성공이나 정답에 매달릴 필요 없이 하던 일을 계속하라. 이 모든 것이 어디에서 비롯되는지를 이해하면, 특정한 결과에 매달리지 않는 데 도움이 된다. 베트남의 승려 틱낫한은 태어나면서부터 생존을 추구하는 아기의 본능에서 욕망이 비롯된다고 말한다. 중국과 베트남에서는 자궁이 '아기를 위한 궁전'이라는 의미다.[23] 그 궁전에서 우리는 안전하다. 그 속에서 먹고, 숨 쉬고, 안전하게 떠다닌다. 그러다가 자궁 밖의 세상에 지극히 나약한 상태로 노출된다. 우리는 이 모든 것에 대처하는 방법을 스스로 터득해야 한다. 공기가 통하는 길을 내기 위해 폐에 있는 액체를 밀어내야 하는 첫 숨은 매우 어렵다.

태어난 뒤 생존을 위해 품었던 최초의 욕망이 어린 시절과 성인이 된 이후까지 이어진다. 우리는 스스로 숨 쉬고, 먹고, 기능하는 법을 배우면서도 초기의 갈망과 비슷한 감정을 느끼며 깊숙하게 내재된 최초의 욕망을 경험한다. 나는 평생 내 갈망의 정체도 모른 채 갈망하며 살았다. 서핑을 배우면서 나는 그 갈망이 서핑을 하고 싶다는 욕망의 형태를 갖춰가는 것을 볼 수 있었다. 나는 심지어 파도를 탄다는 것이 어떤 느낌인지 알기도 전에 그것을 욕망했다.

물론 이 욕망은 파도와는 상관없다. 나에게 서핑은 누군가에게는 골프일 수 있고, 누군가에게는 다른 언어를 완벽하게 구사하는 것일 수 있고, 또 누군가에게는 음반 제작자가 되는 것일 수 있고, 누군가에게는 악기를 연주하려고 노력하는 것일 수도 있다.

나는 파도에 휩쓸려 넘어질 때마다, 수면 위로 올라와 숨을 쉬기 전 폐에서 산소가 고갈되어갈 때마다, 폐에 공기를 넣고 싶은 원초적인 욕구에 아주 가까워진다. 특히 극도의 고통이 수반될 때는 이런 욕구가 더 선명해진다. 어쩌면 필요 이상의 이야기일지 모르겠지만, 나는 서핑을 할 때마다 다시 태어나는 기분이다.

그러나 틱낫한은 이렇게 말한다. "갈망이 우리 안의 모든 고통을 야기한다고 말하는 것은 지나친 단순화다."[24] 그는 자기 자신을 치유하려면 고통의 원인을 알아야 한다고 말한다. 고통이 욕망의 산물이라면 목표하는 것이 없는 것, 즉 무원無願이 도움이 될 수 있다.

무원은 못하는 일을 할 때 특히 유용하다. 불교의 《반야심경》에서는 우리가 얻어야 할 것이 아무것도 없다고 말한다. 또한 덧없는 순간을 좇지 말고 현재를 산다면, 우리가 열망하는 것을 이미 가지고 있음을 알게 될 것이다. 틱낫한의 《반야심경》에는 이런 말이 있다. "달리기를 멈추지 않는다면, 우리 주위에 있는 생명의 기적을 놓치게 될 것이다. 무원을 행한다면 그 무엇이든 더 이상 쫓아가지 않아도 된다."[25]

뭔가를 원해서 이끌려가는 삶이 아닌 현재를 살아가는 것이다. 틱낫한은 이를 아름답게 요약해 들려준다. "우리가 사랑하는 마음으로 모든 것을 대할 때 달아나거나 애써 추구하지 않게 되며, 그것이 자유의 토대다."

나는 서핑을 근사하게 할 필요가 없다. 우리가 성공적인 결과에 신경 쓰는 이유는 그 결과에 의미를 부여하기 때문이다. 우리가 특정 결과에 의미를 부여할수록 그것은 점점 더 중요해진다. 이러한 의미 부여와 필요성을 내려놓는 것이 자유로울 수 있는 방법이며 "자유는 행복을 위한 유일한 조건이다."[26]

그러므로 못하는 일을 할 자유는 우리를 행복하게 할 수 있다. 하지만 내려놓는다는 것은 말처럼 쉽지 않다. 연습이 필요하다.

나야말로 이 연습이 필요하다.

파도를 하나도 잡지 못한 어느 날 아침 "이 한심한 바보 멍청아!" 하며 나 자신을 질책하는 소리가 들렸고, 그 순간 깨달음을 얻었다.

그것은 자유도, 사랑하는 마음으로 나를 대하는 것도 아니었다. 그저 나 자신에게 고래고래 소리 지르는 것에 불과했다.

잠시 뒤 내가 무엇에 몰두하고 있었는지를 깨닫자 바로 웃음이 터져 나왔다. '나 자신을 멍청이라고 부르다니 정말 멍청이네!' 하는 생각이 들었다. 스스로에게 웃음을 터뜨린 경험은 불만족의 경험을 다른 무언가로 바꿔 놓았다. 그것은 만족 같은 것은 아니었다. 뭔가 지독히 나쁘지는 않은 것. 나는 다시 라인업을 향해 나아갔다. 연습에는 연습이 필요하다.

당신의 뇌는 '피드백'으로 바뀐다

어떤 일을 못하거나 실패하면 더 중요한 일을 실패했을 때 도움이 된다는 생각은 선문답에만 있는 것이 아니다. 수행으로서의 수용은 신경과학 분야의 내용과도 통한다.

올바른 마음가짐을 갖도록 단련하면 지각능력이 바뀔 수 있는 데 이는 뇌의 가소성 때문이다. 신경가소성neuroplasticity은 뇌가 외부 환경에 따라 스스로의 구조와 기능을 변화시키는 특성을 뜻한다. 이는 인간의 두뇌가 경험에 의해 변한다는 의미다. 끊임없이 배우고 변화하면 뇌의 기능도 변한다.

못하는 일을 계속하는 사람들에게 더 좋은 소식을 들려주자면, 뇌는 도전 상황에 맞닥뜨리면 더 오랫동안 건강한 상태를 유지한다. 별로 중요하지 않은 일을 시도하는 나이 지긋한 서퍼를 상상해보라. 그는 집에만 있을 때보다 훨씬 더 건강하고 영민할 것이다.

신경가소성은 "함께 활동하는 신경들이 함께 연결된다"는 법칙을 토대로 한다. 이 말은 신경심리학자 도널드 헵Donald Hebb이 제안한 개념으로, 인간이 어떻게 학습하고 어떻게 습관을 형성하는지 설명한다.[27] 다시 말하면 뇌의 신경들은 다른 신경들과 소통하기 위해 신경전달물질을 분비하는데, 이 과정에서 신경전달물질이 자주 만들어질수록 더욱 탄력적인 신경전달 경로가 만들어진다. 긍정 경험이 긍정적인 경험을 더욱 강화한다는 것이다. 그러나 이것은 가치 맹목적인 생각이다.

뇌는 신경 경로를 '좋은' 또는 '나쁜'으로 구분하지 않는다. 그냥 있는 그대로 받아들인다. 그래서 신경가소성은 부정적인 사고방식에도 똑같이 작용한다. 우리가 자신에게 어떤 일이 일어나지 않는 다면 행복하지 않을 것이라고 말하면 그리고 그 일이 일어나지 않는다면 뇌는 좌절과 불행감을 더욱 강화한다.

우리가 특정한 결과만을 원하는 습관을 들이면 결과에만 매몰될 것이다. 이는 배움과는 다른 길이다. 못하는 일을 하는 것도 배움과 비슷하다. 기록과 성과에만 집착하는 마음을 버리고, 어떤 일을 못한다는 사실을 받아들이고 시도하라. 스스로를 기대한 보상에 맞춰놓으면, 그 보상이 주어지지 않을 때 뇌는 부정적 피드백의 악순환에 휘말릴 것이다. 뇌가 원하는 방식으로 절대 일어나지 않을 일을 원하고, 부정적인 감정의 늪에 빠질 것이다. 만약 우리가 끊임없이 실패하고 또 실패하고 있다는 사실을 지각한다면 감당하기 어려운 절망감에 빠진 나머지 어떤 일을 처음 시도할 때 얻는 즐거움마저 느끼지 못할지도 모른다.

당신은 이미 마음을 가로지르는 신경 경로와 함께 이 책을 읽고 있다. 그 경로들 중 대다수는 부정적이다. 나 또한 그렇다.

문제는 이것이다. 못하는 일에 도전하는 것이 우리의 진로를 수정하고 신경 경로를 재설정하는 데 도움을 줄 수 있는 이유는 무엇 때문일까? 그렇다면 오래된 것들, 마음을 어수선하게 하는 부정적인 것들은 어떻게 해야 할까?

데이비드 케슬러David Kessler 박사는 그의 책 《캡처Capture》에서 부정적 피드백의 악순환을 없애는 가장 좋은 방법은 순환구조를 긍정적 피드백으로 바꾸는 것이라고 말한다. 그는 그런 현상을

'캡처'라고 일컫는다. 캡처란 우리가 어떤 것에 지속적인 집중력을 기울일 때 그것이 어떻게 강화되는지를 설명하는 용어다. 예컨대 식당에서 옆 테이블의 시끄러운 소리처럼 단순한 것도 자극제가 될 수 있다. 뇌가 일단 그 소리에 사로잡히면 더 이상 함께 식사하는 사람의 말이 들리지 않고 식사를 즐길 수도 없게 된다. 이는 우리의 주의력이 얼마나 빨리 새로운 자극에 사로잡히는지 그리고 우리가 얼마나 빨리 특정 사고방식의 순환에 빠지는지를 잘 보여준다. 새로 집중하게 된 것의 영향력은, 신경이 오랫동안 만들어온 경로의 영향력을 감소시킨다.

케슬러는 말한다. "또 다른 캡처를 발견하는 것은, 한 가지 캡처를 극복하는 방법이 될 수 있다. 우리는 마음가짐을 새로 만들 수 있고, 세상을 경험하는 방식도 변화시킬 수 있다."[28] 그러나 이것이 전부는 아니다. 케슬러는 말했다. "평생을 살아가면서 우리는 뒤죽박죽 혼란스러운 인생의 조각 속에서 저마다의 일관된 이야기를 만들어간다. 스스로 만든 줄거리가 없다면 우리 삶의 궤적은 작은 조각들이 무작위로 끊임없이 흩어지는 느낌일 것이다. 그러므로 우리 이야기가 어떻게 구성되는가가 중요한 문제다."[29]

나는 여기에 비밀이 있다고 생각한다. 스토리텔링과 글쓰기의 장인인 조앤 디디온Joan Didion은 이렇게 말한다. "우리는 살기 위해 이야기를 한다."[30] 이야기는 우리에게 호흡만큼이나 중요하다.

그렇다면 우리는 부정적인 이야기로 흘러가는 신경 경로를 어떻게 긍정적인 경로로 바꿀 수 있을까? 케슬러 박사는 관심을 사로잡는 것을 적극적으로 바꿈으로써 이 과정에 영향을 줄 수 있다고 말한다. 마음이 뇌와 직면하는 것이 바로 이 지점이다. 이 둘을 구분하려고 시도해본다면 그것이 얼마나 구분하기 어려운지 알게 된다.

최근 뇌와 마음을 더욱 정교하게 탐구하는 연구들이 나오면서 인간의 행동이 기존에 생각했던 것보다 무의식적인 동기에 훨씬 더 많이 좌우된다는 사실이 증명되고 있다. 그런데 우리는 무의식을 의식적으로 무시할 수도 있다는 사실까지 알고 있다. 우리의 뇌가 최종 보스인지는 몰라도 반드시 우리의 보스여야 할 필요는 없다. 바로 이 지점에서 마음이 관여한다. 그리고 이야기가 그토록 강력한 힘을 가진 이유도 이 때문이다.

이는 불교의 개념과도 통한다. 불교에서 깨달음의 경지에 오르기 위해 수행하는 여덟 가지 방법 중 하나인 정념正念은 마음을 현재에 머물게 하는 수행이다. 마음을 현재에 두면 주어진 순간을 미래를 예측하며 보내거나 과거를 곱씹으며 보내지 않는다. 또한 어떤 경험을 즐거운 경험인지 불쾌한 경험인지 평가하며 보내지 않는다. 정념은 어떤 대상을 있는 그대로 이해하는 것이다. 이 상태에서는 뇌도 중립적인 경로를 만든다. 즉 뇌세포가 판단을 내리지 않고 그저 본래 의도한 일을 하게 된다. 부처는 선한 씨앗도 부정적인 씨앗도 모두 우리 안에 있다고 한다. 그렇다면 우리는 고통의 원인인 부정적 에너지를 스스로 바꿀 수 있다. 정념을 수련하면, 판단하지 않고 하던 일을 계속하게 된다. 그것이 바로 자유다. 하고 싶은 일을 하고, 하고 싶은 이야기를 하는 것.

한 소설의 주인공이 떠오른다. 소설 《가장 오래 산 남군 과부가 들려주는 모든 이야기Oldest Living Confederate Widow Tells All》에 등장하는 아흔아홉 살의 여인 루시 마스텐은 열여섯 살처럼 쾌활하다. 그는 남편을 유혹하는 대목에서 이런 말을 했다. "슈가, 그거 알아? 이야기는 오직 사람들이 그 이야기를 할 때만 생기는 거야." 어떤 이야기를 할지 선택하는 것은 그 이야기 자체만큼이나 중요하다.

우리가 소설 속 인물에게 배우건 실존 인물에게 배우건, 중요한 것은 이야기다. 1100년 전에도 인간은 이야기를 했다. 그것을 뭐라고 불렀건 이야기는 그때부터 시작되었다. 궁극적으로 이야기는 인간을 인간답게 하는 데 큰 부분을 차지하며, 우리가 되고 싶어 하는 인간은 우리의 이야기가 어떤 이야기인지에 달려 있다.

나는 우리가 여가를 보내거나 아무 목적 없이 지낼 때 이미 삶의 일부에서 이 스토리텔링 기법을 직관적으로 쓰고 있다는 생각이 든다. 생각해보자. 당신이 언제든, 누구든 웃게 만들 수 있는 이야기는 무엇인가? 첫 번째 데이트 자리에서 또는 점심을 먹으며 대화를 나누다가 이야기가 끊긴 짧은 적막의 순간에 분위기를 바꿔줄 이야기 말이다.

내 경험상 좋아하는 일을 할 때 그리고 그 일을 지독히도 못할 때 그런 이야깃거리가 나올 확률이 높았다. 수영장으로 풍덩 뛰어들다가 병원에 실려갔을 때, 친구가 결혼식에서 축가를 불러 달라고 요청했을 때……. 대다수 사람들의 가장 행복하고 즐거운 이야기는 어떤 실패에서 나오곤 한다. 뼈가 부러진 순간, 부끄럽고 당황스러운 순간, 억울한 순간 등. 그렇다면 시간이 흐르면서 우리는 부정적인 경로를 유쾌한 경로로 바꾼다는 이야기다. 정말로 그렇다.

세 번째 파도

상처는 나를 더
강하게 만들 뿐

내 상처는 잘 치유됐으며, 그해 가을 나는 다시 물에 들어갔다. 그리고 10월 말 허리케인 샌디가 몰아쳤다. 해변의 방파제 역할을 하는 섬을 파괴하는 바람에 몇 달 동안 바다에 들어가지 못하고 집에만 있어야 했다. 커다란 파도가 삶의 터전을 휩쓸면서 모든 것을 밀어버리고 모든 것을 파괴했다.

혼란은 더 큰 혼란으로 이어졌다. 도로 이곳저곳에 싱크홀이 뚫리면서 자동차들이 빨려들었고, 온갖 잡동사니와 파괴된 집의 잔해들이 바다로 흘러들었다. 허리케인 샌디 이후 일어난 화재로 우리 집에서 불과 1.6킬로미터 떨어진 곳에 있는 100년 된 놀이공원이 잿더미로 변했다. 해마다 아이들을 데리고 간 그 놀이공원은 내가 그곳에서 놀기 전에는 아버지도 놀던 곳이었다.

폭풍우가 몰아치기 전날 밤, 섬에서 나가 대피하라는 지시를 받은 우리는 최대한 안전하게 채비를 하고 비장하게 집을 나섰다. 그것 말고 할 수 있는 일이 뭐가 있을까? 가족과 함께 살던 집을 두고 떠나자니 기분이 몹시 이상했다. 나는 우리가 사랑하는 공간을 마지막으로 한 번 둘러보았다. 우리 가족의 무수한 추억이 깃든 곳이자 역경과 즐거움이 공존하는 듬직한 안식처였던 집이었다. 이제는 폭풍의 길목에 있는 다른 집과 마찬가지로 가재도구만 남겨놓고 떠났다.

"잘 있어. 내일도 이 자리에 그대로 있길 바랄게." 나는 집에 인사를 건넸다. 마치 집이 대답이라도 들려줄 것처럼. 우리는 차를 타고 섬을 빠져나왔다.

걱정 리스트에 없던 유방암 진단

그해 가을 우리를 혼돈에 빠뜨린 자연재해는 허리케인 샌디만이 아니었다.

샌디가 한바탕 휘몰아쳐 이곳을 파괴한 뒤, 나는 유방암 진단을 받았다. 그러니까 순서대로 정리하면 이렇다. 8월에 나는 잠시 부상을 회복하는 시간을 보냈고, 10월에 허리케인 샌디가 왔다. 그리고 12월에 걱정조차 해본 적 없는 암 진단을 받은 것이다. 내가 서핑에 자신감을 되찾은 바로 그 순간, 내 삶의 다른 모든 부분들은 심각한 고난을 견뎌야 하는 운명에 놓인 것이다.

살면서 두려워하던 것은 수도 없이 많았지만, 유방암은 내 두려움의 대상에 없었다. 우리가 위협과 함께 살아가는 법을 배운다고 해서 눈에 보이지 않는 위협이 존재하지 않는다는 의미는 아니었다. 서핑을 못한다는 사실 덕분에 나는 우리가 결코 강한 존재가 아니라는 사실을 알았고, 동시에 인간의 강인함에는 다양한 것들이 내포돼 있다는 점을 배우던 참이었다. 내게 서핑은 극복하기 힘든 대상이었지만 파도를 향해 나아가는 것은 결국 나의 선택이었다. 내가 추구한 도전과 나약함이었다.

그러나 암은 그것과는 전혀 다른 나약함이었다. 우리 집과 내 건강이 집요한 공격을 받은 혹독한 겨울이 지나고 있었다.

태풍은 우리 집 서쪽에 있는 만을 심하게 파괴했고 물이 불어나 마을을 덮쳤지만, 우리 집은 천만다행으로 망가지지 않고 그대로 남아 있었다. 섬 중앙에 있는 집들은 운 좋게도 물이 적게 밀어닥쳐서 가까스로 살아남았다. 허리케인 샌디가 지나가고 난 뒤 건강검진을 받던 중 내 왼쪽 가슴에 공격적인 침윤성 종양이 있다는 말을 들었다. 그 뒤로 두 달 동안 여러 차례의 수술이 진행됐다. 병원에서는 우선 화학요법으로 관상내피암DCIS을 치료하기로 했다. 나는 또다시 머릿속으로 '셈'을 하기 시작했다. 내 머릿속에서는 이런 생각이 들었다. '이제 내 인생에서 서핑은 끝인 걸까?'

2월, 처음으로 화학치료를 시작했다. 세 번의 외과수술로도 암을 제거하지 못한 채 한 달이 지나고 있었다. 나는 물리치료사의 충고를 어기고 서핑을 했다. 근막이 지나치게 빨리 치유되는 바람에 피부와 근육 사이의 조직이 팽팽해지면서 왼쪽 팔에 끈 모양의 자국이 생겼다. 피부 아래 맨눈으로도 보일 만큼 선명한 기타줄 모양이었다. 이 줄이 내 팔목부터 팔뚝과 이두근을 지나 겨드랑이까지 이어졌다. 이것이 끔찍한 통증을 유발하는 탓에 팔을 30도 이상 똑바로 펼 수 없었다. 즉 서핑을 하기가 정말로 어려웠다(실제로 그것 말고는 다른 어려움은 없었다). 담당 의사들은 모두 친절했다. 서핑을 하는 것이 내 정신 건강에 좋다는 점을 이해하고, 내 여행 계획에 맞춰 수술 일정을 잡아주었다.

하지만 물리치료사는 그렇게까지 친절하지는 않았다.

내가 서핑을 하고 싶다고 하자 물리치료사는 이렇게 말했다. "정말 웃기는 소리군요. 그 팔로는 서핑 못해요. 게다가 아직 수술 후유증도 남은 상태고요."

"다음 옵션은 뭔가요?" 내가 물었다.

"그게 무슨 뜻이죠?"

"어찌 됐건 난 서핑 하러 갈 거예요. 그러니 내가 어떻게 하면 되는지 알려주세요."

"당신네들은 도대체 뭐가 어떻게 잘못된 건가요? 내 남자 친구도 서핑을 하는데 항상 그렇게 바보 같은 짓을 하더라고요. 서핑을 하는 사람들은 전부 마조히스트인가요?"

"그럴 리가요."

물리치료사는 손가락을 벽에 대고 이동하면서 팔을 천천히 움직이는 법을 가르쳐주었다. 이 동작은 부드러운 힘을 가해 팔을 쭉 폄으로써 불쾌감을 주는 조직을 찢는 동작이었다. 근육을 팽팽하게 확장시키는 이 운동은 몸서리쳐지도록 고통스러웠다. 물리치료사는 서핑 전후에 꼭 이 운동을 하라고 말했다.

그런데 이 운동은 기오네스에서 첫 번째 세션에 참가한 뒤 곧장 필요 없어졌다. 파도와 부딪치는 와중에 고집스럽게 꼬여 있던 줄 모양의 근육이 깨끗하게 펴졌기 때문이다. 그 주말에 나는 팔을 완전히 자유롭게 움직일 수 있게 되었다.

한쪽 팔이 성치 않은 채로 고집스럽게 기오네스에 다녀온 여행은 암에 대처하는 결정적인 계기가 되었다. 말하기 부끄럽지만, 암 진단을 받고 가장 먼저 든 생각은 이거였다. '암 치료를 받을 시간이 없는데……' 일과 가족과 함께하는 시간 사이에서 나는 무엇을 쥐어야 할지 몰랐다. 그러다가 어쩌면 암 때문에 서핑을 못할 수도 있겠다는 생각이 들자 나는 재빨리 기운을 차렸다. 암에 어떻게 대응할 것인지 걱정을 접고 물속으로 들어갔다. 한동안은 팔이 죽을 만큼 아팠다.

그렇지만 팔의 통증은 내게 어떤 깨달음을 주었다. 통증 덕분에 내가 살아 있음을, 내가 다시 싸울 수 있는 방법이 있음을 깨달았다. 의사와 화려한 의료장비 없이도 선택할 수 있는 방법이었다. 물에 들어가 보니 암은 그저 내 서핑 인생에 생긴 또 하나의 굴곡에 불과했다. 나는 그런 굴곡에 익숙했다.

치료에는 정답도
로드맵도 없다

암에 관해서 알았다고 생각하는 순간, 암이라는 것이 얼마나 엄청난 존재인지 깨닫게 된다.

암을 발견하고 방사선 전문의의 진료를 받은 다음 유방 외과의사와 유방 재건 외과의사와 상담했다. 담당 유방 외과의는 한 종양학자를 추천해주었고 병리학자는 내 몸에 있는 암세포의 크기, 공격성, 종류 등을 분석해주었다. 다른 의견을 듣기 위해 담당 내과의, 산부인과의와 함께 다른 병원에 가서 검사를 받기도 했다. 심장병 전문의도 필요했다. 내 심장이 치료를 잘 견딜 수 있을 정도로 튼튼한지 확인해야 했기 때문이다. 병원에서는 간호사와 약사들이 필요한 의료처치를 해주었다.

이 과정에서 어떤 의사를 먼저 만나고 이후엔 어떤 의사를 만나야 하는지 또는 어떤 치료를 먼저 받고 이후엔 어떤 치료를 받아야 하는지 알려주는 사람은 아무도 없다. 로드맵도 없다. 내가 믿고 따라야 할 것은 본능과 이전에 그곳을 다녀갔던 사람들의 조언뿐이었다. 하지만 나와 완전히 똑같은 과정을 거친 사람은 당연히 없다. 나에게 생긴 이 특정 암은 어느 누구와도 비슷하지 않으며, 암 진단을 받은 사람들도 여느 사람과는 다른 자신만의 특정한 상황이 있다. 평범한 보통 환자는 없다. 다만 다른 환자보다 덜 공격적인 암이 생긴 사람이 있을 뿐이다. 좋은 소식과 나쁜 소식이 있으며 종이 한 장 차이로 희망과 절망이 있다. 한 간호사가 내게 경고했다. "아웃사이더가 되고 싶은 건 아니겠죠? 치료를 받을 때 아웃사이더가 되는 건 결코 좋은 일이 아니에요."

나는 이 고통의 시간을 겪으면서 딱 한 번 울었다. 내게 선택 사항들이 있다는 사실이 얼마나 행운인지 충분히 알면서도 너무나 많은 선택지에 압도당해 울었다. 맞는 길도 틀린 길도 없다. 모든 결정은 궁극적으로 내가 내린 결정인데, 그 결정에 대해 도대체 무얼 어떻게 해야 하는지 모른다는 사실이 몹시 당혹스러웠다. 외로웠고 약해졌다. 이따금 내가 죽게 될지 궁금했다. 내가 처음부터 다시 서핑을 배울 만큼 끈기가 있는 사람인지도 궁금했다.

그래서 나는 좀 더 평범한 걱정에 집중했다. 시간은 죽일 놈이 되었다. 자꾸 이런 생각이 들었다. '이런 젠장! 시간이 너무 오래 걸리잖아, 죽일 놈의 시간!' 처음에는 부족한 시간에 약속들을 어떻게 욱여넣어야 할지, 업무 일정 중간중간에 수술과 치료 일정을 어떻게 넣어야 할지가 걱정이었다. 무엇보다도 내가 암 진단을 받았다는 사실을 비밀로 하고 싶었다. 이 새로운 현실이 내 직장 생활을 망가뜨리지 않게끔 직장 생활을 잘하는 것이 중요했다. 하지만 그런 방법은 없었다. 암은 꽉 막힌 도로처럼 시간을 빨아들였다.

정신이 맑을 때는 문득 내가 계속 같은 생각 속에서 맴돌고 있다는 사실을 깨달았다. 부족한 시간과 싸워야 하는 상황은 나 자신을 부정하는 데 더 큰 영향을 주었다. 나는 암 진단이라는 공포 대신 내가 사랑하던 일 또는 내가 해야 하는 일에 들여야 할 시간을 빼앗겼다는 사실에 화가 났다. 병 치료 때문에 뺏긴 시간은 어떻게 하지? 그나저나 그 시간은 무엇을 위한 시간이었 나?

나는 모든 일이 잘못될 경우를 생각했다. 새로운 전략이 필요 했다. 내가 하루를 사용하는 방식에 대한 가치판단을 다시 해보 았다. 암 투병은 모험을 떠나는 것과 같았다. 나는 이 어마어마 하게 복잡한 새로운 세계에서 매시간을 새로운 경험으로 채우려 고 애썼다. 새로운 경험을 할 때와 마찬가지로 그 시간에서 뭔가 를 배우려고 노력했다. 새로운 공포를 안고 살아가는 법을 터득 하려 했다. 두려움을 이겨내기 위해 두려움을 새롭게 알아가고 있었다.

물론 어두운 생각도 들었다. 그런데 이 과정을 모험으로 받아 들이자 한 줄기 빛이 보였다. 내게 필요한 모든 책을 읽고, 용어 를 익히고, 제대로 질문할 준비가 되었다. 다년간 서퍼로서 수련 한 덕분에 나에게는 비장의 카드가 있었다. 나는 수평선에서 또 다른 파도가 오리라는 것을 알고 있었다.

남들 앞에서 괜찮은 척

치료를 받는 두 달 동안 나는 허리케인으로 황폐해진 뉴저지 바닷가에 서서 마음으로 서핑을 했다. 디지털카메라를 가져가서 로코가 파도를 잡는 모습을 찍었다. 내 몸은 독한 약에 점점 찌들어갔지만 로코는 점점 더 건강해졌다. 어떤 날은 부드럽고 푹신한 모래사장을 걷기만 했는데도 기운이 다 빠졌다. 로코와 함께 긴 해변을 따라 산책하던 일상은 거의 불가능했다.

이따금 물에 들어갈 수 있을 만큼 힘이 날 때도 있었지만, 서핑을 할 정도는 절대 아니었다. 그저 파도를 바라보는 것만으로도 축복이라 느끼며 마음이 치유될 때도 있었지만 한편으로는 그 어느 때보다 약해졌다. 암 진단을 받고 두려움과 분노가 폭발한 이후 나는 한 번도 느껴본 적 없는 나약한 감정을 느끼기 시작했다. 암 치료를 받으며 고통스러울 때는 일종의 배신감을 느꼈다. 내 몸이 갑자기 이렇게 된 것에 신물이 났다. 이 나약한 감정이 다른 모든 감정을 파고들었다. 나는 그 감정에 무모하게 맞서기보다는 그냥 받아들이기로 했다. 그 감정은 멀리하기에는 너무 가까이 있었다. 내가 감싸 안을 수 있다면 거기에도 배울 것이 있었다.

우리는 약하다는 말을 몸이 약하거나 다쳐서 약해진 상태라고 생각하는 데 익숙하다. 그래서 약한 상태가 우리에게 가르쳐주는 것이 무엇인지, 약함을 치유하면서 얻는 선물이 무엇인지 깨닫지 못한다. 하지만 우리 몸에 있는 상처는 단순히 파괴된 것이 아니다. 아주 작은 상처나 멍이라도 물리적으로 그 상처를 복구하려는 우리 몸의 세포들이 양동이를 들고 줄 서 있다. 상처는 치유와 재활이 일어나는 곳이기도 하다.

취약함을 주제로 책을 쓰고 강연을 하는 심리학자 브레네 브라운Brené Brown의 강연은 (TED에서 가장 있기 좋은 강연 목록에 올라 있다. – 옮긴이) 얼마나 많은 사람들이 취약함이라는 문제로 어려움을 겪는지를 보여준다. 단순히 자신이 약하다고 느끼는지 아닌지가 문제가 아니다. 중요한 것은 약하다는 점을 받아들일 수 있느냐 없느냐다. 더 넓은 문화적 맥락에서는 개인적인 약함을 '불리함'으로 보기도 한다. 이 단어와 유사어를 찾아보면 '나약함' '무방비' '무력함' '노출' 등이 나온다.

브라운은 연구를 통해 가치가 폄하된 이 단어를 기회로 바꿔놓았다. 브라운은 이렇게 말한다. "약함은 사랑, 소속감, 기쁨, 용기, 공감, 창의성의 고향입니다. 희망, 연민, 책임, 진정성의 원천이기도 합니다."[31] 브라운에 따르면 약한 상태에서 편안한 사람들은 '마음이 열린' 사람들이다. 그들은 약함에서 달아나지 않고 그것을 포용한다. 그들은 약한 것이 자신들을 더욱 아름답게 만들어준다고 믿는다.

나도 브라운의 말을 이해했다. 그리고 서프보드를 집어 든 이후 그 말의 뜻을 잘 알고 있다고 생각했다. 그러나 암 진단을 받고 나서 내가 내린 선택들은 약함을 수용하는 방식이 전혀 아니었다. 처음 암 진단을 받은 후 나는 가까운 몇몇을 제외하고는 7개월 동안 사람들에게 그 사실을 알리지 않았다. 암에 걸렸다는 사실을 숨김으로써 감정의 노출을 밀어낼 수 있을 듯했다. 그리고 나중에는 사람들에게 "나 암에 '걸렸었어.' 그런데 다 '물리쳤지.' 지금은 완전히 괜찮아"라고 마치 과거처럼 말했다. 다 끝났다. 지나갔다. 다시는 재발하지 않을 것이다. 하지만 나의 암은 과거형이 아니었다. 현재형이었다.

심지어 나는 건강해 보이는 모습을 유지할 수 있는 항암치료 방법을 택했다. 머리카락이 빠지지 않았고 치료 직후의 며칠만 빼면 사람들 앞에서 괜찮은 척을 할 수 있었다. 지옥 같았지만 사람들에게는 그냥 좀 피곤하다고 둘러댔다. 사람들에게 내 상태를 들키고 싶지 않았다. 창피했기 때문이다. 약한 내가, 무방비인 내가, 무력한 내가 창피했다. 브라운은 이것을 수치심의 '어둠의 마법 방어술'이라고 일컫는다. 브라운은 이렇게 말한다.

"수치심은 말하지 못하는 상태에서 그 힘을 끌어낸다. 부끄러움을 말할 수 있다면 그 감정은 시든다. 수치심이 우리의 가치관과 유대감을 질식시킨다면 우리는 약함을 받아들일 수 없다."[32] 수치심은 우리 자신을 사랑하지 않게 하며, 약함을 수용하지 못하게 한다. 약함을 받아들이는 것이야말로 사랑으로 가는 길을 터주는 방법인데도 말이다."

누구나 마음속에서는 나는 충분히 괜찮은 사람이 아니라고, 충분히 똑똑하지 않다고, 충분히 강인하지 않다고 하는 목소리가 울린다. 좋지 않은 일이 생기기라도 하면 마음의 목소리는 이렇게 말한다. "거봐, 내 말이 맞지?" 끔찍하고도 불필요한 감정이다. 그 목소리는 틀렸다. 수치심은 이렇게 자신의 가치를 존중하지 않는 마음에 살면서 자기 의심과 자기 회의감이라는 괴물들에게 먹이를 준다. 이 수치심을 인식하는 것이 그것에 맞서는 첫 걸음이다.

무수한 파도에 휩쓸리며 기른 것, 회복력

화학치료의 마지막 단계에서 나는 의사들에게 이게 끝이라고 봐도 좋은지 물었다. 내 모든 말은 "이제 됐어!" 하고 외치고 있었다. 그러나 첼시 15번가에 있는 병원으로 가는 동안 내 몸은 심한 메스꺼움을 느끼며 완강히 저항하고 있었다. 간호사는 나를 "단단한 막대기"라고 불렀다. 내 정맥이 숨어서 협조를 거부하는 바람에 화학약물을 정맥주사로 넣는 데 애를 먹고 있었기 때문이다. 내 몸은 이렇게 말하고 있었다. "이 엿같은 짓 다 집어치워!" 내 마음도 똑같이 말하고 있었다.

마지막 치료를 견디는 동안 훨씬 더 나쁜 일이 벌어졌다. 같은 쪽 가슴에 두 번째 종양이 나타난 것이다. 또 다른 악몽이 떠올랐다. 나를 아래로 데려갈 엘리베이터에 타는 악몽이었다. 나는 끝도 없이 아래로 내려갔고, 이제 막 바닥에 도착했다고 생각하는 순간 까마득한 아래가 아득하게 펼쳐졌다.

남은 관상내피암을 없애고 새로 자라는 종양을 치료하는 두 가지 치료법을 두고 의사와 나는 유방절제가 최선의 방법이라는 결정을 내렸다. 첫 번째 진단을 내릴 때 이 종양을 미처 발견하지 못한 건지 아니면 화학치료를 뚫고 새로운 종양이 생긴 것인지는 아무도 모른다. 나는 전자라고 믿고 싶었다. 후자라면 견뎌야 할 과정이 끝이 없을 것 같아서다. 어느 쪽이든 내가 받은 화학요법은 효과가 없다는 사실이 확인되었기에, 유방절제술 후 추가 치료를 견딜 수 있을 만큼 면역체계가 회복되면 다른 치료를 받아야 했다. 다른 치료는 암흑 속으로 들어가는 엘리베이터 중 하나였다.

유방절제술을 받기 전 2주 동안의 휴식기가 생겼다. 이 시간은 내게 오직 한 가지를 의미했다. 또다시 화학치료를 받는 생활로 돌아가기 전에 한 세션 정도는 서핑을 할 수 있는 시간이 생긴 것이다. 몇 달 동안 화학치료에 찌든 몸을 이끌고 물속으로 들어가고 싶었다. 아주 잠깐이라 해도, 그거면 충분했다.

뉴저지로 돌아오니 허벅지 높이의 작은 파도들이 나를 반겼다. 7월이었다. 암 진단을 받은 뒤로 여덟 달이 지난 것이다. 로코와 나는 초록빛 대서양을 향해 패들링을 하며 함께 나아갔다. 로코는 부드러운 흰 파도를 손쉽게 타고 내려와 2분 후 라인업에서 보드 위에 앉아 있었다. 나는 발버둥을 쳤다. 두 팔은 힘이 없었고, 심장은 심하게 박동 쳤으며 폐는 버겁게 숨을 쉬었다. 서핑을 할 수가 없었다.

터져 나오는 울음을 억누르면서 나는 1년 전 나를 공격했던 짐 필립스의 보드 머리를 해변으로 돌렸다. 좋아하는 보드를 가지고 바다로 오니 마치 고향에 온 듯 편안하고 익숙했다. 그토록 많은 시간을 함께했는데 이제 나는 이 보드와 함께 서핑을 할 수 없다. '내가 할 수 있는 건 없어.' 해변 가까이 얕은 물로 나온 나는 문득 아들이 라인업에서 나를 봤을지도 모른다는 생각이 들었다. 패배감이 밀려왔다.

나는 물 밖으로 나오지 않고 보드 머리를 돌려 작은 파도를 마주 보았다. 그리고 엎드려 고개를 숙였다(바다에서는 절대 보드에 엎드리면 안 되지만 나는 고개를 들 힘조차 없었다). 그리고 젖 먹던 힘까지 짜내 패들링을 했다. 나는 부서지는 파도를 통과하며 나아갔다.

로코와 처음 서핑 하던 날이 떠올랐다. 나는 해변에서 가까운 파도의 안쪽에서 로코가 혼자 앞으로 나아갈 정도로 강해질 때까지 로코를 파도 쪽으로 밀어주곤 했다. 파도를 잡으려고 패들링을 하면서도 뒤에서 부서지는 파도 거품 속에 있는 로코에게서 눈을 떼지 못했다. 어릴 때 로코는 내가 조금 멀리 나가거나 파도에 휩쓸려 자신의 시야에서 좀 멀어졌다 싶으면 겁에 질려 울음을 터뜨리곤 했다.

그러다가 로코가 열세 살이 됐을 때 나는 라인업에 선 로코를 보고 깜짝 놀랐다. 그때 우리는 코스타리카에 있었다. 그 전까지 로코는 한 번도 파도를 통과하지 못했었는데 지금은 뉴저지에서 보다 해안선으로부터 훨씬 더 먼 곳까지 나가 있었다. 내가 보지 못한 사이에 로코가 저렇게까지 멀리 패들링을 해서 나갔다는 사실에 덜컥 겁이 났다. 나는 로코가 바닷가에 안전하게 있는 줄 알았다.

"도대체 거기까지 어떻게 간 거야?" 패들링으로 내 옆까지 온 로코에게 물었다.

"30분 정도 걸렸지만 그래도 해냈어." 아들이 뿌듯한 얼굴로 말했다. 나도 뿌듯했다. 그날부터 우리는 함께 패들링을 했다. 밀물과 썰물이 바뀌었다. 이제는 로코가 덕다이브로 크게 부서지는 파도를 통과해서 내가 한사코 피했던 거대한 파도를 향해 뛰어드는 모습을 지켜본다. 파도가 너무 크다 싶을 때면 나는 파도 속으로 들어가는데, 로코는 그 파도를 잡으려고 고개를 꼿꼿이 들고 수평선을 향해 나아간다.

로코가 파도 속에 들어가 보이지 않거나 파도에 휩쓸리는 모습을 볼 때면 여전히 심장이 쪼그라든다. 로코와 함께 서핑을 하는 것은 천국에 있는 듯한 기쁨이다. 그렇지만 물속에 있는 로코의 안전이 여전히 못 견디게 걱정스럽다. 천국과 지옥은 생각보다 멀리 떨어져 있지 않다.

내게 필요한 것은 그저 파도 하나뿐이었다. 아들과 서핑을 한지 30분쯤 지났을 때 작고 근사한 파도가 내 앞으로 왔다. 나는 해변을 마주 보는 위치로 보드를 이동했다. 로코는 내 왼쪽에 있었는데, 파도의 꼭대기에 나보다 더 가까웠다. 우선권은 로코에게 있었다. 다른 사람이었다면 그 파도를 양보했겠지만, 아들과의 서핑에서 매너는 잠시 접어두었다. 부디 초보처럼 넘어지지 않기를 바라면서, 나는 엉덩이 높이쯤 되는 파도를 잡기 위해 열심히 패들링을 했고 드디어 파도를 잡았다. 파도는 나를 들어 올려 앞으로 밀어주었다. 나는 파도로 올라가 파도의 면을 따라 활강하기 시작했다. 그때부터는 그저 파도의 흐름을 따랐다. 파도는 느리고 관대했으며 자비로웠다. 로코가 바로 6미터 앞에서 미끄러져 내려가고 있었다. 우리는 파도가 해변에 다다라 부서지기 전까지 함께 파도를 탔다. 나는 보드와 함께 뽀얀 물거품 속을 뒹굴었다.

나는 그 순간의 아름다움에 숨을 죽인 채 다시 라인업을 향해 갔다. 파도를 탈 수 있다는 사실이 작은 기적처럼 느껴졌고, 로코와 함께 파도를 탄 것이 은총처럼 느껴졌다. 그 뒤로는 파도를 잡지 못했다.

최악의 치료가 아직 남아 있었다. 가슴 전체를 제거하는 유방 절제술을 받고 회복하는 동안 '붉은 악마'로 알려진 요법을 견디는 일이었다. 하지만 나는 약한 나 자신을 이미 경험해봤다. 그리고 너무 견디기 힘든 순간에는 로코와 함께했던 그 순간을 떠올렸다.

'다시 시작'이라는 근사한 일

다섯 번의 외과수술과 일곱 달에 걸친 화학요법으로 몸은 지칠 대로 지쳐갔다. 10월의 마지막 날, 나는 거센 파도에 휩쓸린 듯 너덜너덜해져 있었다. 나는 이 험난한 과정을 간신히 버텼다. 잠시라도 치료가 아닌 다른 곳에 마음을 두기 위해 계속 출근을 했다. 내가 얼마나 끔찍한 상태인지 생각하기보다 회사 일에 집중했다. 머리칼이 빠질 것에 대비해 머리도 밀었다. 여전히 내가 할 수 있는 것에 대해서는 통제권을 쥐고 싶었다. 내가 민머리로 사무실에 등장한 순간, 병을 숨기고 싶었던 내 바람은 깨졌다. 동료 한 명이 반들반들한 내 머리를 보고 물었다. "괜찮은 거야?"

"아니, 괜찮지 않아." 동료에게 대답하면서 속으로 이런 생각이 들었다. '드디어 말했다!'

치료를 받던 마지막 몇 주는 완전히 기진맥진해서 쓰러질 것 같았다. 아파트 복도도 간신히 걸을 정도였다. 로코는 나를 조금이라도 편하게 해주려고 등까지 내려오는 머리칼로 내 민머리를 덮어주곤 했다. 나는 로코가 그렇게 해주는 게 좋았다.

유독 잔인하게 힘들었던 어느 날, 의자에 누워 죽음이 성큼 다가오는 기분을 느꼈다. 비유가 아니라 실제로 그런 느낌이었다. 의자에 누워서 혼잣말을 중얼거렸다. "죽는다는 게 이런 기분이겠구나." 석 달 전 로코와 함께 탔던 파도를 떠올려보려 했지만 상상 속의 나는 해변에 그대로 머물러 있었다. 가장 약해진 순간 붙잡고 있던 모든 것이 느슨해지는 기분이었다. 내가 할 수 있는 일은 거의 없었다. 그래도 축복은 헤아릴 수 있었다.

감사함이 내가 할 수 있는 유일한 일이 되었다. 기분이 아무리 저조해도 집에 사랑하는 가족과 함께 있다고 생각하면 마음이 편해졌다. 나는 안전함을 느꼈다. 몸속에서 생명을 위협하는 세포들이 여전히 활개치고 다닌다는 사실만 제외하면. 가족과 친구들의 응원을 받는다는 것이 행운처럼 느껴졌다. 극도로 나약해진 상태에서 느낀 감사함은 뜻밖에도 내게 좋은 영향을 주었다. 내가 얼마나 약한 존재인지를 인정하자, 가야 할 길이 명료해졌다. 그리고 감사함은 내가 그 길로 빨리 들어설 수 있게 도와주었다.

이 주제를 다룬 책 중 신경과학자 올리버 색스Oliver Sacks의 유작 《고맙습니다》는 가장 아름다운 책으로 꼽힌다. 이 책은 그가 자신이 죽어간다는 사실을 알고 쓴 글이다. 전이된 암세포 때문에 자신의 삶이 마지막을 향해 간다는 사실을 알고 있던 박사는 이렇게 말한다. "두렵지 않다고는 못할 겁니다. 그렇지만 감사한 마음이 가장 큽니다."[33] 이 말이 특히나 감동적인 이유는 경험이 풍부한 과학자이자 죽음으로 가는 과정을 직접 겪는 경험자로서 그가 이 문제를 다루었기 때문이다.

말기암 진단에 대한 그의 반응이 특별하게 보일지 모르지만 과학적으로 보면 아주 특별한 반응은 아니다. 9·11 테러 이후 사람들의 감정과 관련해 진행한 한 연구에 따르면 두려움, 분노, 슬픔 같은 감정과 감사함이나 연민 같은 긍정적 감정은 매우 밀착돼 있다.[34] 미시간대학의 심리학자 바버라 프레드릭슨Barbara Fredrickson은 부정적인 감정과 긍정적인 감정 사이의 연관성을 연구해 '확장과 수립broaden-and-build' 이론을 만들었다. 프레드릭슨은 "긍정적 감정이 사람들의 생각과 행동의 레퍼토리를 확장하고 수립하며, 그러한 자원이 지속될 수 있게 해준다"고 말한다.[35] 사고방식이 긍정적인 사람은 상황이 나빠질 때 더 잘 적응할 수 있다. 그리고 감사함을 느끼는 것은 긍정적 사고에서 매우 큰 역할을 한다. 감사하는 습관을 단련하다 보면 더 큰 즐거움, 열정, 에너지와 같은 건강한 감정이 생겨난다.

좋은 일에 감사하는 태도는 제2의 천성이다. 감사하는 태도는 자연스러운 반응이긴 하지만 연습을 통해 고통스럽고 불편하고 불안한 순간에도 긍정적인 감정을 느낄 수 있다. 감사하는 마음은 여러 경험을 있는 그대로 받아들이게 해준다. 죽을 것 같은 몸과 마음으로 소파에 누워 있기 전까지 나는 이 사실을 몰랐다.

이전에는 살면서 겪는 어려운 일에 고마워해야 한다는 생각도, 감사하는 연습을 해야겠다는 생각도 한 적이 없었다. 우리는 본능적으로 불쾌한 것들을 멀리하려 한다. 우리는 좋지 않은 일에 자율신경체계가 어떻게 반응하는지 잘 알고 있다. 심혈관계 활동이 증가하고, 심박수가 증가하며, 혈압이 오른다. 우리에게 도망가거나 싸우라고 말하는 편도체(긴박한 위험 상태에 맞닥뜨렸을

때 싸울지 도피할지를 판단하는 신경계 반응인 '투쟁-도피 반응'을 말한
다-옮긴이)도 여기에 관여한다. 하지만 우리는 좀 더 진화한 전
두엽의 방식을 선택할 수도 있다. 이 부위는 보다 긍정적인 부분
에 집중할 수 있게 하는 새로운 뇌 영역이다. 이 부위를 훈련하
는 데 성공하면 우리의 몸은 생리적인 스트레스를 덜고 더욱 온
화하게 반응하게 될 것이다. 감사하는 태도가 이 과정에 도움이
된다.

내가 가장 좋아하는 서퍼 중 한 명인 데일 웹스터Dale Webster는
하루도 쉬지 않고 연속해서 가장 오랜 기간 서핑을 해 기네스북
에 오른 사람이다.[36] 그는 1975년 9월 3일부터 2015년 10월 4일
까지 총 1만 4,641일 동안, 날씨가 좋을 때나 풍랑이 일 때나, 아
플 때나 건강할 때나 하루도 쉬지 않고 패들링을 했고, 하루에
최소한 세 개 이상의 파도를 탔다. 서핑 다큐멘터리 영화 〈스텝
인투 리퀴드Step Into Liquid〉에 그의 이야기가 소개되면서 그는 서핑
을 하지 않는 사람들에게도 유명해졌다. 그가 내 마음을 사로잡
은 이유는 하루도 빠지지 않고 서핑을 한다는 사실 때문이 아니
다. 그가 매 세션마다 파도에 고개를 숙여 감사 인사를 하는 고
대 하와이의 전통을 지켰다는 사실 때문이다. 아무리 작은 파도
라도 그는 이 의식을 빠뜨리지 않았다.

두 번째 화학요법의 마지막 단계를 마치고 우리는 코스타리카
의 노사라로 여행할 계획을 세웠다. 그해에 두 번이나 여행 계획

이 취소됐기 때문에 나는 아무리 높은 파도가 오더라도 서핑을 하기로 결심했다. 치료하고 한 달 동안 쉬었으니 패들링을 할 힘은 충분했다.

나는 집에서 브로드웨이까지 산책을 시작했다. 두 블록쯤 되는 거리를 조엘과 함께 산책했다. 조엘은 나를 부축하려 했지만 나는 그를 밀쳐냈다. "이건 나 혼자 하게 해줘. 혹시라도 내가 넘어지면 그때 잡아줘." 내가 말했다. 그리고 이튿날에는 조금 더 멀리까지 걸었다. 나는 헬스클럽에 가는 대신 매일 조금씩 더 오래 걷는 데 집중했다. 그리고 정신을 또렷하게 하기 위해 길거리 공연에 집중했다. 보드와 함께 물속에 들어간다는 생각만으로도 계속 걸을 힘이 났다.

물론 물에 들어간다 해도 서핑을 처음부터 시작해야 한다는 사실을 알고 있었다. 새 몸으로, 새 서퍼가 되어야 했다. 나는 다시 시작할 준비가 돼 있었다. 형편없는 서퍼가 되는 것을 즐거운 마음으로 받아들일 준비가 돼 있었다. 이는 내가 서핑을 즐기는 이유가 뛰어난 실력에 있지 않기 때문이다. 여러 차례의 수술과 화학요법이 끝난 뒤 다시 시작한다는건 정말 멋지게 느껴졌다.

만약 2년 전 누군가 가슴을 지키는 것과 서핑 중에서 하나를 고르라고 했다면, 나는 당연히 가슴을 지키는 쪽을 택했을 것이다. 그러나 지금 내게 선택하라면 전혀 고민하지 않고 서핑을 선택할 것이다.

여행 날짜가 다가올수록 마음 상태가 바뀌는 것이 느껴졌다.

나는 암환자로서 내 나약함을 포용했으며, 동시에 산전수전 다 겪은 베테랑처럼 감사함을 느꼈다. 그리고 지금도 나는 앞으로 나아가며 뭔가를 찾고 있었다. 무수한 파도에 넘어지고 실패하고 휩쓸려가며 몇년 동안 키워온 것. 회복력처럼 어려운 것도 없다.

몸이 가장 많이 망가졌다고 느꼈을 때, 내 친구이자 치료 전문가인 에릭 굿맨Eric Goodman 박사가 이런 말을 했다. "몸은 스스로 건강해지고 싶어 해." 몸을 회복체계로 본 그의 말은 내게 딱 필요한 말이었다. 에릭은 인간의 통증과 고통의 근본 원인을 설명하면서 우리가 이 놀라운 몸으로 얼마나 형편없이 살고 있는지를 이야기했다. 그는 환자들이 스스로 회복하는 몸의 능력에 근본적인 신뢰를 품게 함으로써 치유에 도움을 준다. 우리 몸의 구조는 정말 놀라운데, 대부분의 사람들은 그 사실을 가볍게 여기곤 한다. 그의 연구에서 가장 근본적인 것은 인간이 회복에 필요한 도구를 가지고 태어났다는 사실이다.

앤드루 졸리Andrew Zolli도 그의 책《회복하는 힘》에서 회복을 더욱 광범위하고 세부적으로 다룬다. 어느날 졸리는 치명적인 선천성 심장질환 진단을 받고 30시간에 걸친 수술을 받았다.[37] 그는 사진 찍는 것을 좋아했지만 시간도 재능도 부족했던지라 거의 포기하고 지냈다. 그러다 덜컥 건강에 문제가 생겼다. 그는 내게 사진 찍는 데 집중하는 것이 지금 자신의 삶에서 아주 큰 부분을 차지하며 "생존의 끝자락을 경험한 직접적인 결과"라고 말했다. 인생은 그에게 회복하는 힘에 관해 깊이 성찰할 기회를 주었고 기꺼이 그를 형편없어질 준비가 된 새사람으로 만들어주었다.

나는 진심으로 궁금했다. 못하는 일을 하는 것이 어떻게 회복력을 더 깊고 튼튼하게 만들어주는 걸까. 졸리는 더 자세히 설명해주었다. "사람들은 어떤 일을 처음 배울 때 실패에 대한 두려움 없이 가장 즉흥적이 된다." 누구나 그러하듯, 어떤 일을 하다가 중도에 멈출 상황이 생기면, 그 상황에 잘 대처하기 위해 여러 대응 방식을 모아둔 일종의 대응 저장고가 있어야 한다. 즉흥적으로 잘 대처하면 회복할 수 있다.

졸리는 이것을 '동태적adhocratic'(앨빈 토플러는 불확실한 상황에 잘 대처할 수 있는 유연한 조직구조를 과거의 경직된 관료적 구조와 대비되는 구조인 애드호크러시, 즉 동태적 구조라 일컬었다 – 옮긴이) 행동 대 '관료적bureaucratic' 행동이라고 부른다. 이 동태적 반응은 상황에 즉흥적으로 대응한다는 점에서 클래식 음악보다는 재즈에 더 가깝다. 회복력은 이러한 동태적 반응에서 가장 효과적으로 나타난다.

이 동태적 시스템은 일이 잘 진행되다 서서히 중단되는 것이 아니라 갑자기 잘못될 때 더욱 효과적이다. 못하는 일을 하면서 즉흥적으로 대처하는 훈련을 하고, 내가 어떤 일을 못한다는 사실을 직시하며 회복력을 가다듬는 연습을 하라. 어떤 위기도 잘

돌파할 수 있을 것이다. 내가 못하는 서핑을 몇 년에 걸쳐 꿋꿋하게 했던 날들이 지금 이 시련을 견디게 해준 것처럼.

나는 라인업에서
가장 멋지지 않은 사람

이제 회복력을 태평양 바다에서 시험하기 직전이었다. 한 달 전까지만 해도 나는 화학치료를 마친 뒤 꼼짝도 할 수 없었다. 로코는 내가 물에 들어가도 괜찮은지 확신하지 못했다.

"엄마, 아직은 서핑 하면 안 될 것 같아요." 우리가 노사라에 도착하자 아들이 말을 꺼냈다.

"안 할 거야." 차에 서프보드를 싣는 로코에게 대답했다. (그때 나는 800미터 거리에 있는 해변까지 서프보드를 직접 들고 갈 만큼의 체력이 없었다.) "하지만 혹시 모르니 보드는 바닷가까지 싣고 가자꾸나."

"글쎄요. 좋은 생각 같지 않은데요."

"걱정하지 마. 멍청한 짓은 안 해." 그러나 로코가 옳았다. 나는 멍청한 짓을 했다.

"보드를 물에 띄우기만 할 거야. 그냥 앉아만 있을게. 패들링은 안 해. 물속에 들어가 보드에 앉는 느낌이 너무 절실해." 나는 로코에게 재차 확신을 주었다.

"정말 타지 않을 거죠?" 로코는 몹시 초조해했다.

"응, 걱정하지 마. 타지 않을 거야."

바다에 들어가는 순간 열대의 따뜻한 바다는 세상에서 가장 포근한 담요처럼 느껴졌다. 몸이 본능적으로 반응했고 온몸에 도파민이 맹렬하게 퍼졌다. 무척이나 좋은 기분이었다.

로코가 말리기 전에 나는 보드에 누워 팔을 저으며 해변에서 멀어져갔다. 라인업이 까마득히 멀리 보였다. 나는 옆에 있는 로코와 함께 보드를 돌려 흰 물살이 떠미는 대로 앞으로 나아갔다. 내 인생 최고의 파도를 탄 이후 첫 파도를 타고 해변까지 왔다.

나는 부서진 파도를 타는 것은 서핑이 아니라고 늘 말했다. 하지만 그날 기오네스 해변에서 보드 위에 서 있자니 그것을 뭐라 부르건 아무래도 상관없었다. 나는 축복받은 기분이었다. 서핑과 함께하는 본래의 삶으로 돌아간 기분이었다. 몸은 서핑 하는 법을 기억했다.

그 주가 끝날 때 나는 라인업에 나갔다. 하지만 멀리서 밀려오는 파도는 잡지 않았다. 서핑을 할 때 내 세션은 보통 90분에서 3시간가량 이어졌지만, 이제는 기껏해야 30분 정도였다. 여러 차례의 수술을 받고 인공 보형물을 주입한 탓에 보드 위에서 균형 잡는 법을 다시 배워야 했다. 드디어 나는 등을 둥글게 말고 가슴을 보드에서 뗀 채 패들링을 할 수 있을 정도로 튼튼해졌지만, 서핑을 할 만한 힘은 되찾지 못한 상태였다. 너덜거리는 야구공 위에 누워 있는 기분이었다.

여행이 끝나갈 무렵, 우리는 로코가 고프로로 촬영한 영상을 보았다. 그런데 내 아름다운 짐 필립스 보드를 모르는 사람이 타는 모습이 영상 속에 보였다. '도대체 누가 내 보드를 타고 있는 거지?' 무의식중에 이런 의문이 들었고, 잠시 뒤에 답이 생각났다. '이런, 저건 나잖아!'

영상 속 내 모습은 충격적이었다. 나는 드라마 〈왕좌의 게임〉에 등장하는 교활한 내시 배리스 같았다. 머리카락은 하나도 없고, 창백하고, 잔뜩 부어 있었다. 지난 20년 동안 사람들에게 긴 빨간 머리로 각인되었던 머리칼을 밀어버린 것은 내 정체성에 대한 도전이었다. 내 가슴은 즐거움을 주는 존재였다. 그런데 지금은 거울 앞에 서서 〈프랑켄슈타인의 신부〉의 젖가슴 같은 가슴을 보며 움찔하지 않으려고 애썼다. 내가 라인업에서 멋있는 모습이었던 적은 없지만, 영상 속 내 모습은 완전히 다른 사람이었다.

나는 우리가 자신의 페르소나를 얼마나 강하게 고수하는지 뼈저리게 느꼈다. 내 진짜 모습은 전혀 멋있지 않았다. 내가 한 번도 멋지게 서핑을 해본 적이 없다는 건 분명하지만, 이제 나는 라인업에서 가장 멋지지 않은 사람이었다.

내가 〈뉴욕타임스〉에 못하는 일을 한다는 것에 관한 에세이를 기고하고 내 서핑 동영상을 올렸을 때 한 친구가 말했다.

"너 서핑 정말 못하더라." 친구는 마치 내가 사기를 치기라도 한 것처럼 말했다. 나는 겸손한 척한 것이 아니다. 나는 정말 서핑을 못한다. 그뿐이다.

"내가 겸손하게 구는 줄 알았어?"

친구는 잠시 머뭇거리다가 말했다. "솔직히 이렇게 생각했지. '캐런은 쿨한 사람 아니었어? 걔는 코스타리카에 집도 있고, 서핑도 하잖아.' 너를 생각하면 쿨한 이미지가 제일 먼저 떠올랐거든……" 친구는 마음속에 있던 그 이미지를 확인하듯 말을 이어갔다. "그런데 네가 올린 영상 속의 모습은 그런 쿨한 이미지가 아니었어. 넌 정말로 서핑을 지독하게 못하더라고!" 친구는 재차 확신하며 말했다.

"그래서?" 내가 물었다. 나는 이미 답을 알지만 그냥 친구가 자백하는 모습을 보고 싶었을 뿐이다.

"네가 서핑을 못한다는 사실을 알고 나니까 기분이 좋아." 친구는 활짝 웃으며 대답했다. 기분 나쁘지 않은 웃음이었다.

충분히 이해한다. 사람들은 내가 서핑을 한다는 말을 들으면 경외감을 보이며 고개를 끄덕이곤 한다. 그들은 내가 제트엔진이 장착된 보드를 타고, 있지도 않은 멋진 몸매로, 파도의 페이스를 근사하게 오르내리는 모습을 상상한다. 넘어질 때도 함박웃음을 짓고, 머리카락을 멋지게 뒤로 넘기며 다시 라인업을 향해 패들링하는 모습 말이다.

그러나 영상 속의 나는 긴소매 서핑복 차림에, 집중하느라 이마에는 주름이 깊게 패어 있고, 미친 듯이 패들링을 하다가 파도는 대부분 놓치는 모습이다. 어찌어찌해서 가까스로 파도를 잡고 파도의 면을 타고 내려올 때도 아주 꼴사나운 모습으로 내려온다. 멋진 모습과는 몹시 거리가 멀다.

사실 대부분의 서퍼들의 실제 모습은 편집된 동영상에서 보는 것과는 전혀 다른 모습이다. 하지만 서퍼들에게 멋진 모습은 중요하지 않다. 중요한 것은 파도에서 다시 보드 위로 올라가 또 다른 파도를 잡으려 노력하는 인내심과 꾸준함이다.

"기분이 좋아졌다니 나도 기뻐." 나는 친구에게 말했다.

내가 아는 서퍼들도 물 밖에서의 모습은 바보 같고 서툴 때가 많다. 음악가도 마찬가지다. 연주가 끝난 후 그들의 모습은 연주 때와 딴판인 경우가 많다. 운동선수나 유명인사 또한 마찬가지다. 몇 년 전 일론 머스크Elon Musk의 영상을 보고 깜짝 놀란 적이 있다. 중앙관제센터에서 자신이 만든 로켓이 성공적으로 발사되는 장면을 본 일론 머스크는 마시던 맥주를 차분히 책상 위에 올려놓고는 덤덤히 걸어 나갔다. 지금까지 봤던 반응 중에서 가장 쿨한 반응이었다. 그런데 또 다른 동영상에서 머스크는 새 로켓이 발사되는 장면을 실시간으로 보려고 실험실 밖으로 뛰쳐나갔다. 그 모습이 쿨한 모습보다 좋아 보였다.

주위 사람들을 생각해보면 겉으로는 쿨해 보일지 몰라도 실제 모습은 그렇게 쿨하지 않은 이들이 대부분이다. 잠시만 시간을 내서 여러분이 아는 사람들 중 '멋지다' '쿨하다'는 꼬리표가 붙은 사람들을 떠올려보라. 그리고 그들이 실제로는 얼마나 쿨하지 않은지를 생각해보라. 그게 바로 나고, 그게 바로 당신이다.

"쿨한 척은 버려.
중요한 것에 신경 써"

그렇다면, 왜 우리는 쿨하지 않은 진실을 무시하는가? 그 이유는 어떤 일에도 타격 받지 않는 것이 가능하다는 사실을 믿고 싶기 때문이다.

'쿨하다'는 말은 구체적인 기원이 있다. 도덕적인 측면에서 형편없다는 것과 정반대 의미로서 쿨하다는 말은 아주 최근에 생겨났다. 쿨함은 약함의 상대적인 개념으로 1930~1940년대 아프리카계 미국인 재즈 음악가들에게서 유래했다는 이론이 있다. 조엘 디너스타인Joel Dinerstein은 그의 책《전후 미국에서 쿨의 기원 The Origins of Cool in Postwar America》에서 '쿨함'이 흑인 연주가들이 끊임없이 부딪쳐야 하는 인종차별에 맞서기 위해 구축한 생존 메커니즘이라는 점을 보여준다. 그는 책에서 "그러한 차별을 쿨하게 받아들이기 위해 연주자들은 억압되고 상처 입기 쉬운 마음을 냉담한 연주와 조화시켰다"고 말했다.[38]

디너스타인의 시선은 쿨함이 나약함을 감추기 위한 베일이라는 것 이외에 또 다른 성찰을 보여준다. 그는 우리가 쿨한 것을 왜 이토록 좋아하는지, 어째서 쿨함이 그토록 오랫동안 인정받고 있는지와 관련한 깊은 성찰을 보여준다. 우리가 쿨한 것에 매료되는 이유는 상처 받기 쉬운 그 약함에서 창의적인 혁신이 나오기 때문이다. 이는 재즈의 핵심 요소인 즉흥성과 다르지 않다. '쿨한 연주'는 새로운 감정 상태와 스타일을 표현하는 재즈 속어에서 차용한 말로 '분리의 심미화'를 뜻한다. 쿨함을 매혹적으로 만드는 것은 바로 이것이었다.

디너스타인은 TED 강연에서 색소폰 연주자이자 쿨의 제왕 레스터Lester Young의 이야기를 들려준다. 레스터 영은 무대에서 웃지 않았다.[39] 그는 밤무대에서도 선글라스를 써서 영혼의 창인 눈을 감췄다. 사람을 가장 잘 알 수 있는 눈을 감춤으로써 그는 신비로운 존재가 되었다. 선글라스는 자신의 모습을 감추고 보호하는 쿨함의 상징이 되었다.

만약 쿨함이 억압에 대한 반응이라면 쿨해지려는 욕망이 어떻게 우리를 우리 자신에게서 지켜주는지 생각해볼 수 있다. 쿨함이 부인할 수 없을 만큼 매혹적인 이유는 최고의 예술가들이 쿨한 모습을 보이기 때문이다.

나는 세상에서 가장 쿨한 사람으로 꼽히는 앤서니 부르댕Anthony Bourdain과 이 문제를 놓고 이야기했다. 나는 그가 TV 프로그램 〈Mr. Fix it〉에 요리사로 나왔을 때부터 그를 알았다. 나는 그의 첫 책 《키친 컨피덴셜Kitchen Confidential》을 함께 작업했고, 그 후로도 다섯 권 정도를 출간했다. 그는 관대하고 재미있는 사람이었으며, 수줍음을 타는 편이었다. 아무튼 여러모로 좋은 사람이었다. 나는 그가 쿨함에 대해 뭐라고 말하는지 듣고 싶었다.

"나는 쿨하지 않아요. 살면서 한 번도 쿨한 적이 없어요."[40]

그는 젊은 시절 자신이 무모했다고 인정했다. 서투름과 두려움, 불안감에 대한 보상 심리로 마약을 하고, 술을 마시고, 악행을 일삼은 날들을 좋지 못했다고 인정했다. 그는 이렇게 덧붙였다. "쿨한 척하는 행동은 둘째 딸이 태어나면서 창문 밖으로 던져버렸어요. 정말 다행이지요."

쿨함에 대해 깊이 생각하던 부르댕은 이렇게 말했다. "쿨하다는 건 신경 쓰지 않는 거라고 생각해요." 디너스타인이 말한 분리의 심미화 이론과 비슷하다. 그런데 부르댕은 쿨함을 좀 더 비도덕적인 시각에서 보았다. "쿨하다는 것은 거의 소시오패스적인 상태와 비슷하다고 생각해요. 무슨 일에건 눈곱만큼도 신경 쓰지 않겠다는 태도니까요. 경험상 사람들은 자신이 원하는 것을 잘 아는 사람들에게 어리석을 정도로 끌리더라고요. 안타깝게도 매일 자신의 감정이나 욕망과 힘겹게 싸우는 사람들에게는 쿨한 사람이 매력적으로 보이지요."

하지만 그는 쿨함에 뭔가가 있다는 점도 인정했다. 그는 쿨하다는 건 회피하지 않고 기꺼이 맞닥뜨리려는 태도라고 말했다. 내 귀에는 그것이 자신감처럼 들렸다. "내게 쿨함은 용기이고 독립적인 태도이며 일종의 고결함입니다. 다시 말하면 두려움이나 탐욕과 타협하기를 거부하는 태도죠. 때로는 상식 같은 것과도요. 데이비드 사이먼David Simon은 쿨합니다. 기존의 관습은 신경 쓰지 않고 자신이 원하는 TV 프로그램을 만드니까요. 시청자를 절반 가까이 잃고 난 뒤 HBO에 드라마〈트레메 Treme〉가 다시 편성됐을 때 사이먼에게 축하 인사를 건넸어요. 그랬더니 사이먼이 이렇게 대답하더군요. '시청률 따위 개나 줘버리라고 해.' 그게 쿨한 거지요."

부르댕은 말을 이었다. "드디어 저는 쿨함을 이상적으로 구현하는 사람을 만났고, 그 사람과 아주 친해졌어요. 바로 이기 팝 Iggy Pop이에요. 그러나 이기에겐 사랑이 필요해요. 우리는 그 점에 대해 아주 많은 이야기를 나눴어요. 사랑받고 인정받기 위해 사랑을 필요로 하는 사람은 절대 쿨해질 수 없어요." 부르댕은 쿨함의 그늘도 언급했다. "쿨하다는 건 쥐뿔도 관심 없다는 거예요. 그런데 난 관심이 있어요. 나는 느끼고, 사랑하고, 상처받고, 실패하기로 했어요. 다른 방법은 없을 테니까요."

나는 부르댕에게 어떤 일을 못하는 것과 쿨해지는 것이 배타적인 관계인지 물었다.

"맞아요. 그들은 어떤 일을 어떻게 해야 하는지 잘 모를 때, 그 일을 하는 모습을 절대 보여주려 하지 않아요. 왜냐하면, 그렇게 하는 게 쿨한 거니까요."

쿨함의 방문이 열리면 가능성의 문이 닫힌다. 자칭 '상업적으로 성공한 음식 포르노'를 만들었다고 말하는 부르댕에게 탁월함은 하나의 기준에 불과했다. 그는 브라질 주짓수를 배웠는데, 주기적으로 엉덩이를 걷어차였다. 알고 보니 부르댕도 못하기 선수였다.

"끝도 없이 이어진 배움의 비탈길 맨 아래에 존재하는 것, 그것은 깊은 만족감을 줍니다." 그가 설명했다. "가장 아래에 있는 것과 같아요. 주방에서 다시 신참이 되는 거죠. 배운다는 만족감, 티끌만 한 성장, 매일 문제를 해결하는 것, 덜 못한다는 것……. 모두 정말 멋진 일이예요!"

그는 잠시 쉬었다가 말을 이었다. "페란 아드리아Ferran Adrià(스페인 출신의 요리사—옮긴이)가 한 말에 덧붙이자면, 저는 제가 할 줄 아는 것보다는 할 줄 모르는 걸 하고 싶어요."

어쩌면 평생을 요리사로 살아온 그가 못하는 일을 한다는 것에 긍정적인 태도를 취하게 된 것은 우연이 아닐지도 모른다. 주방처럼 시시각각 끊임없이 자신의 한계와 맞닥뜨려야 하는 공간도 드물다. 아무리 요리를 능숙하게 잘하는 사람이라도 불에 데고, 화상을 입고, 손가락을 베고, 요리하다가 피를 흘리고, 공들인 것이 엉망진창이 되고, 형편없는 음식을 만들 수 있다. 그러나 가장 중요한 것은 끊임없이 시도한다는 것이다.

하지만 그럼에도 불구하고 타인에게서 보는 나약함과 쿨함의 단면이 어떻게 그 사람의 가장 어두운 시간을 숨기는지를 지독히도 고통스러운 방식으로 알게 될 때가 있다. 2018년 6월 8일, 앤서니 부르댕이 스스로 목숨을 끊었다는 소식을 들었을 때 나는 우리가 다른 사람에게 붙인 꼬리표가 그 사람의 고통과는 아무 상관이 없다는 사실을 깨달았다. 우리가 할 수 있는 최선은 우리 자신의 고통을 환한 대낮의 빛에 드러내고 혹시 우리가 사랑하는 사람에게서 놓쳤을지도 모르는 여명의 메시지에 관심을 기울이는 것이다.

암과 치료로 인한 부작용 때문에 나는 이전보다 덜 쿨하게 서핑을 할 수밖에 없었다. 내가 다시 뚱뚱한 민머리로 라인업에 선다 해도 그 모습을 숨길 수 있는 방법은 없을 것이다. 그저 쿨함에 '신경 쓰지 않는' 것 말고는. 앤서니는 말했다. 거짓으로 '쿨한 사람'인 척할 게 아니라 정말 중요한 것에 쥐뿔만큼이라도 신경을 써야 한다고.

무엇이 쿨한 것인지를 붙잡고 씨름하다 보면 알게 된다. 쿨함은 유연함과 회복력이고 즉흥성이며 약함을 인정하는 태도라는 것을. 쿨함은 단호하고 가차 없는 무언가가 아니다. 행동을 안 하는 것이 아니라 전력을 다해 행동하는 것이며, 계획한 결과에 연연하지 않는 것이다. 만약 쿨함이 가면이라면 투명한 가면일 것이다. 세상이 우리를 보는 방식이 아니라, 우리가 세상을 보는 방식을 수월하게 해주는 투명한 가면일 것이다. 앤서니 부르댕이 옳았다.

이 글을 쓰면서 내 서핑 실력은 가장 끔찍했던 해보다 향상되기까지 했다. 여전히 못하지만 조금은 덜 못하게 되었다. 나는 최근 코스타리카에서 지금까지 탔던 파도 중 가장 큰 파도 세 개를 잡았다. 무려 1.2~1.8미터쯤 되는 파도였다. 그리고 그 파도를 우아하게 탔다. 어떤 일을 못하는 데서 실력 향상이 중요한 것은 아니지만 솔직히 기분이 정말 좋았다. 나는 여전히 쿨하지 못하고 앞으로도 쿨하지 못할 것이다. 하지만 완전 초보가 되어 맨 처음부터 다시 시작한다는 사실이 나를 앞으로 나아가게 만든다. 앞으로 나아가기 위해 필요한 것은 자신의 약함을 인정하는 겸손함인지도 모른다.

당신도 마찬가지다. 홀로 서툴게 쩔쩔맬 때 당신이 어떤 사람인지 알게 될 것이다. 자신이 쿨한 사람인지 아니면 쿨함 따위는 신경도 쓰지 않는 사람인지 알게 될 것이다. 어쩌면 이 둘은 하나인지도 모른다. 그것은 어디에서 시작하느냐에 달려 있다.

내 인생에서 겪은 험난한 파도들은 내가 서핑에, 인생에 그리고 생존에 얼마나 미숙한 존재인지를 낱낱이 드러내주었다. 나는 그 파도를 통해 세 가지 답을 얻었다. 약함을 받아들이기, 감사하기 그리고 전혀 쿨해지지 않기. 이 세 가지 모두 내가 정말 못하는 일이다. 특히 쿨해지지 않기는 정말 못한다. 이 모든 것이 일상을 살아가게 하고, 나를 일으키고, 고개를 들어 수평선 너머를 바라보게 한다.

기대하지 말고
시도하라

나는 한 번밖에 가보지 않은 곳에, 모르는 남자에게, 한 번도 본 적 없는 땅을 샀다. 살면서 신뢰를 두고 그처럼 큰 모험을 감행한 적은 없었다. 내 세 번의 결혼도 그보다 위험하지는 않았다. 어떤 직업도, 어떤 후퇴도 나를 그처럼 재정적인 곤경에 빠뜨린 적은 없었다.

나는 이 모든 위험을 알고 있었다. 그리고 2010년 5월 24일, 나는 코스타리카 은행에 있던 내 예금통장에서 마지막 한 푼까지 모조리 인출했다. 이성을 발휘해서, 방금 은행 잔고를 말끔히 비웠다는 사실을 협상전략으로 삼았다. "이게 전부입니다." 나는 판매자에게 말했다. "더 이상은 줄 수 있는 게 없어요."

3주 뒤, 이메일과 전화를 받음으로써 모든 일이 끝났다. 나는 기오네스Guiones 서핑 커뮤니티 인근, 태평양의 니코야반도에 있는 부동산 약 1350제곱미터를 구매했다. 그와 동시에 국세청에서 보낸 편지 한 통을 받았다. 회계사는 내게 이렇게 말했다. "돈 다발을 중앙아메리카로 보내면 국세청에서 바로 감사를 받을 겁니다." 다행히 내가 불법을 저지른 것은 아니었다. 다만 터무니없이 비합리적이었을 뿐.

이성적인 목소리를 내는 곳은 국세청만이 아니었다. 남편도 마찬가지였다. 충분히 이해한다. 15년을 함께해온 우리의 결혼 생활이 단 한 번의 거래로 위기에 빠졌다. 아이를 돌보기에도 바쁜 불안한 시기에 모험을 감행하는 이유를 아무도 이해하지 못했다.

한 가지 비밀은 내가 파도를 타는 것보다 숫자를 다루는 일에 더 형편없다는 사실이다. 그리고 부동산업자인 에릭을 신뢰했다는 것이다. 그와 만난 적은 없지만, 통화한 뒤 많은 것을 알게 됐다. 과로로 죽을지도 모른다는 생각에 직장을 그만두고 고향인 플로리다를 떠나 지금은 코스타리카에서 서핑을 하며 꿈같은 인생을 살고 있다는 것도 알게 됐다. 지금은 두 아이들 때문에 지치긴 했지만 얼마나 행복한지도 알게 됐다. 우리는 금세 친구가 되었다.

조엘은 좀 더 회의적이었다. 당연히 그래야만 했다.

인생에서 가장 무모하고
위험했던 결정

  못하는 일하기에 더 해야 하는 원칙이 있다면 이것이다. 세상이 본모습을 드러낼 때, 자칫 위험에 빠질 수 있는 곳에 있다면 더 앞으로 나아가라. 버거움을 감당하라. 자신을 보호하되 단지 함정이 많다는 이유로 겁먹지 마라.

  누구나 그렇듯, 나도 잘못된 사람을 믿어 심각한 타격을 입은 적이 있다. 나를 협박하고 배신한 남자와 결혼한 적도 있다. 상사에게 소리를 질러 직장에서 해고당하기도 했다. 계약서도 없었고 나를 지켜줄 안전망도 없었다. 가족의 생계를 위험에 빠뜨릴 수도 있었다. 어쩌면 이 모든 상황마다 나는 나를 더 위험에 몰아넣는 방식으로 대책을 모색했는지도 모른다. 그것이 내가 세상을 살아내는 방식이었다.

  무모함을 얘기하는 게 아니다. 큰 괴로움이 닥칠 때마다 끔찍한 일이 영원히 끝나지 않고 반복될 것만 같은 생각이 든다. 그렇지만 두려움과 의심이 드는 상황에서 내가 할 수 있는 방법은 세상의 선함을 믿는 것이었다. 마주한 상황이 아무리 진흙탕이어도 나는 신뢰하는 연습을 했다. 어떤 이는 나를 순진하다고 할지 몰라도 나에게 이것은 일종의 생존 메커니즘이었다.

  불교 수도승인 페마 초드론Pema Chödrön은 석가의 이야기를 들려준다. 석가모니는 깨달음을 얻는 과정에서 자신을 방해하는 온갖 장애물과 맞닥뜨렸다.[41] 이러한 마라Mara(괴로움, 고통을 뜻하는 용어-옮긴이)들은 석가에게 총과 화살이 되어 꽂혔지만 그 무기는 상처를 입히기는커녕 꽃이 되었다. 초드론은 이렇게 말한다. "우리에게 벌어지는 일을 적으로 경험하느냐 스승이나 친구로 경험하느냐는 전적으로 현실을 지각하는 방식에 달려 있다. 다시 말해 자신과의 관계에 달렸다."[42]

남편은 좀 더 평범한 걱정을 했다.

"그러니까 지금 당신 말은, 우리 통장에 있는 현금을 싹싹 긁어서 중앙아메리카로 이체한다는 말이야?" 남편은 내가 맹목적으로 하려던 황당한 거래를 언급하며 이렇게 물었다.

"좋은 사람 같았어. 난 그 사람을 믿어." 내가 말했다.

"그 사람이 누군지도 모르잖아." 남편이 이성적으로 반대했다.

"맞아. 나도 알아. 하지만 그 사람이 내게 거짓말을 했다고는 상상할 수도 없어."

"그 말이 아니잖아."

"당신은 내가 이 일을 하지 말아야 한다고 생각하는 거야?"

침묵이 이어졌다.

"알았어. 내가 그 사람 경력을 확인하면 되잖아."

어느 부동산 천사가 땅을 특가 세일 가격으로 판매한다고 해서 온종일 설레며 기다리고 있는데 조엘은 내 환상을 바늘로 찔렀다. 내가 에릭에게 부동산 경력을 알고 싶다고 하자 그는 이렇게 말했다. "여긴 아주 작은 동네예요. 숨으려 해도 숨을 데가 없어요."

모든 일은
여름 휴가에서 시작됐다

이 모든 일은 18개월 전 가족이 함께 떠난 여행에서 시작되었다. 플라야 기오네스Playa Guiones라 불리는, 코스타리카의 작은 서핑 마을로 떠난 여행이었다. 휴가가 끝나갈 무렵 우리는 그곳에 집을 사자는 말을 하기도 했지만, 그것은 휴가지에서 나올 만한 치기 어린 농담 같은 것이었다.

그렇지만 가족 모두가 만족했던 여행지로 이사한다는 계획은 꽤 그럴듯해 보였다. 누구나 오랜 기간 뭔가를 꾸준히 하다 보면 열망 같은 것이 생기게 마련이다. 나는 여전히 서핑을 못했지만, 꿈같은 서핑 장소를 꿈꾸기 시작했다. 내게 필요한 건 대서양의 거친 겨울바다가 아니었다. 서핑에 뛰어난 젊은이들에겐 멋진 장소지만, 내가 서핑을 하려면 좀 더 따뜻한 곳이어야 했다. 즉 뉴저지의 오션 카운티Ocean County보다는 좀 더 적도에 가까워야 한다는 뜻이었다.

이사를 한다면 직장에서 많은 위험을 감내해야 한다는 걸 나는 알았다. 하지만 더 많은 기회를 얻으려면 더 많이 버려야 했다.

그래서 나는 노사라로 향했다. 어쩌면 행운의 여신이 나를 부른 것인지도 모른다. 나는 못하는 일에 자신을 완전히 내맡길 때 뜻밖의 행운이 자석처럼 달라붙는다는 사실을 깨달았다.

보통은 새로운 일을 할 때 그 일을 완벽하게 해내는 것을 목표로 한다. 그렇다면 가야 할 길은 명확하다. 자전거를 탄다면 일단 세발자전거를 타라. 그런 다음 보조 바퀴가 달린 자전거를 타고, 보조 바퀴를 떼어 내라. "그다음은?" 하는 질문은 목표에 의해 묵살된다. 못하는 일에 도전하지 않는다면 가야 할 길은 깔끔하다.

그리고 지루하다.

못하는 일을 한다는 말은 삶에 찾아온 행운을 맞이하는 법을 배운다는 뜻이기도 하다.

내가 턴키 하우스 (인테리어를 완전히 새로 해서 투자자가 바로 구매해 임대할 수 있게 만든 집이나 건축물—옮긴이)를 알아보기 시작하고 3주 뒤 에릭에게서 뜻밖의 전화를 받았다.

"캐런, 혹시 여기에 조만간 올 계획이 있는지 모르겠지만, 당신에게 꼭 알려주고 싶은 게 있어서 전화했어요." 에릭은 내게 관심이 있는지 물으면서 현금만 가능하다고 했다. 만약 그 매물을 원한다면 주말까지 답을 줘야 한다고 했다.

"다시 연락할게요." 나는 이렇게 말하고 전화를 끊었다.

전화를 끊자마자 나는 흥분의 도가니에 빠졌다. 평소에도 늘 아무것도 없는 맨땅에 차근차근 집 짓는 것을 꿈꿔왔다. 조엘은 내가 얼마나 이 일을 하고 싶어 하는지 잘 알지만 이 생각을 전혀 좋아하지 않았다.

그렇지만 나는 라라랜드에 있었다. 그곳에서 나는 한껏 부푼 마음으로 상상의 나래를 펼치고 있었다. 나만의 셈을 하는 것이다. 나는 영원히 충분하지 않을 자금과 시간을 해결해줄 마법의 수학을 발견할 기세로 우리의 재정 상황을 생각해봤다. 그 무렵 우리에게는 여유가 없었다. 하지만 나는 기대감에 날아갈 듯 들떴다.

"우린 할 수 있을 거야." 나는 크게 숨을 들이마셨다가 내쉬었다.

조엘은 잠자코 내 말을 듣고만 있었다. "뭘 할 수 있는데?"

"그 땅을 사서 거기에 집을 짓는 거야. 에릭한테 그 땅을 동영상으로 촬영해서 보여달라고 하자. 좋은 생각이지?"

이튿날 에릭이 이메일을 보내왔다. 에릭이 카메라를 들고 그 땅 뒤편에 있는 12미터쯤 이어진 나무들 사이를 천천히 걸으며 동쪽의 작은 언덕 아래 울창한 숲까지 촬영한 흔들리는 영상 파일이었다. 카메라는 좌우로 이동하며 부지를 보여주다가 '임대 문의'라고 적힌 팻말 앞에서 멈췄다. 팻말은 나무에 못 박혀 있었다.

에릭의 영상은 몹시 설득력이 있었다. 내 마음은 벌써 그 임대 문의 팻말을 떼어 내고, 에릭에게 전화를 걸고 있었으니까.

그 땅을 소유할 날이 임박했다. 하지만 아이의 학교 문제를 먼저 고려해야 했다. 당연히 그래야 했다. 아이를 학교까지 바래다주는 길에 로코와 나는 이 문제로 대화를 나눴다. 내가 양육에 얼마나 형편없는지 드러나는 대화였다.

"로코, 부동산 구매를 마무리 지으려면 며칠 동안 다 같이 노 사라로 가야 해. 당장은 아니고 몇 주 뒤에 가게 될 거야."

"학교는 어떡해?" 로코는 내가 이 문제를 어떤 식으로 끌고 갈 지 완벽하게 알고 있었으며, 전혀 즐거워하지 않았다.

"학교가 뭐?" 난 짐짓 아무렇지도 않은 척하려 했다. 그러나 불가능했다. 로코는 내가 무슨 생각을 하는지 나보다도 먼저 알 았다.

"학교를 며칠 빠져야 되는 거 아냐? 난 결석하기 싫어."

"그래 봐야 사나흘만 빠지면 돼. 결석 문제는 엄마가 어떻게든 해결해볼게. 서핑 때문에 학교를 빠지는 거야. 누구라도 학교 대 신 서핑을 가지 않을까?"

나는 허세를 부리며 말했다. 그러나 이 말은 이기적이었다. 코 스타리카와 서핑을 향한 사랑과 옳고 그름에 대한 본능적인 주 관을 둘 다 협박하는 말이었으니까. 그리고 협박하는 사람은 바 로 나였다.

아이는 학교 문제를 진지하게 고민했다. 평소 같으면 로코의 이런 모습을 무척이나 흐뭇하게 여겼을 것이다. 하지만 지금은 역할이 바뀌었다. 내가 로코에게 여행을 가자고 조르는 상황이 었다.

아이는 나를 보며 단호히 거절했다. "안 갈 거야. 그냥 방학 때까지 기다리면 안 돼?"

"그때까지 기다릴 수 없어. 네가 가지 않겠다면 할머니랑 할아버지에게 너를 봐 달라고 부탁드려야 해. 네 형이랑 아빠랑 내가 노사라에 가 있는 동안 너는 할머니 할아버지랑 있으렴."

정말 비열한 수법이다. 나도 안다. 로코의 눈에 눈물이 그렁그렁 맺혔다. 아이는 할머니 할아버지를 사랑하지만 그렇다고 해서 이 중요한 여행에 혼자 빠지기는 싫은 것이다. 하지만 내게 그런 문제는 안중에도 없었다. 그것은 내 몹쓸 우선순위였다. 내 마음 어딘가에서 이렇게 소리치고 있었다. '이게 나한테 얼마나 중요한지 모르는 건 아니지?' 나는 정말 형편없는 엄마였다.

그런데 이게 가당키나 한 말인가? 서핑을 자주 하기 위해 잘 알지도 못하는 곳으로 가겠다는 생각이 사랑하는 아들보다 우선순위일 수 있단 말인가?

로코는 태어난 그 순간 내 무릎을 꿇리며 복종시켰다. 그전에는 진정한 복종도 진정한 사랑도 몰랐다. 이전에도 사랑은 많이 했지만 이런 사랑은 아니었다. 이 작은 아이에게 느꼈던 사랑만큼은 아니었다. 흔히들 아이가 생기면 우선순위가 바뀐다지만 이렇게 존재의 분자 하나하나가 다 바뀐다고는 말하지 않는다. 로코와 지오가 태어났을 때 나는 그런 변화를 느꼈다. 아이들을 향한 사랑에 가슴이 터질 듯했다. 이전에 느꼈던 감정들은 기억조차 나지 않았다. 나는 아이들을 통해 가장 위대한 사랑을 알게 되었고, 이것이 모든 것을 바꾸었다.

학교를 빠지지 않겠다는 로코의 칼 같은 결심과 단호한 의사가 나를 바로 세웠다. 우선순위가 재편성됐다. 나는 계획을 바꾸어 여름방학까지 기다렸다가 다 같이 가기로 했다. 그때쯤이면 되돌리기엔 너무 늦을 것이다. 내 통장의 돈은 다른 사람에게 들어갈 것이고, 내 소유지를 확인시켜주는 증서를 얻게 될 것이다. 코스타리카 열대우림의 한 조각 땅은 우리 소유가 될 것이다. 로코와 지오가 무사히 3학년과 5학년을 보내는 동안 나는 계약을 마무리했다.

2010년 6월 15일, 나는 산호세에 있는 담당 변호사의 이메일을 받았다. 그 땅이 우리 소유가 되었고 관련 서류들이 미국으로 가는 중이라는 내용이었다. 서류들이 도착한 날, 나는 봉투를 열고 파란색 볼펜으로 작성한 서류를 확인했다. 스페인어도 내가 못하는 분야 중 하나지만, 서류의 내용을 대강 추측해보건대 우리가 기오네스 K-17번지의 자랑스러운 주인이 되었다는 내용일 것이다. 그 증서는 바로 그날 캐비닛 서류함에 보관해두었다.

기회는 내려놓을 때
찾아온다

못하는 일을 하면 모든 것을 통제할 수 있다는 생각을 접게 된다. 서핑 할 때 내가 가장 좋아하는 주문은 "복종이 복종을 지배

한다"이다. 세계 최초의 서핑 챔피언이자 전설의 서퍼 미짓 패럴리Midget Farrelly의 사진에 적힌 아름다운 문구다. 서핑과 바다를 주제로 작업하는 사진작가 르로이 그래니스LeRoy Grannis가 1968년에 찍은 사진 속 패럴리는 서핑 보드 위에 서서 양발을 벌리고, 무릎은 살짝 굽히고, 팔은 편안하게 늘어뜨린 채 양손을 모으고, 고개는 기도하듯 숙이고 파도를 타고 있다.[43] 카메라에 포착되던 순간 패럴리는 일렁이는 파도 위에서 기도하는 사람의 자세를 취하고 있는 것처럼 보인다. 복종과 통제가 동시에 일어나는 순간이 담긴 사진이다.

작가 레모 로스Remo Roth는 우리가 인과관계의 맥락에 반드시 맞아야 한다는 관념을 버릴 때 더 많은 기회를 받아들일 수 있다고 말한다.[44] 우리는 자신이 모든 것을 통제할 수 있으며 모든 것이 자신의 선견지명대로 맞아떨어진다는 허세를 부리며 살아간다. 하지만 인생은 그렇게 호락호락 굴러가지 않는다. 잘못된 통제의식을 버린다면, 그 길에서 행복을 찾을 수 있다. 즉 때로 나쁜 일이 생기기도 하고 어쩌면 그 나쁜 일들과 더불어 살아갈 수도 있다는 사실을 받아들이면, 그 길에서 행복을 만날 수 있다.

공항에서 코스타리카 해변에 있는 우리 땅까지 가는 과정 자체만으로도 모험이었다. 우리는 우리가 구매한 부지로 가는 길에 관해서 아는 바가 거의 없었다. 얼마나 먼지도 몰랐다. 날씨는 더웠으며, 대여한 SUV에 여덟 명이나 타서 차는 꽉 차고 비좁았다. 적도의 태양은 뜨거웠다. 제대로 된 길도 이정표다운 이정표도 없는 길에서 아무 준비도 없이 비포장도로를 따라가야 했다. 가는 도중 길에서 수박을 사 먹기 위해 차를 세웠다. 흙먼지가 뿌옇게 이는 길가에 나란히 서서 우리는 수박 과즙이 옷에 떨어질세라 몸을 앞으로 비스듬히 기울인 채 붉고 달콤한 수박을 정신없이 먹었다.

라이베리아에서 노사라까지 가는 길은 모두 편도 일차선 도로였다. 공항과 노사라 사이에 있는 유일하게 큰 마을 니코야의 맞은편 산에 난 좁은 길에서는 작업자 한 명이 도로에 자갈 까는 작업을 하고 있었다. 작업자는 우리 차를 세우더니 조엘에게 붉은 깃발을 쥐여주었다. 그 깃발을 들고 아래로 내려가다가 다른 작업자를 만나면 그 인부에게 깃발을 건네주어야 했다. 우리가 산 아래 작업자에게 깃발을 건네주자 반대편에서 기다리고 있던 다른 차들이 산 위로 이동하기 시작했다. 추측건대 우리가 건넨 그 붉은 깃발은 맞은편에서 기다리는 자동차 행렬의 맨 앞 운전자에게 건네질 것이고, 이 과정은 계속 반복될 것이다. 조엘이 자랑스레 쥐고 있던 깃발을 차창 밖으로 작업자에게 건네자 그는 우리에게 마치 축복을 내리듯 "푸라 비다Pura vida!"라고 말했다.

서툰 솜씨로 번역하자면 '푸라 비다'는 '순수한 삶'이라는 뜻으로, '안녕하세요' '환영해요' '다 잘될 거야.' '좋은 하루 보내요.' 등 온갖 아름다운 말들 사이 어딘가에 있는 언어다. 우리 가족에게 일종의 소속감마저 주었던 붉은 깃발 교환 의식은 따뜻한 환영의 인사처럼 느껴졌으며 여행 내내 이런 환대가 함께할 듯 보였다.

예약한 숙소에 도착했다. 플라야 기오네스에 도착하니 손으로 쓴 표지판들이 나무에 박혀 있어서 호텔을 찾기는 어렵지 않았다. 군데군데 구덩이를 피해 흙길을 따라가 15분 만에 숙소에 도착했다. 나중에 보니 숙소는 사무실에서 100여 미터밖에 떨어지지 않았다. 벽토로 지은 집은 샛노란 색으로 칠해졌고, 지붕은 점토 타일로 덮여 있었다. 집은 생각보다 컸다. 실내는 깨끗하고, 널찍하고, 아늑했다. 집 앞 정글 때문에 부서지는 파도를 볼 수는 없었지만 하얗게 부서지는 파도 소리는 들을 수 있었다.

밤은 일찍 찾아왔고, 밤이 되자 매미들이 요란하게 울어댔다. 매미 소리는 땅거미가 질 때부터 새벽 동이 틀 때까지 귀를 찢을 듯 날카롭게 울려 퍼졌다. 저녁 7시, 우리는 배가 고팠고 새벽 4시부터 시작된 기나긴 여행에 녹초가 되어 있었다. 아드레날린은 기본 욕구를 향한 갈망으로 잠잠해졌다. 잠과 음식이 간절했다. 당장 눈에 띄는 곳이라고는 하버 리프 식당뿐이었으므로 우리는 그 식당으로 갔다. 그런데 바깥은 그야말로 칠흑이었다. 본관 건물은커녕 앞으로 뻗은 손조차 보이지 않을 정도로 캄캄했다. 하늘은 맑았지만 달이 정글 뒤로 숨어 아무것도 보이지 않았다. 발밑에 밟히는 것을 두려워하기엔 우리가 너무 무지했기에 그냥 더듬더듬 걸어갔다. 외딴 곳을 여행할 때 반드시 기억해야 할 규칙 하나, 손전등을 챙길 것.

이튿날 새벽 6시, 크리스토퍼가 제일 먼저 일어나 서핑 준비를 했다. 처음 몇 시간 동안은 큰 파도가 일었다. 머리 위로 몇십 센티미터 높이의 파도였다. 하지만 수온이 오르면서 파도도 잠잠해지고 태양은 산 위로 올라왔다. 크리스토퍼는 "혼자 파도를 타자니 좀 으스스했다"면서도 더없이 행복한 표정으로 첫 번째 세션을 마치고 돌아왔다.

그때는 크리스토퍼의 말을 제대로 이해하지 못했지만, 몇 년 후 동이 틀 무렵 아무도 없는 바다에서 로코와 둘이서만 파도를 탈 때 비슷한 감정을 느꼈다. 파도를 두고 경쟁을 벌일 일도, 경쟁에 밀린 사람들끼리 경쟁할 일도 없었다. 서핑을 하는 사람이라면 누구나 원하는 상황이다. 포식자로서도 피식자로서도 경쟁하지 않는 상황. 동이 트기 전부터 우리는 더없이 행복한 일상 속으로 빠져들었다. 오전 내내 서핑을 하고, 점심을 먹고, 보드게임이나 카드놀이를 하고, 낮잠을 자고, 노을을 보며 서핑을 하고, 게걸스럽게 저녁을 먹고, 밤 9시 전에 잠자리에 들었다. 그리고 아침이면 모닝콜과 새소리, 곤충 소리, 원숭이 소리에 잠이 깼다.

완벽을 포기하면
얻을 수 있는 것

코스타리카에서 내게 주어진 의무는 단 하나였다. 좋은 시간을 보내는 것. 우리는 매일 일곱 개의 서프보드를 해변으로 가져가서 몇 시간이고 계속 서프보드 위에서 떨어지고 넘어졌다. 이 여행은 일주일 내내 놀기만 한, 내 인생 최초의 경험이었다. 일주일 동안 일을 접고 자유롭게 서핑을 즐겼다. 놀기 좋아하는 아이들의 감정은 전염성이 강했으며, 나는 비행기에서 내린 순간부터 전염병에 걸렸다. 며칠 지난 뒤 나는 타투 전문점을 찾았다. 코스타리카를 떠나기 전에 다 함께 타투를 하자고 가족을 설득한 터였다. 아마도 나는 햇볕에 그을린 10대처럼 몹시 흥분했던 것 같다.

그런데 이 감정은 예전에는 느껴본 적 없는 완전히 새로운 감정이었다. 내가 살아온 나날 중 그 어느 순간보다 행복했다. 내가 어른의 합리성을 잃어버린 걸까? 나는 스티븐 킹Stephen King의 소설 《샤이닝The Shining》에 나오는 가장 유명한 문구를 떠올렸다. "일만 하고 놀지 않으면 바보가 된다." 그렇다, 살면서 재미도 누려야지, 그러지 않으면 상황이 더 나빠진다.

이 오래된 속담을 언급한 것은 스티븐 킹만이 아니다. 18세기 시인이자 철학자인 위대한 프리드리히 실러Friedrich Schiller는 《프리드리히 실러의 미적 교육론》에서 오직 일에만 매달리는 것을 경고한다. 그는 그 책에서 이렇게 말한다. "인간은 인간이라는 말을 완전하게 느낄 때 놀이를 하며, 놀이를 할 때 비로소 완전한 인간이 된다."[45] 정글에 있던 그 일주일 동안 나는 완전한 인간이었으며, 그 점이 무척 좋았다.

모순되게 들리겠지만, 놀기는 힘들다. 진정으로 노는 사람은 거의 없다. 논다는 것이 그렇게 쉽다면 그토록 오랫동안 일과 삶의 균형을 두고 논쟁을 벌이지도 않았을 것이다. 우리 모두가 훌륭하게 잘 노는 사람들이라면, 다들 공원 근처에서 살고 있을 것이다. 공원이 지금보다 열 배는 많을 테니까. 진심으로 노는 것이 힘든 이유는 단순히 다들 지나친 책임감을 안고 있기 때문이 아니다. 노는 것이 힘든 이유는, 못하는 일을 하는 것과 마찬가지로 놀기도 완벽한 달인이 되기를 포기해야 하기 때문이다. 어린아이들이 운동장에서 정체불명의 즉흥적인 놀이를 하는 모습을 보라. 아이들이 어른처럼 골칫거리를 안고 있다면 그토록 무질서하게 깔깔거리며 놀이에 푹 빠지지 못할 것이다. 놀이가 힘든 이유는, 놀기 위해서는 자기 자신을 내려놓아야 하기 때문이다. 심각한 마음으로는 놀 수가 없다.

현대인의 덫,
일=나

우리는 어느 광고에서 말하듯 "하는 일이 곧 나 자신이다"라는 개념을 받아들이고 있다. 이는 사람이 직업적으로 성취한 것과 자신을 동일시하고, 일을 위한 일을 하는 것만으로도 충분하다는 의도를 내포한 말이다. 위험한 덫이다.

고개만 돌리면 우리의 삶을 일에 헌신하게끔 묵과한 징후들이 보인다. 저급하지만 귀에 확 들어오는 광고 문구들. "좋아하는 일만 하려고 한다면, 일을 할 수 있는 날은 하루도 없다." 나도 그렇게 말했다. 물론 나는 내 일을 사랑하며, 직장에서 이루어지는 삶이 내 개인의 삶과 매우 긴밀하게 연결돼 있다. 나는 가족의 삶을 지탱해주는 의미 있는 일을 발견한 것에 평생토록 감사할 것이다. 그렇지만 분명히 해둘 점이 있다. 나는 일할 때는 일을 한다. 일은 놀이와 다르다. 나에게 서핑이 매력적인 이유 중에는 직업과 거의 관련이 없다는 점도 포함된다. 직업으로 하는 일과 멀어지는 과정은 반드시 필요하다.

나는 잡지 《서퍼Surfer》의 표지를 장식했던 앤디 아이언스Andy Irons를 자주 떠올리곤 한다. 그는 역사상 가장 위대한 서퍼 중 한 명이었다. 인터뷰 도중 그는 이런 말을 했다. "내게 모든 것을 준 스포츠와 다시 사랑에 빠지고 싶다." 세계 챔피언인 앤디 아이언스는 평생을 가장 멋진 파도를 타며 보냈고, 역사상 가장 뛰어난 스포츠인으로 칭송받았지만 서핑을 하면서 항상 짜릿함을 느끼지는 못했다. 그 인터뷰를 보고 '서핑도 어떤 면에서는 일이구나' 이렇게 생각했던 기억이 난다. 성과에 대한 기대가 있으면 힘의 역학이 변할 수밖에 없다. 본질적으로 놀이이거나 본질적으로 노동인 활동은 없다.

이 말이 실존적으로 들린다면 제대로 이해한 것이다. 나는 놀이와 일이 어떤 행위의 본질이 아니라 당신이 스스로 하는 활동을 대하는 마음가짐이라고 생각한다. 이 개념은 케임브리지대학 프랑스 문학 교수인 내 친구 앤디 마틴Andy Martin에게서 빌려왔다. 앤디는 전 세계를 다니며 서핑을 했다.

내가 앤디에게 사르트르는 실존적 불안과 싸우기 위한 방편으로 어떤 일을 했느냐고 묻자 그는 《존재와 무Being and Nothingness》를 언급했다. "사르트르는 말했죠. 서핑을 하건 스키를 타건 모두 소크라테스가 되려 한다고요. 즉 그것들을 초월해 신처럼 되고 싶어 한다는 뜻이에요. 하지만 꿈과 경험 사이에는 불가피한 불균형이 존재하고, 우리의 의식에는 실패감이 자리 잡습니다."[46]

사르트르의 말대로 완벽함에 도달하겠다는 신화 또는 욕망이 우리 안에 자리 잡는다. 그러나 우리는 당연히 결코 완벽함에 도달하지 못한다. 이런 이유로 못하는 일을 하는 것도 몹시 힘들 수 있다. 늘 불완전하다고 느낄 테니까.

사르트르는 도전을 고려한다. 마틴은 이렇게 말했다. "사르트르의 말대로 하자면, 나는 결함이 있는 사람인데도 터무니없이 숭고함을 열망하죠. 이따금 두 가지가 찰나에 일어나는데, 바로 그 지점에 불멸의 기쁨이 존재합니다."

이 글을 불멸의 기쁨을 맛보려면 완벽함에 도달해야 한다는 의미로 해석하는 사람도 있을 것이다. 나는 우리가 그 완벽한 지점에 도달하지 못하기 때문에 결함이 있는 자신의 모습을 그대로 받아들이고, 숭고한 순간들을 찾는 과정에서 더 작은 순간들을 발견하고 즐길 수 있으리라 생각한다. 또한 우리는 자신에게 놀

자유, 못하는 것을 할 자유를 줌으로써 그렇게 될 수 있다.

그런데 당신의 유일한 목표가 목적을 달성하는 것이라면, 그 지점에 도달할 수 없다. 결과에 연연하는 것은 실용주의자다. 하지만 당신은, 훌륭한 실존주의자다. 사르트르가 말했듯, 놀이는 자유다.[47]

일중독을 명예의 훈장으로 여기는 현대사회에서는 정신적인 충만함과 성장을 위한 시간과 공간이 부족하다. 충만하지 못한 삶, 즐기지 못하는 삶의 변명거리로 일을 내세우는 일중독자가 얼마나 많은가. 왜 저 사람은 더 좋은 아버지나 배우자가 되지 못하는 걸까. 왜 저 사람은 더 자주 헬스클럽에 가지 못하는 걸까. 왜 부모님을 더 자주 찾아뵙지 않는 걸까. 좀 못하더라도 왜 새로운 무언가를 배우지 않는 걸까. 더욱 당황스러운 것은, 자신이 얼마나 오랜 시간 열심히 일했는지를 두고 으스대려는 태도다. 하지만 내가 일을 훈장 삼는 덫에 빠지지 않았다고 말한다면 그것도 거짓말일 것이다.

언젠가 지오의 질문을 듣고 깜짝 놀란 적이 있다.

"엄마, 그 사람들은 왜 엄마한테 일을 그렇게 많이 시켜?"

나는 바로 대답하지 않고 잠시 말을 멈췄다. 이 순진한 질문에 견주어 내 대답이 너무 부끄러웠기 때문이다.

"그 사람들이라고? 그런 사람들은 없단다." 나는 제 기능을 하지 못하는 내 시간 관리 능력을 즉시 인지하고 대답했다.

"그런데 왜 엄마는 그렇게 일을 많이 하고, 맨날 일이 많다고 불평해?"

당시 아홉 살이던 아이가 내 가슴에 총을 한 방 쐈다.

일에 몰두하는 것과, 다른 모든 경험을 차단할 정도로 맹목적으로 일에만 매달리는 것은 다르다. 궁극적으로 일을 대하는 이런 편협한 태도는 우리를 인간답게 만드는 마음가짐을 차단해버린다.

놀이나 여가에서 실제로 무엇을 하는지는 그렇게 중요하지 않다. 요제프 피퍼Josef Pieper는 놀이와 여가에는 그보다 더 큰 것이 있음을 상기시키며 이렇게 말한다. "분명히 이해해둬야 할 점이 있는데, 여가는 정신적 태도. 여가는 휴가, 주말, 방학 등 남는 시간에 생기는 외부적 요소의 결과가 아니다. 무엇보다 마음의 자세다."[48]

내가 가장 좋아하는 서핑 영화는 〈스텝 인투 리퀴드〉인데, 그 영화에 등장하는 전문 서퍼와 작가 샘 조지는 서핑의 목적을 묻는 질문에 이렇게 대답한다. "바다에 들어가기 전보다 훨씬 기분이 좋아져 물 밖으로 나온다면 그리고 그 기분이 어떤 방식으로든 내 삶을 변화시키고 내가 더 행복하고 멋진 사람이 되게 한다면, 서핑이 사회적으로도 좋다고 말할 수 있을 겁니다."[49]

워커홀릭 문화와
행복의 상관관계

영국의 경제학자 케인스John Maynard Keynes는 1931년에 쓴《손주 세대의 경제적 가능성Economic Possibilities for Our Grandchildren》에서 2028년에는 주당 노동시간이 15시간으로 줄어들 것이라고 예측했다. 그는 남는 시간을 사람들이 어떻게 채울 것인지가 문제라고 했다. "우리는 지나치게 오랫동안 열심히 노력하도록 그리고 즐기지 않도록 단련되어왔다."[50]

케인스가 경제성장을 주목하면서 주당 노동시간이 크게 줄어들 것이라고 한 예측은 틀렸지만, 사람들이 여가를 즐기는 능력에 대한 우려는 옳았다. 오늘날 사람들은 거의 20세기 초반과 비슷한 정도로 일한다. 일을 통해 경제적 풍요를 얻은 사람들은 더 많은 시간을 일하며, 사람들의 여가 시간은 오히려 줄어든 것처럼 보인다. 2008년, 케인스가 예언한 미래가 다가오고 있는 시점에 경제 석학들이 모여 우리는 왜 이렇게 일을 많이 하는지 고민했다.

경제학자 16명의 글을 담은 《리비지팅 케인스Revisiting Keynes》에는 노동의 사회적 이익부터 소비주의의 증대에 이르기까지 다양한 분석이 나와 있다. 우리 사회에서는 다른 사람을 따라잡으려면 더 많이 일해야 한다. 최악은 임금이 올라가면 여가 비용도 상승한다는 점이다. 소득불평등도 원인이다. 연구에 따르면 직장 내에서 소득불평등이 커질수록 일하는 모든 사람의 업무시간도 늘어난다. 시합 방식의 경제 시스템과 성과 위주의 보상 시스템도 이런 현상을 부추긴다. 하버드대학의 경제학자 리처드 B. 프리드먼은 이렇게 말한다. "추가로 한 시간 더 일한 사람에게 더 많은 보상을 준다." 무조건 일을 많이 한 사람이 승자인 것이다![51]

놀라울 것도 없이 최악의 가해자는 미국이다. 프리드먼은 이렇게 말한다. "미국은 부의 증가가 여가 시간을 더 많이 늘려줄 것이라고 한 케인스의 예측에 현저하게 반대되는 사례를 보여준다. 미국인은 일을 지나치게 열심히 해서 보통 2주가 주어지는 휴가도 가지 않는 반면, 대부분의 유럽 사람들은 4~5주가량 되는 휴가를 거의 다 쓴다."[52] 전형적인 논쟁은 노동시간과 생산성 사이의 상관관계를 둘러싼 것으로, 일을 많이 하는 미국의 문화가 워커홀릭 문화를 정당화한다는 것이다. 그런데 노동시간이 많으면 생산성이 높아질까? 그리고 그것이 우리를 행복하게 해줄까?

생산성에 관한 여러 연구는 특정한 사실을 반복해서 보여준다. 노동시간이 특정 한계 지점을 넘어서면 장점이 줄어든다는 사실이다. 긴 노동시간은 누구에게도 이익이 되지 않는다. 노동자에게도, 고용주에게도.

2017년 1월, 프랑스는 업무시간이 아닌 시간에 업무와 관련된 이메일을 읽지 않을 권리를 보장해야 한다는 요지의 법안을 도

입했다.[53] 개인이 자유시간에 무엇을 할지는 전적으로 개인에게 달렸기 때문에, 일에 대한 의무가 개인의 사생활을 침해해서는 안 된다고 본 것이다. 그 경계를 제도화한다면 휴식을 가치 있는 문화로 만드는 데 큰 도움이 될 수 있다. 프랑스의 정책은 미국과는 매우 달라 보이는데, 통계를 보면 프랑스인이 미국인보다 15퍼센트 적게 일하면서도 미국인만큼 생산적이다.[54] 그렇다면 여기서 승자는 누구인가?

물론 일도 즐길 수 있다. 이 문제로 논쟁을 벌이지는 않을 것이다. 그런데 일은 기본적으로 물질적 방식의 성취를 뜻한다. 그리고 우리에게는 다른 방식의 성장도 필요하다.

이 책에서 거듭 언급하겠지만, 아이들은 무언가를 못하는 데 천부적인 지혜를 타고난 듯하다. 고프닉은 TED 강연 '무엇이 아기들을 생각하게 만드는가?'에서 유아와 성인의 사고 과정을 비교한다.[55] 고프닉은 성인들이 계산된 결정을 내리는 과정을 설명한다. 예컨대 '더 많이 일하면 돈을 더 많이 번다'와 같은 결정을 내릴 때까지 자신이 주의를 기울이는 부분에서 장점을 얻어내기 위해 어떻게 '집중'하는지를 설명한다. 논쟁의 여지는 있지만 이 영역은 우리의 안전과 고용 생산성, 사회적 적응력을 유지하는 데 필요하다.

성인들과는 대조적으로 아기들은 집중을 잘 못한다. 뇌에서 억제능력을 관장하는 부분이 아직 활성화하지 않아 다른 자극을 없애지 못하기 때문이다. 아기들은 주변의 모든 것이 흥미롭다.

이 과정에서 상상력을 발휘하는 혁신적인 학습이 일어난다. 만약 우리가 어떤 일을 완수하기 위해 특정 업무에 집중력을 발휘하는 능력을 학습하지 못했다면 아마 일을 해낼 수 없을지도 모른다. 그렇지만 어린아이들처럼 생각하는 법은 창의적인 사고에 도움이 되기도 한다.

이 개념은 플라톤과 아리스토텔레스까지 거슬러 올라간다. 두 사람은 여가와 놀이가 우리의 마음을 열어주어 지적으로 성장하는 데 도움이 된다고 했다. 우리 삶에 필요한 요소는 어떤 일을 할 때 생기는 보상 위주의 일을 밀쳐두고 못해도 상관없는 일, 생산성을 따지지 않고 즐길 수 있는 일을 하는 능력에 있다.

이기기 위한 게임을 하는 어른이 되면서 우리는 무언가를 잃어버린다. 목표를 정하고 보상을 얻는 과정에서 우리의 마음은 점차 무시된다. 성공 지향적인 문화 아래 요즘은 어린아이들조차 단순히 재미만 추구하는 놀이는 더 이상 하지 않는다. 겨우 네 살짜리 아이들이 좋은 유치원에 가기 위해 시험을 보고, 고등학생들은 좋은 대학에 들어가기 위해 아등바등 기를 쓰며 정신이 무너진다. 그렇게 해서 들어간 대학은 경쟁과 실적의 압력솥이 된다.

가치의 상징으로서의 성공은 아이들에게 통하지 않는다. 요즘 아이들은 그 어느 때보다도 약을 많이 복용한다. 미국 질병통제예방센터The CDC의 보고에 따르면, 1994년에서 2010년 사이 정신질환 관련 약물 복용량이 다섯 배로 늘었다.[56]

오늘날 우리가 살고 있는 목표 위주 세상의 현 지표다. 우리는 부모로서 더 나은 본보기를 보여주어 이 불행한 추세를 바꿀 수 있을지도 모른다. '더 나은 본보기'를 보여주는 일이 아이들 앞에서 슈퍼맨이 되려고 노력하는 것은 아닐 것이다. 오히려 아이 같은 모습을 보여주는 쪽에 가까울 것이다.

온갖 경고에도 불구하고
해피 엔딩

코스타리카에 두 번째 갔을 때, 우리는 땅 소유주였다. 너무 들떠서인지 현실감각도 무뎌졌다. 물론 열대우림 한가운데에서 1,242제곱미터 크기의 땅을 찾는 일이 어렵긴 하다. 그런데도 우리는 마치 어디로 가야 하는지 잘 아는 것처럼 마음대로 좌회전 우회전을 하며 2.4킬로미터를 신나게 달렸다.

"여기서 이쪽으로 들어간다는 건 어떻게 알았어?" 조엘이 물었다.

"몰라. 내 기억 속 에릭의 동영상을 따라가는 중이야. 거의 다 온 것 같아."

그렇게 몇 번 이리저리 방향을 바꾸면서 가파른 언덕길을 트럭을 끌고 올라갔다. 그리고 우리가 도달한 길의 끝에 낯익은 나무와 '임대 문의' 표지판이 보였다.

나는 큰 소리로 외쳤다. "저기야! 저기가 바로 우리 땅이야!"

우리 오른쪽은 열대의 숲이 짙게 우거졌고 수풀 사이로 넓고 푸른 태평양이 보였다. 태평양의 파도가 해안을 향해 밀려오고 있었다. 언덕 위로 올라가자 백색소음처럼 파도 소리가 들렸고 바다 냄새와 탄소가 풍부한 땅의 냄새, 달콤한 꽃나무 향기가 풍겨왔다. 우린 냄새에 한껏 도취되었다.

나는 차에서 펄쩍 뛰어내려 아직도 '임대 문의' 표지판을 달고 있는 나무로 달려가 표지판을 떼어 냈다.

노사라로 처음 여행 갔을 때만 해도 우리는 숙소에서 반경 800미터도 채 벗어나지 않았다. 그때 우리는 마치 사랑에 빠진 사람들 같았다. 세상의 다른 부분이 점점 줄어들면서 눈에는 오직 바로 앞에 있는 것만 보이는 그런 사랑. 코스타리카에서의 첫 경험이 우리 모두에게 마법 같았다는 사실은 결코 작은 부분이 아니었다. 그 여행이 실망스러웠다면 아마 우리는 그 돈을 은행계좌에 넣어두었을 것이다. 그러나 우리는 통장을 비워서 정글 속 우리 앞에 놓인 행복한 삶에 모든 것을 걸었다. 이제 행복을 지을 차례였다.

우리는 코스타리카에 집을 지으려고 한 사람들에게 무시무시한 이야기를 듣곤 했다. 순진할 정도로 낙천적이었던 미국인, 캐나다인, 유럽인 등이 몇 년 동안 온갖 고생을 하며 자신들의 집이 완공되기를 기다렸지만 결국 완공된 집을 보지 못했다는 이야기였다. 이 지상낙원에 집을 짓기 시작한 뒤 모든 것이 지옥의 나락으로 떨어졌다는 이야기의 주인공은 우리가 될 수도 있었다.

하지만 그런 일은 일어나지 않았다. 노사라에 있는 유일한 친구 에릭은 좋은 사람이었고, 우리는 지금도 친한 친구로 남아 있다. 그리고 우리가 원하는 집을 정확하게 이해하는 건축가를 만났다. 그 건축가 역시 이메일만 주고받았을 뿐 한 번도 직접 만나지 못했다.

나는 우리가 고용하기로 한 건축가의 소속 회사 대표 메리언 페리에게 이메일을 보내 계약서의 세부 사항을 논의했다. 그가 벌써 토목 작업을 시작했다는 말을 듣고 이렇게 물었다. "일을 시작하기 전에 먼저 대금을 드려야 하지 않나요?"

그가 대답했다. "괜찮습니다. 그 점은 걱정하지 않아요."

그 뒤 1년 반 동안 우리는 아이들 방학 때가 공사가 진행되는 것도 볼 겸 노사라로 갈 계획을 세웠다. 우리가 고용한 건축가는 중년의 티코(코스타리카 사람을 이르는 말–옮긴이)가 아니었다. 관대하고 에너지가 끓어넘치는 젊은 이스라엘 사람으로, 그 지역 여성과 결혼해 노사라에서 가정을 꾸리고 있었다. 우리가 건축 현장을 찾아 처음 인사했을 때 그가 조엘에게 건넨 첫 마디는 다음과 같다. "오늘 밤 우리 집으로 오세요! 부모님이 텔아비브에서 오셔서 머물고 계시거든요."

우리를 보고 미쳤다던 친구들의 온갖 경고에도 불구하고 중앙아메리카에 꿈의 집을 짓는 과정은 혼란스러운 악몽과 전혀 비슷하지 않았다. 나는 이곳에 살게 되어 무척 행복했다. 나를 이곳에 오게 한 것은 무엇보다도 기오네스의 파도였다. 내게 굴복하는 법과 서핑하는 법을 알려준 파도였다. 내가 일어서서 타야할 파도였다. 그 파도는 내가 통제하려 하던 것을 놓아주고 내가 진정으로 원하는 것, 즉 파도를 타는 길로 가는 법을 알려주었다.

기오네스에서 서핑을 하기 전까지 나는 오직 라인업과 파도가 있는 곳으로 가는 방법만 단련했다. 팔이 빠지게 패들링을 하고, 온 힘을 다해 보드를 밀어 올리는 서핑은 엄청나게 힘든 일이었다. 파도의 면을 수월하게 탈 만큼 나 자신이 강하다거나 민첩하다고 느낀 적은 단 한 번도 없었다. 나는 귀중한 에너지를 바다와 맞서 싸우는 데 써버렸다. 내가 그토록 사랑하는 서핑을 그렇게 못한 데에는 수많은 이유가 있지만, 무엇보다 결정적인 이유는 파도에 대한 오해였다. 파도는 맞서는 게 아니었다.

대부분의 사람이 그러하듯, 실패를 통해 교훈을 얻었다. 어느 여행에서 병치레를 하느라 기진맥진한 상태에 패배감까지 느끼고 있던 나는 보드에서 일어설 수 없었다. 팔이 보드에 부딪쳐 넘어졌고, 그날따라 몸은 더 무거웠다. 나는 내 나약함에 굴복하고 파도가 보드 밑에서 그냥 흘러가게 내버려뒀다. 특별한 노력 없이도 보드 위에 설 수 있다는 것이 마법처럼 느껴졌지만, 그것은 간단한 진실이었다. 저항하려고 하면 더욱 힘들어지는 것과 마찬가지로, 파도에 맞서는 행위는 파도를 타기 더욱 힘들게 만들 뿐이었다.

내가 실패한 전략을 내려놓고 그저 파도를 느끼는 순간, 나는 서핑을 하면서 겪었던 무수한 어려움이 서핑 그 자체의 어려움이 아니라, 자연에 기를 쓰고 맞서면서 낭비한 과잉 노력 때문이라는 사실을 깨달았다.

서퍼들은 파도를 놓치거나 파도에서 넘어질 때면 포기한다.

나는 서핑을 더 잘하게 될수록(상대적인 관점에서 보자면) 더 큰 파도를 원했다. 그렇다고 해서 2~3미터의 파도를 말하는 것은 아니다. 내가 말하는 파도는 30~60센티미터 높이의 파도다. 기오니스에서 서핑을 하기 전까지만 해도 나는 일부러 큰 파도를 타려고 하지는 않았다. 큰 파도를 타면 더 크게 넘어지기 때문이다. 서핑을 처음 할 때는 몇몇 큰 파도에 겁을 먹기도 했다. 어찌나 겁을 먹었던지, 한 번 크게 넘어졌을 뿐인데도 나는 주춤거리며 물러서거나 해변으로 돌아왔다.

그러니까 나는 넘어지는 것과 파도를 잡는 것을 동일하게 생각했다. 만약 내가 파도를 있는 그대로 받아들였다면, 나는 굳이 상황을 통제하려 하지 않고 상황이 흘러가는 대로 내버려두었을 것이고 파도는 나를 그냥 보내주었을 것이다. 그러면 나는 수면 위로 올라올 수 있었을 것이다. 물과 싸우려는 시도는 무모했다. 파도가 밀려올 때 마음을 편하게 먹자 더 차분해지고, 부상도 적게 입었다. 파도와 싸우면 늘 파도가 이긴다. 맞서지 않고 편안하게 받아들이면 파도와 하나가 된다. 절대 파도와 싸우지 말자.

파도가 되자. 이 말은 나의 주문이 되었다. 이 교훈은 사실 어떤 상황에도 적용된다.

코스타리카 여정은 우리 가족의 새로운 삶의 방식이 되었다. 우리는 그곳에서 친구를 사귀었고 갈 때마다 초현실적인 우연을 경험했다. 물론 전부 의미 있는 경험이었다. 그곳은 내가 생산적인 활동을 멈추고 휴식을 위해 머무를 수 있는 유일한 장소가 되었다. 내 서핑 실력도 향상되었다. 서핑을 마치면 습관처럼 집 뒤편의 테라스에 앉아 숲을 점령한 동물들을 바라보았다. 새들의 지상 낙원인 그곳에서 벌새와 나비가 파닥이는 광경을 바라본다. 그곳은 내가 가장 살아 있다고 느끼는 곳이다.

그러나 이 지상낙원은 또한 지옥이기도 하다. 이곳에 있는 동안 날마다 예측 불허의 일들이 일어났다. 레모네이드를 만들다 엎지른 설탕에 개미군단이 모여들기도 했고, 반갑지 않은 동물들이 집에 수시로 들어오기도 했다. 사나운 벌의 공격을 받거나 하루에도 몇 번씩 전기가 나가는 일도 있었다. 지상낙원의 모습 반대편엔 지저분하고 엄청나게 시간을 소비하는 일들이 있었다. 그렇다고 해서 이곳을 외면한다는 뜻은 아니다. 그냥 모험을 향해 나아가라. 찾던 것 말고도 훨씬 더 중요한 것을 발견하게 될 테니.

산을 활강하려면 산에 올라야 하고, 파도를 타려면 패들링을 해서 나아가야 하기 때문에 창조 행위에는 정복 행위까지 포함된다. 사르트르와 그의 동료 실존주의자들에게 이는 지배하고 싶은 대상이 되고 싶어 하는 끊임없는 투쟁이다. 결국 조화에 실패해서 겪는 좌절은 인간에게 실존적 불안을 안기고 궁지로 내몬다. 할 수만 있다면 그들에게 말해주고 싶다. 파도와 싸우지 마라. 파도가 돼라.

그깟 실패?
두려워하지 마라

일요일 아침, 메인비치 팔라파(종려나무로 만든 초가지붕을 얹은 개방형 주택-옮긴이) 아래 약 50명의 사람들이 예배를 드리려고 모였다. 코스타리카인과 외국인, 젊은 사람과 나이 든 사람 모두 마음을 모으고 있었다. 보드 반바지에 단추를 풀어헤친 하와이안 셔츠를 입고, 플립플랍 슬리퍼를 신은 지도자 옆에는 기타 연주자가 있었다. 아직 서핑에 입문하지 않은 사람이나 벌써 입문해서 짜릿함을 경험한 사람 모두 신께 바치는 노래를 함께 불렀다. 코스타리카 니코야반도에 위치한 작은 바닷가 마을, 아름다운 바다에서 겨우 5미터 남짓 떨어진 이곳보다 신께 감사하기 좋은 장소는 없으리라.

끔찍한 한 해를 보낸 나는 물에 들어갈 때면 더욱 겸손한 마음을 지니게 됐다. 물론 감사하는 마음도 있었지만 나는 무언가 초월적인 것을 느꼈다. 어쩌면 그것이 나를 자유롭게 해주었을지도 모른다. 내 부족한 모습을 다른 사람들이 아는 것이 점점 편해졌다. 심지어 다른 사람들이 허우적거리는 내 모습을 보고 있을 때조차도 말이다.

어느 따스한 날, 나는 생각지도 못했던 '바다의 순간'을 경험했다. 경이롭고 아름다운 순간이었다.

파도를 타기 위한 첫 단계,
서퍼들끼리의 경쟁

그날은 머리 높이의 투명한 파도가 이는, 거의 완벽에 가까운 날이었다. 먼 바다에는 머리 높이를 훌쩍 넘는 파도도 있었다. 파도를 타기 완벽한 조건이었다. 이런 날에는 나 같은 초보도 많이 오기 때문에 사람들로 붐비는 라인업에서는 파도의 우선권을 잡기가 어렵다. 참을성 있게 자신의 파도가 오기를 기다리는 서퍼가 있는가 하면 집요하게 좋은 위치를 찾아다니며 이리저리 헤집는 서퍼도 있다. 군중은 매너를 시험한다. 다른 서퍼의 자리를 약삭빠르게 가로채는 행위는 무례하지만 어떻게 보면 모든 라인업은 적자생존의 장이다.

이렇게 가끔 찾아오는 축복 받은 날씨에 나는 몇 차례 파도를 잡긴 했지만 활강을 만끽할 만한 파도는 아니었다. 그렇게 물에서 한 시간쯤 있던 나는 열일곱 번째 파도를 잡았다. 내 머리 위로 쉬지 않고 넘실대던 파도 중 하나였다. 나는 숨을 들이마신 뒤 보드에서 튕겨 나가 다른 서퍼와 충돌하지 않기 위해 롱보드 위에 엎드려 양팔로 보드 노즈를 힘껏 당기며 거친 물속으로 잠수해 들어갔다. 거세게 부서지는 파도를 힘겹게 뚫고 정신없는 혼돈의 물속에서 수면 위로 올라와 보드 위로 껑충 올라탄 뒤 쉬지 않고 패들링을 했다. 그때 다른 서퍼가 내 앞에 끼어들었고 나는 다시 패들링을 했다. 그랬더니 또 다른 서퍼가 내 앞에 있었다. 나는 패들링을 반복하다가 팔에 힘이 빠졌고, 결국 그만두기로 했다.

라인업에서 파도에 쉽게 접근하느냐 어렵게 접근하느냐를 결정하는 요소는 매우 다양하다. 여느 스포츠와 마찬가지로 저마다 기술 수준에 상응하는 지점이 있다. 보통 서핑에는 파도의 세 지점이 있다. 해안 가까이 생기는 파도(비치 브레이크), 암초 근처에 생기는 파도(리프 브레이크), 둑이나 부두 등의 수몰지점에서 형성되어 해안가에 비스듬히 길게 도달하는 파도(포인트 브레이크).

해변에서 부서지는 파도는 유독 패들링이 힘들다. 이 파도는 예측할 수 있는 바닥이 전혀 없는 변화무쌍한 모래 바닥 위로 굴러 들어오기 때문에 어느 지점에서 파도가 생길지, 어떻게 부서질지 예측하기가 몹시 어렵다. 내가 서핑을 하는 곳은 이 지점이다. 좀 더 실력이 좋은 서퍼들은 어느 지점까지 패들링을 해야 할지, 언제 해야 할지를 가늠할 수 있는 판단력과 요령이 있다.

이렇게 파도는 무작위로 생성되지만 해변의 파도는 만년 초보들에게 단연 최고의 지점이다. 파도에서 넘어져 모래 바닥으로 나뒹굴며 물에 휩쓸려갈 때가 있어도 암초보다는 모래가 낫다. 또한 파도가 어디에서 올지, 어디에서 끝날지를 예측하기 어렵다는 점은 풋내기에게 오히려 장점이 된다. 라인업에 늘어선 서퍼들 틈에서 더욱 여유로운 공간을 확보할 수 있기 때문이다.

암초에서 생기는 파도는 변하지 않는 바닥의 특성 때문에 수심측량이 가능해서 파도를 타고 내려오는 지점을 예측하기가 쉽다. 이곳에는 접근 지점, 즉 키홀keyholes이라 불리는 지점이 있다. 키홀에는 암석의 절단면이 있어서 부서지는 파도를 피해 패들링을 할 때 지나갈 수 있는 통로가 형성된다. 다만 이 지점의 바닥에는 뾰족한 산호초나 울퉁불퉁한 바위가 깔려 있어서 파도에 휩쓸려 바닥에 닿으면 자칫 큰 부상을 입을 수 있기 때문에 나는 이 지점을 매우 무서워한다.[57]

해안을 향해 길고 비스듬하게 들어오는 포인트 브레이크는 곶 주위나 육지가 노출된 지점에서 생기며, 어느 정도 예측할 수 있는 패턴으로 부서진다. 포인트는 모래 바닥일 수도 있고 암석 바닥일 수도 있고 둘 다일 수도 있는데, 서퍼들에게는 최적의 장소다. 포인트 브레이크에서는 리프 브레이크에서와 마찬가지로 경쟁이 매우 치열하다. 착지 위치가 제한적이기 때문이다. 서퍼들은 자기 순서를 차례대로 기다려야 한다. 그런데 기다리는 서퍼들이 전부 지켜보고 있다는 중압감이 꽤 크게 작용한다. 마치 어릴 때 수영장의 높은 다이빙대에 물러날 곳도 없이 혼자 서 있는 기분이다. 다이빙대에서도 모두들 자기 차례를 기다리고 있다. 하지만 다이빙은 최소한 얼마나 높은 곳에서 떨어질지, 어느 지점에 착지할지 예측할 수는 있다. 그러나 바다에서는 바람의 방향이 바뀌고 밀물과 썰물이 생기기 때문에 아무리 포인트 브레이크라 해도 달라질 수 있어서 중압감은 몇 배나 크다. 흔히들 아주 조금이라도 바다를 예측할 수 있지 않을까 생각하지만, 절대 그렇지 않다.

파도와 서퍼의 기술 수준이 차이를 만든다는 점은 논외로 하더라도, 모든 파도에 존재하는 중요한 2차적 차이는 다른 서퍼들의 기술 수준이다. 포인트 브레이크 서핑을 할 때는 보는 눈이 아주 많다. 아주 희박한 확률로 지켜보는 이가 아무도 없을 수 있겠지만, 대부분의 경우에는 지켜보는 이들이 늘 있다. 모든 눈이 우선권을 쥔 서퍼를 향해 있다.

그렇다고 해서 파도를 탈 때 보는 사람이 아무도 없으면 좋겠다는 말은 아니다. 관중은 양날의 검이다. 누구나 멋진 파도를 탈 때 수십 명의 다른 서퍼들이 자신을 지켜보는 장면을 꿈꾸지만, 그런 일은 별로 없다. 특히나 나에게는 그랬다. 모두가 내 실패를 지켜봤다. 관중의 이러한 시선도 명백히 서핑의 일부다. 내 기억 속에는 내가 처음 파도를 잡던 순간에 나를 지켜보던 이들의 모습 까지도 함께 각인돼 있다.

해나 아렌트는 《인간의 조건》에서 개인과 군중에 관한 담론을 펼치며 이런 말을 했다. "다른 이들의 존재는 우리 자신의 실존 을 확인시켜준다."[58] 보는 이들이 있다는 사실이 우리에게 현실 감을 준다면 이는 노력의 과정에 대단히 매혹적인 요소가 된다. 타인의 시선은 사진이나 영화가 우리 삶의 방식과 얼마나 밀접 한 관련이 있는지를 설명해준다.

파도를 타는 순간은 너무도 순식간에 사라지기에 서퍼들은 자 신의 모습을 누군가 보고 기억해주기를 바란다. 타인의 눈은 그 순간을 실재實在로 만들어준다. 내가 파도를 어떻게 탔든지 간에 말이다. 설령 실패라는 꼬리표가 붙는다 할지라도.

"당신의 가치는
실패에 좌우되지 않는다"

해나 아렌트는 이렇게 말했다. "각 행위의 구체적인 의미는 오 직 그 행위의 수행 자체에 있을 뿐 동기나 성취에 있지 않다." 해 나 아렌트가 말한 '행위'의 의미에는 두 가지 긴장감이 있다. 누 가 지켜봐주기를 바라는 마음과 또한 고군분투하고 실패하는 모습을 다른 이들이 보는 것에 대한 저항 사이의 긴장감이다. 대부분 공개적으로 평가받기를 꺼린다. 굴욕을 당하는 것이 두렵기 때문이다. 이 긴장의 공간에 예술 창작의 잠재력이 짓눌려 있을지도 모른다. 춤이나 노래를 거부하는 사람들을 생각해보라. 누군들 춤과 노래를 원하지 않겠는가? 그런데 이를 거부하는 사람들은 파티장에서 불편함 속에 홀로 쓸쓸함을 부둥켜안고 있다. 어쩌면 그게 당신의 모습이고 내 모습인지도 모른다. 왜 그럴까?

내 친구 오브리 마커스Aubrey Marcus는 전문 댄서인 자신의 친구들은 이리저리 몸을 흔들며 춤추는 사람들을 보는 걸 무척 좋아한다고 말했다. 특히 춤에 재능이 없는 이들이 어설프게 춤추는 모습을 무척 좋아한다고 했다. 그는 춤이야말로 순수한 기쁨을 보여주는 방식이라고 했다. 춤을 추는 사람은 자존심을 내던진 듯한 모습이다. 춤에 푹 빠져 미친 듯이 춤추는 사람은 부끄러움을 아름다운 무언가로 바꾸는 방법을 완벽하게 보여준다. 그렇게 춤을 추는 사람은 부끄러움을 거부하지 않는다. 그저 부끄러움 곁을 스쳐지나갈 뿐이다. 그리고 그 행위를 특별하게 만드는 것은 지켜보는 사람들이다.

앞서 언급한 약함과 마찬가지로 '창피함'도 그 어원과 동떨어져 사용되고 있다. 창피함을 뜻하는 영어 단어 'humiliation'은 '낮은 겸손함'을 의미하는 라틴어 'humilis'와 '바닥, 땅, 토양'을 의미하는 'humus'에서 왔다. 이 말의 어원에 따른다면, 땅을 딛고 서는 것이 그토록 두려울 이유가 있을까? 다들 현실에 굳건히 발을 딛고 선 사람들을 존경하지 않던가? 우리는 현실에 발을 디딘 '다른 사람들'을 긍정적으로 바라본다. 그러나 자기 자신에 대해서는 다르다. 우리는 '낮아지기'를 두려워하고 불안에서 벗어나기 위해 자신을 과대 포장 하려고 한다.

우리는 대중이 자신을 봐주기를 바라는 열망과 사생활을 지키고 싶은 바람 사이에 갇혀 있다. 우리는 남에게 보이기를 바라지만 한편으로는 보이기를 두려워한다. 이것이 소셜미디어와의 애증관계에서 핵심이다. 타인이 눌러주는 '좋아요'와 '멋지다'는 공허한 말들. 우리는 이 모든 것이 거짓임을 안다. 그런데도 우리는 계속 글과 사진을 올리고 공유하고 '좋아요'를 누른다.

우리는 '가장 멋진 자신의 모습'을 온라인에 계속 올리지만 이런 페르소나는 결국 앞서 언급한 쿨함의 가면과 같다. 이런 행위는 약함을 숨겨버린다. 그저 자기 자신이 충분히 똑똑하지 않다는, 충분히 재능 있지 않다는, 충분히 예쁘거나 멋있지 않다는, 충분히 강하지 않다는 두려움을 더할 뿐이다. 우리가 정말로 충분한 존재였다면 다른 사람에게 보이는 모습에서 훨씬 더 자유로웠을 것이다.

물론 다른 사람들 앞에서 어떤 일을 못하는 것이 만병통치약은 아니다. 그렇지만 그 자체로 하나의 성취다. 정말로 못하는 일을 특히나 다른 사람 앞에서 할 수 있다면 그건 자신을 충분히 알고 인정한다는 의미다. 남들에게 더 높은 점수를 딸 필요가 없다.

더 멋진 스타일을 과시할 필요가 없다. 그저 자신의 모습 그대로 충분하다는 의미다.

남들 앞에서 못하는 일을 하는 것은 창피함을 극복하는 데도 도움이 된다. 있는 그대로의 진짜 자신의 모습을 드러내라. 실패투성이인 우리는 그 자체로 사랑받을 가치가 충분하다. 대중 앞에서 기꺼이 실패하는 누군가는 이런 메시지를 던지는 것인지도 모른다. "내 가치는 이 실패에 좌우되지 않는다." 당신도 그렇게 말할 수 있다. 언제든 원하기만 하면. 연습하라. 이런 일에는 연습이 필요하다.

피에타 앞에서
얻은 깨달음

다시, 기오네스의 그 일요일 아침으로 돌아가보자. 내가 해변에서 부서진 파도를 탔을 때 말이다. 나는 숨을 헐떡이고 바닷물을 마셔가며 패들링 하기에 수월한 장소를 찾고 있었다. 그런데 무언가가 나를 가로막았다. 사람들이 모여 예배 드리는 광경이었다. 로코도 라인업에서 그 광경을 함께 보았다. 무신론자인 로코는 팔라파 아래 모인 사람들을 보며 빙그레 웃었다

"좋네!" 로코가 고개를 끄덕이며 말했다.

바닷가에서 예배 드리는 사람들을 미소로 받아들이는 로코의

모습에 나는 좀 놀랐다. 로코는 청소년기부터 칼 세이건Carl Sagan, 리처드 도킨스Richard Dawkins, 크리스토퍼 히친스Christopher Hitchens를 숭배했다. 늘 우주의 경이로움에 감탄했고 미국자연사박물관에서 시간을 보내곤 했다. 로코의 마음은 전부 과학이 차지하고 있어서 종교가 들어갈 틈이 없었다.

그럼에도, 일요일 아침 코스타리카 해변의 탁 트인 하늘 아래에서 올리는 예배는 신앙에 회의적인 로코에게도 아름다운 광경이었나 보다.

몇 달 전 로마를 여행할 때 나는 로코와 함께 산타 마리아 델피오레 대성당에 갔다. 로마에는 900개가 넘는 성당이 있는데, 마리아 델 피오레 성당은 15세기에 지어져 처음으로 성모 마리아에게 바쳐진 성당이었다. 나는 성당 뒤편의 작은 예배당을 둘러보고 로코와 함께 신도석에 앉았다. 그리고 유년 시절에 하던 대로 성호를 긋고 조각상을 바라보다가 갑자기 이상한 감정에 휩싸였다. 그때까지 나는 단 한 번도 '부르심' 비슷한 소리를 들은 적이 없던 터라 느닷없이 찾아온 감정에 당혹스러웠다.

어릴 때는 가톨릭 신자였지만 최근 나는 무신론자와 불가지론자의 갈림길에서 흔들리는 중이었다. 오랫동안 종교 생활을 했지만, 나는 성당의 수많은 정책과 제도화한 종교 생활에 염증을 느꼈다. 그러다가 나 스스로 결정을 내릴 수 있을 만큼 자랐을 때, 그러니까 견진성사(가톨릭의 7성사 중 세례성사 다음에 받는 성

사. 사리를 분별할 수 있는 나이, 즉 우리나라에서는 12세 이상부터 받을 수 있다-옮긴이)를 받은 뒤로 나는 미사에 참석하지 않았다. 여성을 배제하는 교의와 가부장적 태도를 견딜 수 없었고, 처녀의 몸으로 잉태했다는 마리아도 우습게 보였다. (그 이후 나름대로 공부를 했고, 그 점에 대해 할 말이 무궁무진하지만, 다시 이 책의 목적으로 돌아오자.) 그 뒤로 나는 성당에 다니지 않고 나만의 영적인 길을 걸었다.

그러나 모든 것은 변하기 마련이다. 갑작스러운 이 감정은, 최근 암에 걸렸기 때문일까? 아니면 내 나이에 찾아오는 불확실성 때문일까? 어쩌면 단지 내가 로마에 있었기 때문일 수도 있다. 바티칸의 성 베드로 대성당에서 로코와 나란히 피에타 앞에 섰을 때 목구멍에서 뜨거운 것이 치밀어 올랐다. 눈물이 흘렀다. 미켈란젤로의 걸작인 예수를 안고 있는 마리아의 조각상. 축 늘어진 아들을 무릎에 눕힌 채 안고 있는 그 모습이 나를 끌어당겼다. 피에타를 더 잘 보려고 팔꿈치로 밀쳐대는 사람들 속에서 나는 마음에서 뭔가가 움직이는 걸 느꼈다.

나는 어머니와 아이의 유대가 주는 강렬함에 압도됐다. 마리아의 고통과 슬픔뿐 아니라 아들을 향한 사랑이 느껴졌다. 어린 시절 성당 미사나 관행, 교리를 통해서는 한 번도 느끼지 못한 감정이었다. 나는 가슴을 관통하는 순수한 사랑과 평온함을 느끼며 그 감정에 항복했다. 나는 얼어붙은 듯 꼼짝 않고 서 있었다. 두 뺨으로 눈물이 쉬지 않고 흘러내렸다. 피에타를 정면으로 바라보면서 내게 주어진 시간을 초과해 너무 오래 머물렀다는 사실도 느끼지 못했는데, 로코가 팔꿈치로 나를 쿡쿡 찌르며 말했다. "엄마, 가자!"

마음을 추스르고 다시 관광객으로 돌아온 나는 로코와 함께 성당 밖으로 나왔다. 성당 안에서 느낀 그 감정은 로마의 태양 아래 증발하듯 서서히 희미해졌다.

언젠가 '대양감oceanic feeling'(본래는 긍정적 에너지를 공급하는 신비로운 원천이라는 의미의 정신분석 용어로, 지금은 시공간을 초월해 자아가 확장되는 느낌처럼 말로 형언할 수 없는 경험을 일컫는 표현으로 사용된다 – 옮긴이)이라는 말을 들은 적이 있다. 내 삶에서 아주 큰 부분을 차지하는 서핑 때문에 나는 이 표현에 무척 끌렸다. 바다에 있을 때면 자연과의 일체감을 자주 경험하긴 하지만 실제로 대양감을 느낀 적은 없었다. 피에타를 보고 나서야 나는 대양감에 진정으로 압도된다는 것이 어떤 느낌인지 깨달았다.

나와 같은 경험을 한 사람이라면 공감하겠지만, 대양감은 존재한다. 하지만 실제로 그것이 어떤 것인지에 관해서는 아무런 합의가 없다. 수십 년 동안 이 말을 둘러싼 여러 논쟁이 있었으며 이 시대 최고 지성인들 중 몇몇도 이 표현에 골몰하고 있다. 프랑스 소설가 로맹 롤랑Romain Rolland과 지그문트 프로이트가 이 개념을 두고 논쟁을 벌인 사실은 잘 알려져 있다. 로맹 롤랑은 이 개념을 모든 종교의 원천이라고 했다. 그는 이것을 "영원에 대한 단순하고 직접적인 감각, 즉 한계나 경계가 없는 감각"이라고 설명했다. 프로이트는 신비한 의미 부여에 반박하며 그것을 "외부 세계와 완전히 하나가 된 느낌"이라고 설명했다.[59]

롤랑과 프로이트가 최초로 논쟁을 벌인 이후 지금까지도 대양감의 원천은 끊임없는 논쟁의 대상이 되고 있다. 그 감정을 어떨 때 느끼는지에 따라 다양한 해석이 있어 정확히 정의하기가 어렵다. 작가 아서 쾨슬러Arthur Koestler는 그 감정을 이렇게 묘사한다. "자신이 일부라고 느끼고 그 정체성에 항복하게 되는 더 높은 실재, 그것은 자연일 수도 있고 신이나 세계정신(우주나 세계를 지배하는 정신─옮긴이)일 수도 있다."[60] 내가 보기에 이 주제를 설명하는 이들은 대부분 비슷한 방식으로 복잡하게 표현한다.

피에타 앞에서 내가 느꼈던, 뭔가 나를 통과하는 듯한 그 느낌은 내가 어떤 일을 못하는 것과 서핑을 하는 행위를 포용해주는 듯했다. 그 대양감에는 무언가 실제로 존재했다. 모든 부수적인 것과 불만과 분노를 모두 옆으로 밀어내던 그 무엇이. 나와 연결되어 진정으로 중요한 것에 깊이 뿌리내린 그 무엇이.

물론 원한다고 해서 아무 때나 대양감을 느낄 수는 없다. 그 감정에 다가가려면 자아와 떨어진 경험을 받아들일 자세가 되어야 한다. 지배적인 자세에서 벗어나야 한다. 자신에게서 아주 조금만 벗어나도 그 문을 열 수 있다. 못하는 일을 하는 것이 그 방법 중 하나다. 자신이 옳다고 믿는 스스로에게서 아주 조금만 벗어나면 된다.

내가 편향적일 수도 있지만(실제로도 그렇지만) 서핑은 이렇게 자아를 내려놓고자 하는 사람들에게 특히 좋다. 서핑을 하면 작은 대양감도 느낄 수 있다. 중력의 위치와 바람이 순간의 아찔한 긴장감을 만들어주는 그 순간, 무중력 상태에 있는 듯한 그 찰나의 순간에 모든 동작이 완전히 멈춘 듯 느려진다. 그 순간은 짧다. 중력과 관성이 잽싸게 다시 찾아오지만, 그 찰나에 나는 다른 존재를 경험했다. T.S. 엘리엇이 〈번트 노턴Burnt Norton〉에서 말한 정지점과 비슷한 감정이었다.

> 회전하는 세계의 정지점. 육신도 비육신도 아닌;
> 어디부터도 아니고 어디를 향하지도 않은, 그곳에 춤이 있다.
> 정지도 아니고 움직임도 아니다. 그것을 고정이라고 부르지 마라,
> 과거와 미래가 합쳐지는 그곳.
> 어디부터의 움직임도 어디를 향한 움직임도 아닌.
> 상승도 하강도 아닌, 이 점. 이 정지점 없이는
> 춤도 없으며, 오직 그곳에만 춤이 있을 뿐이다.
> 내가 말할 수 있는 건, 그곳에 우리가 존재해왔다는 것뿐.
> 하지만 나는 그곳을 말할 수 없다.
> 그리고 얼마나 오래 제시간에 있을지도 말할 수 없다.[61]

예술은 말로 표현할 수 없는 것을 느끼게 하는 독창적인 힘이 있다. 조각상을 보면서 나는 십자가에 못 박힌 고통, 어머니의 슬픔, 미켈란젤로의 뛰어난 솜씨를 생각했다. 그리고 수천 년 전

의 역사와 나를 이어주는 정지점을 경험했다. 이것이 예술의 영속성이다. 해나 아렌트는 말했다. "죽을 수밖에 없는 인간이 이룬 것이 불멸의 그 어떤 구체적인 모습으로 현존하게 되는 것과 같다."[62]

서퍼들은 서핑을 표현예술이라고 말하며 파도의 면에 '선을 그린다'는 표현을 쓰곤 하는데, 이는 서퍼가 파도의 면을 타고 내려올 때 보드가 순간적으로 남긴 흔적을 말한다. 모든 서퍼가 자신만의 독창적인 선을 그리고 싶어 한다. 다른 창의적인 작업에도 이 말을 똑같이 적용할 수 있다. 프랑스의 소설가이자 극작가 장 콕토Jean Cocteau는 모든 예술이 풀리지 않는 선을 그리는 과정이라고 생각했다. 그림을 그리고 시를 쓰고 영화를 찍기 위해 복잡하게 얽힌 선을 그리는 과정이라고.[63]

그 결과물이 시, 손으로 짠 스웨터, 도자기처럼 눈에 보이는 것이든 서핑에서 그리는 선이나 눈 덮인 산을 활강하며 남기는 흔적이든 간에 이는 매우 중요하다. 거기에는 이전에는 존재하지 않았던 그 무엇을 만드는 기쁨이 있다. 창작물과 욕망 이 두 가지가 우리를 이어주고 그 창작물을 현실에 존재하게 한다. 뭔가를 만들거나 예술작품 앞에서 겸손해질 때 우리는 '내가 왜 여기 있지?' 하는 질문을 멈추고, 아주 짧은 순간이라 할지라도 우리 자신이 외부에 있는 그 무엇과 하나가 되는 것을 느낀다. 이 유대감의 가장 깊은 지점에서 우리는 대양감을 느낀다. 그것이 찰나라 할지라도.

"부족한 건 믿음이지, 기술이 아냐"

내 서핑 코치 앨릭스는 내게 부족한 건 기술이 아니라고 했다. 라인업에 설 때마다 망설이는 것이 서핑을 망친다고 했다. 그는 내 머릿속의 산만한 소리를 들을 수 있는 게 틀림없다. 바다에서 수천 시간을 서핑 하며 보냈는데도 서핑을 할 수 없다며 나 자신을 스스로 가로막고 방해하는 소리들을. 앨릭스는 내가 잘 탄 파도를 말해주면서 서핑을 할 수 있다는 확신을 주었다.

피에타에서 깨달음을 얻고 몇 달 뒤, 해변에서 신자들이 예배 드리고 있던 그 일요일에도 나는 필사적으로 패들링을 했다. 썰물이 빠져나가면서 너울이 더 사납게 요동쳤다. 패들링을 하기 전에 이미 한 시간가량 보드 위에 있었기에 잔뜩 커진 너울에 나는 점점 지쳐갔다. 열 몇 개의 파도에 휩쓸리고 나서 지평선을 바라보니 예배는 끝났고 그곳엔 아무도 없었다. 나는 로마에 다녀온 뒤 처음으로 기도를 했다. "제발 제가 파도를 잘 넘을 수 있게 도와주세요. 제가 그렇게 신앙이 돈독한 사람은 아니지만, 제발 저 좀 도와주시겠어요?"

해양학자라면 이 기도 이후에 너울의 주기와 조수, 파도, 수심, 풍속, 방향 등에 무슨 일이 일어났는지 잘 설명할 수 있을 것이다. 하지만 나로서는 내 기도 때문에 이 유체역학이 일시적으로 멈췄다고밖에 설명할 길이 없다. 바다가 멈췄다. 그리고 다시 움직였다.

앞을 가로막으며 거세게 일던 물거품과 그 뒤에서 또다시 밀려오며 내 면전에서 부서질 듯 위협하던 파도가 사라지고 바다가 잔잔해졌다. 나를 실컷 골탕 먹였던 아수라장 라인업으로 가는 길이 선명하고도 깔끔하게 보였다.

'말도 안 돼. 기도가 통한 거야?'

나는 속도를 내어 파도를 통과했다. 그리고 하늘에 대고 소리쳤다. "감사합니다!"

일단 라인업에 들어온 나는 한숨 돌리고 잠시 쉬었다. 보드에 앉아 지평선을 바라보다가 미친 사람처럼 웃음을 터뜨렸다. 이 에피소드를 기막힌 우연의 보관함에 넣고 싶은 유혹도 생겼지만 내 안에서 뭔가 일어나는 느낌을 떨칠 수 없었다. 내가 신에게 도움을 요청하는 순간, 몇 시간 동안 벗어나려 했던 그 물살이 사라졌다는 건 무슨 의미일까? 하지만 더 긴박한 일이 있었다. 그 세션에서 나는 여전히 좋은 파도를 잡지 못하고 있었다. 나는 간절히 좋은 파도를 타고 싶었다.

또 도와달라고 하는 건 지나친 욕심일까? 나는 그 주 내내 이전보다 훨씬 더 큰 파도를 탔다. 파도를 탈 때마다 그 파도가 이전에는 타지 못한 파도였음을 어쩔 수 없이 인정하면서, 드롭과 턴을 할 때마다 다음엔 내가 어떤 기술을 사용할지 모르겠다는 사실을 불가피하게 인정하면서. 바다에서 당면한 상황에 익숙해지면서 더 큰 힘을 인정했다. 겸손하고도 대담하게 나는 다시 한 번 운을 바랐다.

"한 번만요, 네? 여기까지 데려오셨으면 기꺼이 좋은 파도 한 번만 탈 수 있게 해주셔야죠, 네?" 나는 기도했다.

무슨 일이 생겼을지는 다들 짐작하리라 생각한다. 내 앞에 머리 위를 훌쩍 넘는 거대한 파도가 왔다. 내게는 너무도 큰 파도였다. 나는 허리에서 가슴 높이의 파도를 좋아하긴 하지만, 그렇다고 이 신성한 선물을 낭비하고 싶지는 않았다. 나는 파도를 향해 갔다. 할 수 있으리라는 생각조차 하지 않았다. 그런 생각들은 한 번도 도움이 된 적이 없었다. 그저 믿음대로 했다. 몇 번 팔을 저어서 파도를 잡아 훌쩍 올라타고는 왼쪽으로 돌아 부드러운 파도의 푸른 면을 탔다. 그리고 파도가 끝날 때까지 탈 수 있으리라는 믿음대로 끝까지 탔다. 파도를 다 타고 흰 물거품 범벅이 된 나는 충만한 마음으로 부서진 파도에 휩싸여 파도의 뒷면으로 휩쓸려갔다. 또 다른 대양감의 순간이었다. 이런 경험도 나만 겪을 게 아니라는 사실은 잘 안다.

'와, 말도 안 돼!' 나는 속으로 생각했다.

그리고 입 밖으로 크게 소리 내어 말했다. "감사합니다!" 안전하게 파도를 통과한 나는 보드 위에 앉아 바다와 교감을 나누었다. 나머지 세션에서는 내가 요청하면 도움을 받을 수 있다는 사실을 깨닫고 침묵했다. 내가 그 파도를 타는 모습을 본 사람이 있는지는 모른다. 그러나 신의 눈길과 음성을 느꼈다. 내게도 보는 이가 있었다. 어쩌면 그것으로 충분한지 모른다.

나는 믿음에 관해 아무것도 모르던 상태에서 나아가 그 약속을 인정하고 새로 마음을 열었다. 파도를 달라고 기도하던 내 하찮은 요구에 대한 응답을 듣고 난 뒤 라인업에 선 나는 문득 내가 잘못된 것들로부터 믿음을 얻어왔다는 사실을 깨달았다. 믿음은 믿음 그 자체였다. 그 순간부터 나는 신자라고까지는 하지 않겠지만, 믿음을 믿었다.

내가 서핑을 붙들고 악전고투하던 시간이 믿음을 받아들이게 해주었다는 사실은 분명했다. 앨릭스는 내가 파도 앞에서 머뭇거리는 태도가 서핑에 방해된다고 나무랐는데, 사실 그 말의 의미는 내가 파도를 통제하려 든다는 것이었다. 그러니까, 나는 완벽한 이야기를 꿈꿨다. 내가 계획을 잘 짠다면, 예측을 좀 더 잘한다면, 완벽한 서핑을 할 수 있으리라고 생각했다. 하지만 나는 그런 서핑을 하지 못했다. 그렇게 할 수 있는 재능 있는 수백만 명에 속하지 못했다. 그러나 내가 모든 것을 통제할 수 있다는 자기중심성을 버리고 파도(와 신)에게 항복함으로써 나는 일어나서 다시 나아갈 수 있었다.

믿음의 본질적 원천을 찾기 위해 윌리엄 제임스William James로 거슬러 올라가야 했다. 19세기 말의 철학자이자 심리학자인 그는 《믿고자 하는 의지He Will to Believe》라는 책을 썼다. 윌리엄 제임스는 말했다. "신념은 이론적으로 의심할 수 있는 어떤 대상에 대한 믿음을 뜻한다. 신념은 이전에 증명되지 않은 문제에 대해 행동할 준비가 되어 있는 것이라고 말할 수 있다."⁶⁴ 그는 처음에 하버드대학에서 의학을 가르쳤지만, 자신의 소명이 자연과학이 아닌 새로운 분야의 과학에 있다고 깨달았다. 그는 심리학이 개척되지 않았던 시기에 그 분야를 연구한 가장 영향력 있는 미국인 중 한 사람이었다.

무엇을 믿을지 선택하는 것은 파도 타기를 선택하느냐 아니면 헤아릴 수 없이 심오한 것을 선택하느냐와 같은 문제일 수 있다. 제임스는 알프스산에 오르는 이야기를 한다. 이는 파도를 타기 위해 필요한 믿음과 매우 비슷하다. 그는 '위험한 곳을 건너뛰어야만 탈출할 수 있는 산'을 오르는 가상의 상황을 제시하고, 그곳에서 믿음의 결핍이 가치가 있는가 하는 물음을 던진다.[65] 이전에 그런 상황에 놓여보지 않았다면, 자신의 생명을 지키기 위해 필요한 행동에 확신을 가질 수 없을 것이다. 그러나 건너뛰기 위해서 성공의 증거가 반드시 있어야만 한다면, 그 사람은 죽을 수도 있다. (위험한 곳을 건너지 못할 테니 말이다.)

윌리엄 제임스는 이렇게 썼다. "나 자신에 대한 희망과 자신감은 목표를 놓치지 않게 해준다. 그런 주관적인 감정이 없다면 불가능했을 행동을 할 수 있도록 나를 대담하게 만들어준다. 그러므로 원하는 것을 믿는 것은 지혜로운 일이다. 믿음은 목적을 실현하는 데 없어서는 안 될 조건 중 하나다. 신념이 스스로 증거를 만드는 경우도 있다. 믿어라. 그러면 너 자신을 구할 것이다. 의심하라. 그러면 너는 죽을 것이다. 이 둘의 차이점은, 믿는 것이 유리하다는 사실이다."[66]

21세기를 살아가는 현대인인 나는 철학에만 머물지 않고, 과학에서도 이 사실을 증명할 수 있는지 알고 싶었다. 잡지 〈스켑틱Skeptic〉의 발행인 마이클 셔머Michael Shermer는 시냅스에서 만드는 전기적 화학 신호를 분석해 믿음 체계를 연구했다. 여기서 흥미로운 점은 다양한 자극에 따라 뇌의 다른 영역이 활성화하는데, 믿음 자체가 자극이기 때문에 믿는 사람이나 믿지 않는 사람이나 똑같이 활성화한다는 점이다.

셔머는 믿지 않는 것보다 믿는 것이 어떤 경우건 이익이라는 '파스칼의 도박'에서 영감을 얻었는지 모른다. 파스칼의 도박에 따르면 신을 믿는 경우와 믿지 않는 경우 그리고 신이 존재하는 경우와 존재하지 않는 경우를 조합했을 때, 어떤 경우에도 신을 믿는 것이 이익이라는 내용이다. (즉 신이 존재하지 않지만 신을 믿을 경우 잃을 것은 아무것도 없고, 신이 존재하는데 신을 믿는다면 영원한 행복을 얻는다. 마찬가지로 신이 존재하지 않고 신을 믿지 않는다면 얻는 것이 아무것도 없지만, 신이 존재하는데 신을 믿지 않으면 지옥으로 떨어진다. 따라서 어떤 경우든 신을 믿는 것이 이익이라는 내용이다-옮긴이.)

긍정적인 결과가 생길 것이라는 믿음으로 희망이 생길 수 있다면, 같은 논리를 다른 곳에도 적용할 수 있다. 이를테면 못하는 일에 끊임없이 노력을 기울이는 행동에도 말이다. 우리의 믿음이 보여주는 결과들도 충분히 있다. 플라세보 효과가 대표적인 예다. 플라세보 효과란 아무 작용도 일으키지 않는 처치를 했어도 환자의 긍정적인 믿음 덕분에 병세가 호전되는 현상이다. 예컨대 설탕으로 만든 가짜 약을 주거나 식염수를 약이라 하고 주사를 놓는 등의 처치를 했지만 환자가 진짜 의료 처치를 받았다고 믿을 때 생기는 효과다.

자신이 받은 처치가 도움이 될 것이라 믿을 때 생기는 좋은 점은 환자가 긍정적인 감정을 경험하고, 어떤 경우에는 실제 약물이나 처치를 받았을 때와 똑같은 생물학적 변화를 일으킨다는 점이다. 그 반대도 똑같다. 플라세보와 반대되는 효과는 노시보 효과라고 한다. 환자가 적합한 약을 처방 받고 복용했지만, 약이 효과가 없을 거라는 의심을 품으면 약효가 나타나지 않는 현상이다.

플라세보 효과는 아주 강력해서, 무작위 이중 맹검(실험 대상자가 위약이 투여됐는지 진짜 약이 투여됐는지 모르게 함으로써 실제 변화를 모르게 하는 기법-옮긴이) 플라세보 통제 실험은 수많은 약물 연구에서 기준이 되었다. 이런 연구에서 핵심은, 환자가 치료를 받고 있다고 또는 받고 있지 않다고 믿는 것이 강력한 암시를 준다는 점이다. 조금 덜 과학적으로 보이지만, 쉽게 말하면 믿는 것이 도움이 된다는 뜻이다.

믿으려는 의지는 다양한 기회를 만들어준다. 회의적인 생각에는 기회가 자리 잡을 틈이 없다. 그러니 느긋하게 마음먹고 가짜 약 한 알을 먹어보기 바란다. "나, 어쩌면 캘리그래피에 소질이 있을지도 몰라!" 하고 말이다. 이런 가짜 약이 어떤 일을 시작하도록 동기를 부여해줄 수도 있다. 새로운 것을 시작하려는 의지와 위험을 무릅쓰려는 의지가 없다면 어떤 발전도 불가능하다. 완전히 비합리적으로 보여도 아름답게 합리적인 결과를 낳을 수도 있다. 과학에서도 같은 견해를 내놓는다.

이탈리아의 이론물리학자이자 작가인 카를로 로벨리Carlo Rovelli는 '진실이 아닐지도 모르는 것'을 상상하려는 의지가 과학적 발견의 기본이 된다고 말한다. "과학의 장점은 미지의 것을 다루고 미지의 세계를 향해 한 걸음씩 나아가는 것이다."[67] 로벨리는 어떤 믿음이 잘못된 것으로 판명 났다고 해서 절망하지 않는다. 시도조차 하지 않고 피하기 보다는 무언가 잘못됐다는 것을 깨닫는 편이 훨씬 낫기 때문이다.

탈 수 없는 파도를
탄다는 것

믿음에 관한 이 모든 성찰은 갑작스레 찾아온 믿음이 나를 얼마나 혼란스럽게 했는지를 반증해준다. 그렇다고 내가 종교 행사를 찾아다닌다는 말은 아니다. 비록 냉담 중이던 가톨릭이 삶의 어떤 징표를 내게 보여주긴 했지만 특정 종교에 끌리지는 않았다. 다만 그때의 경험은 내게 일종의 각성제 구실을 했다.

내가 느꼈던 감정이 정확히 어떤 건지 알고 싶은 나는 유니언

신학교에 있는 셰린 존스에게 도움을 구했다. 그는 말했다. "믿음에는 두 가지 근본적인 특징이 있는데, 하나는 경외심과 두려움을 마주하는 것입니다. 이것은 사람을 겸손하게 만들죠." 이 관계를 생각하다 보니, 나를 지켜봐줄 누군가가 필요하지만 동시에 부끄러운 상황이 드러날 때 느낄 굴욕에 대한 두려움이 떠올랐다. 살아 있다는 개념 속에 경외와 두려움이 있다. 어쩌면 이 두려움은 누구나 죽는다는 사실을 아는 데서 나오는 것일 수도 있고, 자연이나 우주 앞에서 인간이 너무도 작고 무력한 존재라는 깨달음에서 나오는 것일 수도 있다. 셰린의 말은 경외심과 두려움을 받아들이면 '덜' 무서워진다는 의미라고 생각했다.

"믿음의 두 번째 특징은, 믿음이 궁극적으로 사랑에 관한 것이라는 사실입니다." 나는 믿음이나 사랑을 알기 위해 서핑을 시작한 것이 아니었다. 도대체 내가 왜 자꾸 그런 일을 하는지 이해하고 싶을 뿐이었다. 그런데 못하는 일을 하는 것에 관해 알려고 하면 할수록 나는 점점 이런 수수께끼 속으로 빠져들어갔다.

서핑의 세계에는 이런 식으로 신과 마주쳤다는 사람들의 경험담이 넘치고 넘친다. 스포츠 역사에서 가장 상징적인 장면으로 꼽히는 서퍼 레어드 해밀턴Laird Hamilton의 웨이브가 대표적인 예다. 2000년 8월 17일, 타히티에서 레어드가 탄 파도는 그가 서핑을 하면서 만난 가장 큰 파도였다. 그의 서핑 기록 이후 서핑 스포츠의 역사가 바뀌었다. 이전에는 그처럼 거대한 파도를 탄 서퍼가 없었다. 레어드는 그 파도를 타고 나서 울었다. 서핑 잡지

〈서프라인Surfline〉의 인터뷰에서 그는 말했다. "탈 수 없는 파도를 탔을 때, 그전까지 갖고 있던 장벽이 무너졌어요. 그 서핑은 우리에게 그렇게 생긴 파도도 탈 수 있다는 걸 보여줬죠. 그 뒤로 많은 사람들이 그렇게 생긴 파도를 타게 됐고요. 믿을 수 없는 걸 믿어야 해요. 신념에 필요한 건 그것뿐입니다. 할 수 있다고 믿는 것."[68]

성공에서 우리가 배우는 교훈은 실패와 자신의 부족함이다. 겸손은 공통된 맥락이다. 내 변화는 내가 느꼈던 굴욕적인 감정을 겸손함으로 바꾸고 도와달라고 기도했을 때 왔다.

이런 이유로 못하는 일을 고를 때는 (장기적인 관점에서) 좋아하는 일을 골라야 한다. 그 일을 발견하기 전에 시행착오나 실수도 있겠지만, 못하는 일을 하게 되면 자신의 한계 또는 인간 이성의 한계에 대한 경외심과 두려움을 마주할 수 있으며, 그것을 사랑으로 포용할 수 있게 된다. 그것이 당신 마음을 짜릿하게 하리라고 장담한다. 좀 더 회의적인 사람들을 위해 다시 말하면, 아주 작은 변화라도 일어날 것이다.

어느 날, 나는 좋아하는 친구와 서핑을 했다. 앞에서 잠깐 언급한 친구 메리언 페리와 함께였다. 연거푸 파도를 놓치고 있던 내게 메리언이 소리쳤다. "도대체 뭘 그렇게 기다리는 거야? 가! 어서 가! 패들링을 해! 더 힘껏! 패들링!"

그때까지 그는 내가 파도 타는 모습을 한 번도 보지 못했기 때문에 내가 진짜 서핑을 할 줄 아는 건지 아닌지조차 몰랐다. 하지만 내 마음속 목소리보다 큰 누군가의 목소리가 울리고 있다는 사실만으로도 파도를 향해 나아갈 힘을 얻기에 충분했다.

누군가 나를 파도로 부를 때, 나에 대한 그 사람의 믿음을 믿는 것이 얼마나 큰 힘이 되는지를 거듭해서 배운다. 자기 의심을 떨쳐버리게 하는 그 목소리에 항복하는 것이 중요하다. 내 안에서든 밖에서든 들리는 그 목소리를 믿는 것이다. 죽이 되든 밥이 되든 밀어붙이고 그다음에 일어나는 일을 지켜보기만 하면 된다. 그것이 파도건, 열망이건, 신이건.

나는 파도를 잡았고, 멋지게 타고 난 다음 라인업까지 패들링을 해서 갔다. 라인업에는 메리언이 앉아서 웃고 있었다.

"왜 웃어?" 내가 물었다.

"누가 고함을 쳐주면 파도를 타는 거였어?"

"어떤 때는 그래." 대답을 하면서도 그 말이 우스워서 나도 같이 웃었다.

코스타리카로 돌아와서 나는 내 기도와 그때 탔던 파도 이야기를 로코에게 들려주었다.

로코가 고개를 끄덕이며 말했다. "그게 뭐였든, 효과가 있네."

'만약에'라는
걱정은 버려라

굴욕의 상처를 입고 약 일주일 후, 친구 폴이 내게 이런 말을 했다. "로코가 네 보드에 타고 있었다면, 걔는 아마 죽었을 거야."

"별로 도움 안 되거든." 나는 그게 거의 사실이라는 말도, 나 역시 지난 며칠 동안 그런 생각을 수도 없이 했다는 말도 덧붙이지 않았다.

가끔은 의심할 나위 없이 정말 못할 때도 있다. 그럼에도 못하는 일을 할 때 받는 선물은 최악의 시간을 견디고 회복하는 데 도움이 된다는 것이다. 나는 약함이 그저 무너지기 쉽고 부서지기 쉬운 것이 아니라는 사실을 알게 되었다. 약함은 실패를 거듭하는 현실에서 그 실패를 견디고 살아가게 해준다. 못하는 것을 하는 삶이란 무엇일까? 그것은 당신을 더욱 강하게 만드는 것이다.

세상에서 가장 두려운 일,
아들의 부상

　날씨가 변덕스러운 7월 어느 날, 로코와 나는 코스타리카 플라
야 기오네스에서 서핑을 했다. 우리가 서핑을 한 곳은 기오네스
남쪽에 있는 베이커스 비치Baker's Beach였는데, 그곳의 파도는 작고
다루기 쉬운 편이었다. 처음 한 시간은 완벽했다. 바람은 차분하
고 파도는 깨끗했다. 그런데 남동쪽에서 폭풍 먹구름이 두텁게 일
더니 물 표면을 거칠게 가르기 시작했다. 우리는 서핑을 멈추고
보드에 앉아 바다가 다시 잠잠해지기를 기다렸다. 그런데 조류가
밀어내는 바람에 우리는 서핑을 시작한 지점에서 1킬로미터 정도
떨어진 곳까지 떠밀려갔다. 파도는 점점 거세지고 물도 흐트러졌
다. 상황이 어려워졌다. 우리는 거친 물살에 이리저리 튕기며 허
우적거렸지만 그래도 아직 서핑을 포기할 마음은 없었다.

　나는 가까운 곳에 생긴 파도를 향해 나갔다가 왼손 중지 끝부
분을 베었다. 핀에 부딪친 것 같았다. 나는 라인업에 돌아올 때
까지도 모르고 있다가 보드를 잡은 손가락에서 피가 흐르는 것
을 보고서야 다쳤다는 사실을 알았다. 나는 로코에게 나가겠다
고 했고, 로코는 나를 위로해주었다. 로코는 자라면서 더 큰 파
도를 타기 위해 필요한 강인함이 어떤 것인지 벌써 알고 있었다.
이 정도 피로는 무서운 이빨을 가진 녀석들이 꼬이지 않는다는
사실도 알고 있었다. 나는 로코에게 그냥 해변에서 서핑하는 모

습을 지켜보겠다고 말했다.

해변으로 돌아온 나는 내 신성한 8인치 보드 위에 떨어지는 선홍색 핏방울을 지켜보았다. 물 밖으로 나오자 알약만 한 크기의 상처에서 통증이 느껴졌다. 영광의 상처이지만 그래도 아팠다.

나는 로코가 있는 곳을 바라보았다. 물살이 출렁대서 로코가 잘 보이지 않았다. 물살이 걷잡을 수 없이 흩어지자 불안이 점점 나를 휘감았지만, 로코가 험한 물살을 잘 헤쳐나가리라 믿었다. 필요한 건 그 믿음을 계속 재확인하는 것뿐이었다. 나는 내 두려움을 로코에게 들키지 않으려 안간힘을 썼다. 로코가 어디에 있는지만 안다면 어떤 나쁜 일도 일어나지 않으리라는 믿음을 부여잡고 있었다.

몇 분 후, 로코가 불완전한 파도를 타는 모습이 보였다. 파도에서 떨어진 로코는 양쪽에서 맞부딪친 파도 때문에 생긴 흰 물살에 휩쓸려 사나운 바다 밑으로 들어갔다. 난류에 휘말린 로코가 물속에서 이리저리 물살에 얻어맞을 걸 잘 알기에 나도 모르게 신음이 나왔다. 로코가 거센 물거품을 뚫고 다시 수면 위로 올라올 때까지는 몇 분이 걸렸다.

"저기 있네. 괜찮아." 나는 혼자 중얼거렸다. 하지만 넘어진 후유증이 심각하다는 게 뚜렷이 보였다. 괜찮지 않다는 명백한 신호가 눈에 들어왔다. 서퍼가 넘어지고 나서 세션을 중단한다는 건 뭔가 잘못됐다는 뜻이다. 서퍼들은 파도에 휩쓸려 넘어지면 해변으로 데려다줄 다음 파도를 타고 돌아오지, 서핑을 중단한 채 보드에 배를 깔고 엎드린 자세로 돌아오지 않는다. 로코는 한 손으로 보드 노즈를 쥐고 다른 한 손은 보드에 걸친 채 해변으로 돌아오고 있었다. 마음이 다급해진 나는 벌떡 일어나 로코가 있는 쪽으로 갔다. 로코가 있는 곳은 100여 미터나 떨어져서 제대로 보이지 않았지만 뭔가 잘못됐다는 걸 알 수 있었다. 로코의 움직임이 이상했다.

나는 어릴 때부터 시력이 몹시 나빴지만 특수한 안경을 쓰고 남들 앞에 서는 게 자존심 상했다. 그래서 먼 곳에 있는 사람들의 움직임을 판별하는 법을 오래전부터 터득해왔다. 시력이 나쁜 대신 청력이 뛰어났고, 사람의 몸짓을 판독하는 기술은 지금도 남아 있다. 로코가 팔로 노를 저을 때 내는 특정한 소리도 구분한다. 첨벙, 첨벙, 하는 로코 특유의 노 젓는 소리가 들리면 마음이 놓였다.

그런데 그날은 뭔가 이상하다고 감지했다. 가까이 다가오는 로코가 어딘지 달라 보였다. 머리 위에서 뭐가 잡아당기면서 억지로 균형을 잡아주는 것처럼 몸이 뻣뻣하고 이상할 정도로 경직돼 있었다. 더 이상한 것은 로코 옆과 뒤에서 따라오는 한 무리의 사람들이었다. 그들은 걱정 가득한 눈길로 로코를 바라보고 있었다. '이상도 하지.' 처음엔 이런 생각이 들었다. 그리고 가까스로 초점을 맞추고 바라보니 로코의 얼굴과 상체가 피범벅이었다.

순간 몸이 얼어붙었다. 로코는 이상한 자세로 나를 향해 왔다. 눈은 뜨고 있는데 전혀 깜박이지 않는 듯했다. 피가 줄줄 흘러 눈으로 들어가는데도 눈을 깜박이지 않았다. 이상했지만 초조한 마음을 재빨리 억눌렀다. 그리고 이런 종류의 사고를 겪은 사람들의 사례를 떠올리며 신속한 진단을 내렸다.

로코는 물 밖으로 나왔다. '괜찮아.' 로코는 스스로 걷고 있다. '괜찮아.' 양쪽 눈 다 제자리에 있는 듯 보인다. '괜찮아.' 어찌 됐건 로코는 내 곁에 있다. '좋아.' 그리고 이제 남은 한 가지, 로코는 치아를 드러내며 활짝 웃었다. 이도 제자리에 멀쩡하게 있었다. '괜찮아.'

로코가 생후 4개월 때, 로코를 떨어뜨려 머리를 바닥에 부딪치게 한 적이 있다. 살면서 겪은 가장 끔찍한 공포였다. 내 팔에 안겨 있던 아이가 한순간 바닥으로 떨어지며 쿵 하는 소리를 냈다. 로코는 놀라긴 했지만 무사했다. 하지만 나는 극도로 예민해졌고, 그것이 아이를 예민하게 만들었다. 나는 로코에게 영구적인 장애를 입혔다고 확신했다. 아이를 들쳐 안고 정신없이 병원으로 달려갔다. 집에서 몇 블록 떨어지지 않은 거리에 있는 병원이었다. 의사는 재빨리 아이를 진찰하더니 확신에 찬 어조로 말했다. "아이는 괜찮을 겁니다." 그러자 응급실 간호사들이 걱정스러운 눈길로 나를 바라보았다. 아이는 괜찮았지만 나는 전혀 괜찮지 않아보였기 때문이다. 그 사고 이후 나는 이틀을 펑펑 울었다.

이미 알고 있는 이들도 있겠지만, 아기들은 연약하지만 뜻밖에도 놀라운 회복력을 지녔다. 회복력이 좋으니 제대로 돌보지 않아도 괜찮다는 말은 아니다. 그렇지만 세상을 살다보면 나쁜 일도 생기게 마련이다. 부모로 살면서 가장 힘들 때는 아이를 모든 순간 지켜주지는 못한다는 사실을 느낄 때다.

로코를 떨어뜨린 일은 내 안에 있던 두려움을 오롯이 드러냈으며, 그 두려움은 결코 내 곁을 떠나지 않았다. 그 뒤 아이가 자라면서 뼈가 부러지고, 마음을 다치고, 병에 걸리고, 수술을 받는 일을 겪으면서, 두려움에 단련되는 법까지는 아니어도 나 자신의 두려움을 잠시 접어두는 법은 배우게 됐다. 부모가 당황하면 아이도 당황한다. 그러면 아무것도 나아지지 않는다.

내가 아이를 낳기 전 어떤 친구가 이런 말을 한 적이 있다. 부모가 되면 두 가지 일이 생기는데, 첫째는 아이를 떨어뜨리는 일이고, 둘째는 아이가 힘든 상황에 놓였을 때 이성을 잃는 사치는 부리지 못하는 거라고 했다.

나는 실수로 첫 번째를 경험했고, 다시는 반복하지 않았다.

두 번째를 배우기까지는 시간이 좀 걸렸다. 로코가 플라야 기오네스에서 피투성이가 되어 걸어올 때, 나는 두 번째를 터득했다.

부모가 되면 배우는 것

타고난 유전자와 후천적인 양육 중 인간의 인격이나 지적 능력에 어느 쪽이 더 큰 영향을 끼치느냐를 둘러싼 논쟁은 오랫동안 지속됐다. 최근에는 50:50이라는 의견이 확고하게 자리 잡은 듯하다. 부모 입장에서는 아이가 성격적으로 타고나는, 부모가 어찌할 수 없는 부분이 있다는 점을 인정할 수밖에 없다. 그렇지만 아이가 부모의 행동을 보고 배우는 것이 타고난 성향만큼이나 중요하다는 사실을 인정하는 편이 아이를 키우는 데 훨씬 도움이 된다.

그러나 이 사실을 충분히 이해하고 육아에 따르는 막중한 책임감으로 온 힘을 다해 노력해도, 우리는 여전히 부족할 것이다. 베스트셀러 《헬리콥터 부모가 자녀를 망친다》의 저자 줄리 리스콧-헤임스와 이 주제를 놓고 대화한 적이 있는데, 리스콧-헤임스는 논지를 명쾌하게 정리해주었다. "부모는 아이들의 첫 번째 롤 모델이에요. 최고의 롤 모델이 될 수 있을지는 우리에게 달려 있죠."[68] 그렇다면 문제는 이것이다. 어떻게 해야 덜 망칠까? 그리고 망쳤을 때는 어떻게 해결해야 할까?

이 문제는 못하는 일을 편하게 하는 것과 관련이 있다. 이 모든 것이 우리가 실패를 어떻게 느끼느냐의 문제이기 때문이다. 실패는 피할 수 없다. 세상이 돌아가는 방식에 실패가 내재해 있다. 아이를 키우면서 갑자기 주의가 산만해지고, 손에 땀이 나고, 균형을 잃는 순간을 만날 것이다. 그 순간 당신은 아이를 안고 있다. 도대체 어쩌란 말인가?

이미 우리는 못하는 일을 하는 것이 우리에게 얼마나 많은 것을 가르쳐주는지 웬만큼 알고 있다. 중요한 것은 우리가 당황해서 우왕좌왕하는 모습을 아이가 보고 있을 때, 아이에게 무엇을 가르쳐야 하는가다. 친구가 내게 말해주었듯, 아이들이 부모를 어떤 일에 실패할 수 있는 존재로 보는 것에 개의치 말아야 한다. 그렇다고 겁에 질린 모습을 보여주라는 말은 아니다. 아이들의 눈에 그런 모습은 일이 잘못됐을 때 어쩔 줄 모르는 것처럼 비치기 때문이다. 그런 모습을 보인다면 우리는 아이들에게 '이런 일은 일어나서는 안 되는 일이야'라는 암시를 주게 된다. 그런 상황을 만들어서는 안 된다.

곤란한 상황을 해결하는 데는 차분함과 침착함이 필요하다는 사실은 누구나 안다. 그러나 정말 중요한 것은, 다른 사람들에게 본보기를 보일 때다. 부모는 자녀에게 늘 본보기를 보인다. 직장에서 일을 처리할 때도, 친구나 연인에게 행동할 때도 마찬가지다.

삶에서 떼려야 뗄 수 없는 중요한 사람들에게 자신이 약한 존재임을 편하게 드러내야 한다. 아이들은 우리가 노력하고 실패하면서도 이성을 잃지 않을 때, 그리고 또다시 노력할 때 그대로 배우고 행동하기 때문이다. 아이들이 부모에게 혹평을 쏟아낼 때도 이 점을 잊지 말아야 한다. 이때야말로 아이들에게 회복력에 관한 교훈을 줄 수 있기 때문이다.

나는 로코와 서핑을 하면서 이 연습을 수도 없이 했다. 노사라에서 어려운 파도를 탄 뒤 뿌듯한 마음으로 로코에게 방금 내가 파도 타는 모습을 봤느냐고 물었다. 인정한다. 나는 불안감을 안고 아들에게 확답을 구걸했다. "응, 봤어. 그런데 엄마가 저 남자 파도에 끼어든 거잖아." 로코는 싫은 표정으로 툭 대답하고는 패들링을 해 저만치 가버렸다. 우선권이 있는 서퍼 앞으로 끼어들어 파도를 가로채는 행위는 서핑에서 가장 나쁜 행위에 속한다. 대단히 무례할뿐더러 위험하기도 하다. 로코 말이 옳았다. 내가 다른 서퍼의 파도를 가로채 파도를 탔다면 그 파도를 잘 탔는지 못 탔는지는 중요하지 않다. 습관적으로 끼어들기를 하는 서퍼들은 순식간에 최하급 서퍼 취급을 받는다. 나도 그 사실을 알지만 어떻게든 변명을 하고 싶어서 멀어지는 아들의 등 뒤에 대고 소리쳤다. "엄마 좀 봐주면 안 되냐? 난 그 사람 보지도 못했다고!"

내 행동이 정의의 발끝에도 미치지 못했다는 것을 잘 안다. 그 순간에는 아들에게 좋은 본보기를 보이지 못했다. 오히려 아들이 내게 정직함을 가르쳤다. 심지어 이런 일이 처음도 아니었다. 한 번은 로코가 여덟 살 때쯤 화를 참지 못하고 버럭 소리를 지르며 이렇게 말한 적이 있다. "왜 이렇게 애처럼 구니!" 그러자 아이가 바로 되받아쳤다. "엄마, 무슨 소리 하는 거야? 나 애 맞잖아."

못하는 일을 하는 것과 양육에 관해 리스콧-헤임스와 열띤 대화를 하던 중 헤임스가 이런 상황에 대해 말했다. "일을 엉망으로 망쳐놓고 아이들이 우리 기분을 좋게 해주리라 기대해서도 안 되고, 아이들에게 우리의 부족한 점을 짊어지라고 해서도 안 돼요. 일을 망쳤을 땐 그 사실을 인정하고 거기서 빠져나와야 해요. 자기 수치심에 휘말린 나머지 아이들까지 그 속으로 끌고 들어갈 수 있으니까요."

우리가 다른 사람을 대할 때 적용하는 좋은 태도의 규칙을 아이들에게 적용하는 건 열 배나 중요하다. 다른 사람을 내 상처 입은 자아의 시종으로 만들지 마라. 아이들에게 불안의 블랙홀을 채워달라고 요구하는 순간 우리는 아이들의 경험을 말살하는 것이다. 실패했을 때 제대로 된 태도로 반응하지 못하면 잘못된 메시지가 두 배로 증폭돼 전달된다. 여기서 문제는, 대다수 부모들에게는 아이들이 부모의 못하는 모습을 지켜보는 것보다 더 못 견디는 상황이 있다는 점이다. 바로 아이들이 뭔가 못하는 상황을 지켜보는 것이다.

여기서 중요한 점이 있다. 아이들이 고군분투하는 모습을 그냥 지켜봐야 한다. 설령 실패하더라도. 양육은 아이들이 볼링장에서 서툴게 볼링을 치는 모습을 지켜보는 것과 비슷하다. 아이들이 볼링공을 굴리건 던지건 튕기건, 그냥 내버려두어야 한다. 아이들이 원해서 그렇게 굴린 것이기 때문에 핀을 몇 개나 쓰러뜨렸는지는 중요하지 않다. 공이 옆 홈통으로 빠지더라도 계속 공을 굴리기만 하면 된다. 중요한 건, 개입하지 않고 부모처럼 굴지 않는 태도다. 역설적이게도 실패를 두려워하지 않게 되면 오히려 두려움에 단련이 된다.

아이들의 해결사가 되지 말고,
실패를 경험하게 하라

헬리콥터 육아라는 말은 브루스 에릭 캐플런Bruce Eric Kaplan이
〈뉴요커〉에 그린 카툰에 등장하면서 우리에게 친숙한 용어가 됐
다. 카툰 속에는 두 아이가 문 앞에 있고 아버지가 소파에 앉아
있다. 그리고 아들이 친구에게 아버지를 이렇게 묘사하는 장면
이 있다. "우리 아빠는 부모라기보다는 해결사야."[69]

부모가 자식 일에 간섭하는 것이 열풍처럼 유행했다. 하지만
그렇게 열중하는 태도는 그저 불안감을 증폭할 뿐이었다. 어떤
관점에서 보더라도 자녀의 성공을 원하는 부모의 개입은 효과를
발휘하지 못했다. 경쟁적으로 어린이집에 보내고, 온갖 교육을
시키고, 과도한 과외활동을 시키고, 잠도 제대로 못 잘 정도로
숙제를 시키는 이런 모든 것이 자신의 아이가 경쟁 우위를 차지
하게 하려는 시도다.

그러나 이런 광풍은 그저 자기 의심이 가득한 세대를 만들어냈
을 뿐이다. 정신적인 문제를 호소하며 도움을 찾는 대학생 수가
해마다 늘어나고 있다. 이런 현실은 자식을 위해 무슨 일이든 하
겠다고 고집한 부모들이 만든 우울한 결과다. 도움이 되려던 부
모들은 결국 자녀들에게 혼자 힘으로는 어떤 일도 할 수 없다는
메시지를 보낸 꼴이 된 것이다. 이것은 분명 의도한 결과가 아니
다. 하지만 자신의 욕망과 두려움을 자식에게 투영할 때 아주 많

은 문제가 발생한다. 잠시 멈추고 아이들을 어떻게 키울지를 고민해봐야 한다.

리스콧-헤임스는 스탠퍼드대학의 신입생 학장으로 몇 년 동안 재직하면서 부모들이 자식에게 무엇을 투사했는지 보여주는 증거를 무수히 많이 보고 이를 연구했다. 리스콧-헤임스는 이렇게 말했다. "부모는 자신의 가치를 자녀의 성취와 결부한다. 그래서 늘 자녀의 성취에 안달하는데, 바로 그것이 자녀들에게 스트레스로 작용해 표출된다."

결과적으로 아이들 머릿속에서는 항상 '누군가가 나를 평가하고 있다'는 목소리가 울리게 된다. 그러면 도전이나 실패를 허용할 여유가 없어진다. 못하는 일을 하지 못하게 된다. 심지어 계획한 목표를 성취했을 때조차 공허함을 느끼기도 한다. 그저 기준에 도달하기만 하면 된다는 듯, 수업 시간에 앉아 있기만 하면 된다는 듯 행동한다.

해결은 쉽지 않다. 이는 분명 골디락스Goldilocks 역설이다. (영국 동화 〈골디락스와 세 마리 곰〉에서 유래한 말로. 가장 적당한 상태를 이르는 말. 경제학에서는 경제가 성장하는데도 물가가 오르지 않는 이상적인 상태를 가리킨다-옮긴이)

충분히 지지해주되, 지나치지 않아야 한다. 정직하고 솔직해야 하지만 너무 많은 것을 나누려 하면 안 된다. 우리는 아이들에게 언제나 사랑을 보여주고 싶지만 가끔은 단단한 사랑이 필요할 때도 있다. 리스콧-헤임스는 내게 이렇게 말했다. "사랑은 인간에게 가장 중요한 도구예요. 부모가 자녀에게 가르치고 싶은 건 사랑이에요. 어떻게 사랑하는지, 어떻게 사랑받는지를 가르쳐주고 싶죠. 그런데 거기에 정해진 규칙은 없어요. 부단히 단련하고 기회를 활용해 대화도 연습해야 해요."

그러려면 사랑과 겸손이 함께 어우러져야 한다. 그리고 여기서 멈추지 말고 더 나아가야 한다. 우리는 또 서툴게 실수를 하겠지만 반복된 연습을 통해 못하는 일을 하고, 사랑하고, 실수해도 괜찮다고 생각하게 될 것이다. 이쯤 되면 다들 못하는 일을 하는 데 중요한 것 중 하나가 비율이라는 사실을 알게 될 것이다. 모든 것은 제자리가 있다. 주의를 기울이되 넘치지 않아야 한다. 세상이 있는 그대로 흘러가게 내버려두되, 세상에서 밀어닥치는 파도를 타는 연습은 쉼 없이 해야 한다.

리스콧-헤임스는 시도와 실패에 따르는 위험에 익숙하다. 리스콧-헤임스는 성공하면 사랑받는 기분이고 실패하면 사랑받지 못하는 기분이라고 내게 털어놓았다. 그래서 오랜 시간 "사랑받을 가치가 있는 사람이 되기 위해 무슨 일에든 뛰어나려고 노력했다"고 한다. 지금은 리스콧-헤임스도 이것이 어릴 때 자신에게 남겨진 '가족의 각인' 같은 것이라는 사실을 잘 안다. 그럼에도 자동 반사적으로 나오는 대응을 바꾸기 위해 애쓰고 있으며 그 과정에서 도움이 되는 방법도 발견하게 됐다.

그중 하나는 〈뉴욕타임스〉에 실린 십자 낱말 퍼즐을 남편과 경쟁하며 푸는 것이다. 처음 시작할 때는 퍼즐을 한 번도 완성하지 못했지만 지금은 일곱 번 가운데 두 번 정도는 남편에게 이긴다. 여전히 지는 확률이 70퍼센트지만 그래도 이겨야만 사랑받을 가치가 있다는 잘못된 등식을 깨는 데 큰 도움이 됐다. 리스콧-헤임스는 여전히 배우는 중이라고 했다. "저도 이기는 걸 즐기지만 지는 것을 싫어하지 않게 될 때가 훨씬 즐거워요. 내가 이길 때만 사랑받는 기분이라는 걸 깨닫고는 남편에게 그 사실을 얘기했더니 남편이 이렇게 묻더군요. '음, 그럼 당신이 졌을 때 내가 당신한테 사랑한다고 말하면 도움이 될까?' 그 질문에 제 대답은 놀랍게도 '응'이었어요."

로코를 바닥에 떨어뜨린 지 18년 만에 나는 노사라 해변에서 로코에게 물었다. "어디를 부딪친 거야?" 눈과 입가가 온통 피투성이가 된 로코의 모습에 너무 놀란 나는 내 트라우마의 원인을 곧바로 찾지 못했다.

"어딜 다친 거 같아요?" 로코가 물었다.

"모르겠어. 피가 너무 많이 나서 어디서 나는지 모르겠어." 내가 패닉에 빠졌다는 걸 들키지 않으려고 애써 침착하게 굴며 옛 친구의 충고대로 하려고 마음을 다잡았다. 로코는 약간 어리둥절한 표정으로 나를 바라보았다. 그때만 해도 나는 로코가 자신이 피를 얼마나 많이 흘리고 있는지 모른다고 생각했다. 로코는 마치 다시 패들링을 하러 나갈 듯 서프보드를 옆구리에 낀 채 차분히 서 있었다. 그러는 동안 사람들이 점점 많이 모였는데 이상하리만치 아무도 말이 없었다. '누가 무슨 말이라도 해야 하는 거 아닌가?' 이상하다는 생각이 들었다.

"엄마. 머리를 다쳤어요. 그래서 이렇게 피가 많이 나는 거예요."

로코는 마치 바다가 파란색인 이유를 설명하듯 내게 차근차근 설명해주었다. 로코가 말을 할 때마다 입에서 피거품이 났는데, 너무 놀라고 기가 막혀서 웃음이 나올 지경이었다. 나는 실제로 웃었다. 그것도 이상했다.

로코는 손으로 다친 부위를 가리키면서 원을 그렸다. "여기⋯⋯."

로코의 머리를 헤집고 보니 8센티미터쯤 찢어져서 틈이 벌어진 상처가 보였다. 벌어진 상처 틈으로 마치 입에서 흐르듯 피가 솟구치고 있었다. 상처가 너무 깊어서 그냥 단순히 찢어진 건지 더 심각한 상황인지 도무지 파악되지 않았다. 나는 로코가 들고 있던 보드를 바닥에 내려놓고 지혈할 만한 것을 찾았다. 내가 걸친 것 중에 쓸 만한 게 있는지 찾아봤지만 내 옷은 위아래가 하나로 연결된 민소매 옷이었다. "젠장! 로코, 래시가드를 벗어. 그걸로 일단 지혈부터 하게."

"싫어요. 창피해요. 전 괜찮아요!"

로코는 몸을 떨고 있었다. 로코의 아드레날린이 솟구치고 피가 줄어들고 있었기에 나는 버럭 소리를 질렀다. "당장 래시가드 벗어서 이리 줘!"

로코는 소리를 질러대는 엄마에게 10대답게 눈을 흘렸지만 결국 엄마 말을 듣는 눈치는 있었다. 나는 래시가드에서 바닷물을 짜내고 상처 부위를 압박했다. 래시가드는 이내 피를 흡수했다. 엄청난 양의 피가 흡수되는 것을 보고 놀랐지만, 침착한 척 래시가드를 둘둘 말아 로코에게 주며 상처 부위를 누르고 있으라고 했다.

그때 하모니 호텔 팔라파를 지나던 현지인 서퍼가 사람들이 모인 광경을 보고 우리를 도와주러 왔다. 그는 로코에게 일단 바닷물에 들어가 몸에 묻은 피를 씻으라고 했다. "피를 씻어내면 기분이 나아질 거야." 로코는 멍한 상태로 그가 시키는 대로 물에 다시 들어가려 했다. 아이 머리에는 구멍이 나 피가 솟구치고 두개골에 상처가 났는지 아닌지도 모른 채 갈팡질팡하고 있는데, 이 남자는 로코에게 바다로 다시 뛰어들라고 했다. 그때는 만조여서 1미터를 훌쩍 넘는 파도가 밀려와 마른 모래사장에서 부서지고 있었다.

"아, 그건 아닌 것 같아요." 그 제안에 내가 얼마나 화가 났는지를 암시하는 말투로 나는 최대한 정중하게 말했다.

그러자 그는 한 외국 여성이 쥐고 있던 물병을 달라고 하더니 내게 건넸다. "좋아요. 그럼 이거라도 받으세요. 일단 피부터 씻어내세요. 피 때문에 상황이 더 나빠 보이는 거예요. 이건 머리에 난 상처예요. 머리 부상은 원래 피가 많이 흐르지만 괜찮을 거예요."

로코는 마치 '엄마가 졌어' 하는 표정으로 나를 보았다. "내 말이 맞지? 별거 아니라고 했잖아."

서퍼들은 성급하게 판단하고 부상을 과소평가한다. 다리를 잃거나 과다 출혈이거나 익사하지 않으면 다 괜찮다고 말한다. 도움을 청하지 않으면 기본적으로 다른 사람의 부상을 무시한다. 이 태연함은 모든 서퍼에게 적용된다. 다쳐서 이성을 잃고 흥분하는 서퍼는 한 번도 본 적이 없다. 어쩌면 우리는 그것을 세상에서 가장 멋진 감정을 누리기 위해 치러야 하는 대가라고 생각하는지도 모른다.

"그래, 맞아." 로코의 대답을 들은 현지인 서퍼는 다시금 확신에 찬 어조로 말했다. "아드님은 괜찮아요. 혹시 모르니 그냥 몇 바늘 꿰매면 돼요. 그래도 괜찮아요."

"여기 누구 휴대폰 가진 사람 있어요? 누가 알레한드로에게 전화 좀 걸어주시겠어요?" 딱히 누구를 지명해서 부탁한 것은 아니었지만 팔라파 아래 모인 사람들은 내가 누구한테 전화해달라는 건지 알고 있었다. 여기에는 인명구조원도 없고, 신속하게 대응해주는 응급진료도 없다. 이 지역 사람들은 문제가 생기면 공동체 안에서 해결한다. 가장 가까운 병원이 여기서 한 시간 반쯤 떨어진 곳에 있다는 사실을 감안하면 그 시스템은 놀랄 만큼 잘 작동한다.

알레한드로는 마을에서 개인병원을 운영하는 동네 의사다. 그는 우리 가족이 부상을 입었을 때나 귓병이 생겼을 때나 벌레에

물려 감염되었을 때 등 여러 번 도움을 주었다. 알레한드로는 좋은 의사이자 서퍼였다. 서핑을 하다 생기는 이런 종류의 부상은 누구보다 잘 아는 전문가였다.

그곳에 있는 모두가 도움을 주기 시작했다. 팔라파를 지켜보고 있던 현지인 보안 요원이 하모니 호텔에 전화를 걸었다. 해변에서 2분 거리의 숲에 자리한 호텔은 너무 태평하긴 하지만 일 처리가 빠른 곳이었다. 로코와 함께 호텔에 가니 호텔 데스크에서 벌써 병원에 전화를 해 둔 상태였다. 호텔 직원은 우리에게 알레한드로는 오늘 진료하지 않지만 레오넬이 기다리고 있을 거라고 했다. 레오넬이 누군지는 몰라도, 아무튼 병원에 가면 그가 있을 것이다.

하모니 호텔의 친절한 직원들은 로코에게 피를 닦아 낼 수건 몇 장을 건네주었다. 나는 로코를 호텔에 두고 차를 가져오기 위해 다시 해변으로 갔다. 그때는 우리의 낙원이 위험천만한 곳처럼 느껴졌다. 나는 차에 뛰어올라 호텔로 간 뒤 다친 아들을 태우고 병원으로 갔다.

파도에서
잘 넘어지는 법

못하는 일을 꾸준히 하다 보면, 어려움에 맞닥뜨렸을 때 자신이 얼마나 작고 보잘것없는 존재인지 문득문득 떠올리게 된다. 달갑지 않은 위로처럼 들리겠지만 그 반대도 마찬가지다. 모든 일이 잘못되어갈 때, 내가 그 모든 일의 원인이 아니라는 사실을 떠올리는 것은 도움이 된다. 내가 세상을 제대로 만들 수 있는 힘은 제한적이다. 일이 잘못되더라도 그것이 꼭 자신 때문만은 아니다.

이 생각을 확장해보면, 일이 잘못되더라도 그것이 꼭 다른 사람 탓도 아니라는 뜻이 된다. 인생에서 잘 풀리지 않는 일을 모두 남 탓으로만 돌리는 사람이 있지 않은가? 자신이 우주의 중심이라는 생각만 하지 않아도 남 탓을 하는 빈도가 훨씬 줄어들 것이다. 못하는 일을 한다는 것은 우리가 이 혼란스러운 우주 한 귀퉁이의 어설프고 서툰 일부라는 사실을 인정한다는 의미다.

로코가 머리를 다치기 1년 전, 노사라에서 보낸 여름에도 이런 혼란은 있었다. 세션을 마치고 돌아올 때 해변에서 한 서퍼가 달려와 내 뒤를 스쳐 지나갔다. 다른 서퍼가 그에게 괜찮은지, 어디로 태워줄지 물었다. 그러자 눈을 다친 듯 보이는 서퍼가 대답했다. "저 좀 도와주세요." 알고 보니 그 남자는 그 지역 사진가였는데 그날 눈을 잃었다. 보드 노즈 끝부분에 눈을 맞은 것이다.

그 여행 내내 해변의 낙원 뒤에 웅크리고 있던 현실을 배웠다. 같은 주에 10대 두 명이 바다로 들어가는 모습을 보았다. 나도 패들링을 하려 했지만 물살이 내 마음처럼 따라주지 않는 통에 계속 제자리를 맴돌았다. 내 뒤에 있던 로코가 파도를 가르며 스쳐 지나갔다. 나는 로코에게 돌아오라고 소리쳤지만 로코는 이미 거센 파도를 향해 가고 있었다. 구토가 날 것 같았다. 나는 친구 닉에게 로코를 따라가 돌아오라고 말해달라고 부탁했다. 5분 뒤, 로코는 내 옆에서 거칠게 숨을 몰아쉬었다. "이렇게 무서웠던 건 처음이에요."

그런데 닉이 보이지 않았다. 주위를 둘러보니 저 멀리서 닉이 안간힘을 다해 해변으로 돌아오고 있었다. 강인한 수영선수이자 평생 서핑을 해온 닉도 거친 물살과 사투를 벌이고 있었다. 드디어 해변으로 돌아온 그는 우리가 가만히 서서 바라보기만 한 그 물살이 얼마나 험하고 거친지 들려주었다. 그때 서프보드 하나가 둥둥 떠밀려오고 있었다.

"어? 저거 안 좋은 징조인데." 모두가 다 살아남은 것이 아닐지도 모른다는 걱정이었다.

주인 없이 홀로 물 위를 표류하는 서프보드는 뭔가 잘못됐다는 징조다. 또 다른 징조로 개가 해안선을 따라 초조하게 서성거리는 모습도 보였다. 바다 여기저기를 훑어보고 저 멀리 수평선까지 살펴봤지만 아무도 보이지 않았다. 닉은 더 잘 보이는 곳을 찾아 나무 위로 올라갔다. "저기 있다! 저 사람들 저기 있네!" 우리는 닉이 그저 우리를 놀리는 줄 알고는 별로 웃기지 않은 농담이라고 생각하며 웃었다. 그런데 닉이 다급하게 소리쳤다. "농담 아니에요! 지금 심각한 상황이라고요!" 그제야 우리는 그가 가리키는 곳을 보았다. 정말 아득하게 먼 바다에서 사람들이 희극의 한 장면처럼 손을 흔들고 있었다. 까마득히 먼 곳에서 그들이 외치는 소리가 희미하게 들렸다. "살려주세요!"

우리 중 어느 누구도 그 험한 물살을 헤치고 갈 만한 인명구조 실력은 없었기에 황급히 경찰에 전화를 걸었다. 그러나 아무도 오지 않아서, 로코가 현지 서핑 강사에게 도움을 요청하기 위해 해변 입구를 향해 달려갔다. 전문가 네 명이 도착했지만 다들 귀찮다는 태도로 심드렁하게 굴었다. 인명구조 요청을 받고 달려온 것이 이번이 처음은 아니었던 까닭이다. 그들은 익사하기 일보 직전인 서퍼들을 구하기 위해 패들링을 하며 나아갔다. 그러고는 그들을 무사히 해변으로 데려왔다. 마음을 너무 졸였던 탓인지 안도감이 찾아들자 속이 울렁거렸다.

그 주가 지나고 우리는 기오네스 해변에서 15킬로미터 떨어진 곳에서 서핑을 했다. 파도는 기오네스보다 깨끗했지만 훨씬 더 컸다. 로코가 좋아하는 파도였다. 완벽한 날이었다. 바람 한 점 없었고 사람 키만 한 파도부터 몇 미터에 달하는 파도들이 밀려왔다. 다들 멋진 파도를 연거푸 잡았지만 나는 잘 잡지 못했다. 파도를 잡으러 앞으로 나아갈 때마다 바깥쪽에 있던 파도가 내 앞에서 부서지는 바람에 자꾸만 해변으로 떠밀려갔기 때문이다. 이런 경험이 처음은 아니었지만 그날은 유독 심했다. 나는 무리에 합류하고 싶어 죽을 지경이었다. 라인업에 있는 사람들 중에는 소말리아 해적에게 3년 동안 인질로 잡혀 있다가 가까스로 풀려난 내 친구 마이크 무어도 있었다.

가까스로 라인업에 도착했을 때는 다들 2시간 정도 파도를 즐긴 후였다. 그래도 끈기 있게 여기까지 왔다는 생각에 뿌듯한 마음으로 보드 위에 앉아서 숨을 고르며 힘을 모았다. 나는 파도를 잡아 탈 준비가 충분히 되어 있었다. 그런데 파도는 나를 태워줄 준비가 충분히 되어 있지 않았다. 어마어마하게 큰 파도가 밀려왔고, 나는 그 파도 위에 올라갈 만큼 패들링을 빠르게 할 실력이 되지 않았다. 완전히 잘못된 지점에서 파도를 잡는 바람에 파도 아래로 떨어져 바다 밑바닥까지 쑤욱 밀려갔다가 가까스로 수면 위로 올라와 다른 두 개의 파도에 도전했다. 부서진 파도의 두툼한 물거품 위로 고개를 내밀려고 안간힘을 썼지만 실패했고 물을 하도 많이 마시는 바람에 기침이 나왔다. 연거푸 파도타기에 실패하고 지칠 대로 지친 나는 연신 기침을 하며 짠 소금물을 뱉어냈다. 도저히 파도를 감당할 수 없었다.

마지막 남은 온 힘을 쥐어짜 보드 레일(보드의 양옆 모서리-옮긴이)을 붙잡고 그냥 바다가 나를 해변으로 밀어내도록 가만히 있었다. 어지럼과 패배감으로 뒤범벅된 나는 절망감에 사로잡혀 해변에 앉아 있었다. 친절하게도 닉과 마이크가 내 상태를 확인하러 다가왔다. 좌절감에 빠진 모습을 보이고 싶지 않았던 나는 억지로 웃음을 지어 보이며 말했다. "그럼, 당연히 괜찮지!" 모든 것은 생각하기 나름이다. 여전히 나는 닉과 마이크와 함께 행복하게 여행을 한다. 나는 그 어느 곳도 완전히 안전하지는 않다는 사실을 떠올렸다. 심지어 낙원이라 해도.

그날 우리는 여행의 마지막을 장식하기 위해 우리가 가장 좋아하는 식당으로 향했다. 질리도록 서핑을 한 뒤 근사한 식사를 했고, 다들 숙소로 돌아가 편히 잠자리에 들기를 고대했다. 그런데 자동차 타이어 두 개가 길게 찢어져 있었다. 식당 밖에 주차해둔 사이 우리 숙소에 도둑이 침입해 새로 설치한 보안 시스템 선을 끊고, 숙소에 있던 물건들을 훔친 뒤 타이어를 찢어놓은 것이다. 컴퓨터, 카메라, 전화기 등 디지털 장비가 모조리 사라졌다. 일행 일곱 명이 저마다 디지털 장비를 한 개씩 도둑맞았으니 도둑이 꽤 공평하게 훔쳐간 셈이었다. 보안 요원에게 돈을 지불하고 집을 봐달라고까지 부탁했는데, 보안 요원은 아무 소리도 듣지 못했다고 했다. 설상가상으로 경찰들도 보이지 않았다. 일행 중 현지인 한 명이 전화를 하고 나서야 경찰들이 왔다.

낙원이 지옥처럼 보이기 시작했다. 신혼처럼 달콤했던 시간이 지나자 처음에는 미처 몰랐던 일들이 하나둘 일어났다. 순조롭게만 보이던 모든 일이 서서히 흔들리기 시작했다.

흰개미들이 우리 집 안팎에 긴 도관을 만들더니 지붕 아래 지어놓은 개미집으로 이어지는 통로를 만들었다. 미처 있는 줄도 몰랐던 모든 구멍과 틈을 온갖 종류의 애벌레와 벌집들이 점령했다. 싱크대 아래, 벽 뒤, 처마 밑, 창문틀 등은 그들의 세상이었다. 모든 쿠션 뒤에는 전갈들이 도사리고 있었고 요리를 할라 치면 커다란 메뚜기들이 떼를 지어 들어왔다. 한밤중에 일어나 화장실에 가다가 침실 벽 눈높이 정도 되는 곳을 기어가는 타란 툴라와 마주친 적도 있다. 나는 거미에게 "실례합니다" 하고 말 하고는 화장실로 갔다.

모든 공간이 인간이 아닌 생명체들을 위한 둥지가 되었다. 어느 날 아침에는 커튼을 젖히는데 도마뱀 한 마리가 툭 떨어져 얼굴을 찰싹 때린 다음 목과 팔을 타고 기어서 바닥으로 내려가기도 했다. 아침에 일어나 옷장을 열었더니 우리가 잠든 사이 개미 떼가 완전히 점령해서 흰 옷장이 검게 뒤덮인 적도 있다. 청개구리가 변기로 뛰어들어 아예 정착하는 바람에 내쫓지 못하고 며칠 동안 밖에서 볼일을 본 적도 있다. 우리 집 정원사는 거실에 있는 산호석 위에서 일광욕을 즐기는 보아뱀을 발견하기까지 했다. 불평하는 게 아니다. 우리가 집을 짓겠다고 땅을 다 갈아엎었는데 그곳에 있던 생명들은 다 어디로 갔을까?

우리는 혼돈 속에서 자연과 더불어 살아가는 법을 배웠고 조화롭게 살려고 노력하면서 자연을 완전히 독점하지 않으려 했다. 그런데 낙원이란 이런 것이다. 한쪽에서는 낙원이 가능하지만, 다른 한쪽은 지옥까지는 아니더라도 낙원과는 아주 거리가 멀다. 정글 속에 정착하기 전까지는 거기가 정말 어떤 곳인지 모른다. 1~2주 정도 이곳에 있다 보면 '여기에 머무를 수만 있다면, 나쁜 날은 결코 없을 텐데' 하는 생각이 든다. 신혼에 꾸는 단꿈처럼 이 기쁨이 영원하리라는 망상에 사로잡힌다. 아마 다들 잘 알고 있을 것이다. 그렇다고 해서 신혼이 끝나면 아름다운 것들이 사라진다는 의미는 아니다.

노사라에서 지내며 서핑을 하는 동안 나는 음양의 조화에 담긴 우아한 지혜를 떠올렸다. 음양이란 본래 산비탈에서 해가 드는 양지와 그늘이 지는 음지 양면을 가리키는 말이다. 음양은 완전한 하나를 만들기 위해서는 양면이 모두 통합되어야 한다는 개념으로, 음양 자체에는 어떤 가치 판단도 들어 있지 않다. 해가 들건 그늘이 지건 산은 그저 산일 뿐이다. 때로는 양지가 필요하고 때로는 음지가 필요하다. 상황을 변화시키는 것이 가능하지 않으며, 상황을 변화시키는 유일한 방법은 우리의 대응방식을 바꾸는 것뿐일 때가 많다.

특히 아이들을 가르치는 방식에서는 이것이 더욱 중요하다. 아이들이 성장하면서 필연적으로 마주치게 되는 가혹한 현실을 막아주고 싶은 것이 부모의 본능이다. 하지만 일이 잘못되는 것 또한 부모 뜻대로 되는 것만큼이나 정상이라는 사실을 아이들이 이해할 수 있을까?

지금까지 나는 못하는 일을 하는 것의 장점을 강조해왔다. 어떤 장점은 즉시 나타나지만 어떤 장점은 드러나기까지 시간이 걸리기도 한다. 새로운 일을 시도하면 설렌다. 뭔가 차곡차곡 쌓여가는 성취감을 맛볼 수 있다. 그리고 그 지점에서 태도가 변한다. 엉망진창이고 불완전한 것을 포용하게 된다. 못하는 일을 하다 보면 얻을 수 있는 장기적인 효과도 있다. 내가 처음 서프보드를 집었을 때만 해도 전혀 예상하지 못했던 일이다.

우리는 의식하든 의식하지 못하든 간에 평생에 걸쳐 온갖 종류의 못하는 일을 하며 살게 된다. 적어도 그래야만 한다. 이 사실이 완전히 낯설지는 않을 것이다. 파도에서 잘 넘어지는 법을 배우듯, 머릿속에 뿌리박혔던 진실에서 고개를 돌리고 웃는 법을 배운다. 우리는 어떤 일을 못할 때 스스로를 책망하면서 무기력과 자기비판 그리고 더 심한 것들의 구덩이로 깊이 침잠하는 방식으로 과잉 대응을 한다. 어떤 일이든 처음에는 못할 수 있다는 사실을 인정하고 자신에게 너그러워지지 않으면 그 일을 할 수 없다. 삶이 이런 방식으로 굴러가는 것을 인정하고 받아들이면, 완전한 삶을 살아갈 수 있다.

내 아이들에게 뭔가 가르쳐줄 것이 있다면, 그것은 좋은 점과 나쁜 점을 함께 안고 가라는 것이다. 진부하고 뻔한 얘기지만 평범한 상식이 존재한다는 사실이 얼마나 다행인가.

로코와 함께 병원에 도착하니 처음 보는 의사가 있었다. 새로 온 레오는 자신을 레오라고 소개했다. 혼자 병원을 지키던 의사는 로코를 환자용 침대에 눕혔다. 상체는 피범벅이고 하반신은 모래투성이였지만 어쩐 일인지 로코는 침착했다. 상처에서 흘러나온 피가 모래와 뒤섞이는 모습을 보고 있자니 점점 불안해졌다. 레오는 차분하고 신속하게 검사를 했다. 레오 역시 서퍼였다. "이것보다 훨씬 심한 부상도 많이 봤어요."

레오가 상처 부위를 소독하는 동안 검은색과 노란색의 긴 지네 한 마리가 핏방울이 어지러이 흩어진 병원 바닥을 느릿느릿 기어갔다. 레오는 상처 부위에 국소마취 주사를 일곱 번 놓은 뒤 수술을 시작했다. 그는 수술용 장갑을 낀 손으로 상처 부위를 벌려 로코의 두개골을 확인했다.

"다행이네요. 두개골 골절은 없어요. 한번 보실래요?" 레오가 물었다. 안도감에 다리 힘이 풀리면서 쓰러질 것 같았고 안도와 불안이 한꺼번에 밀려오면서 배가 울렁거렸다. 하지만 나는 똑바로 서 있었다.

"그럼요!" 나는 대답했다. 아들의 두개골을 보는 것은 생각보다 훨씬 실감 나는 현실이었다. 그곳에 내 아들의 두개골이 있었다.

나는 조엘에게 전화로 지금 벌어진 상황을 설명하려고 수술실 밖으로 나왔다.

로코는 아홉 바늘을 꿰맸으며 의사는 일주일 정도는 서핑을 쉬라고 했다. 최악의 상황은 끝났다. 레오는 우리 모두가 생각하고 있던 말을 되풀이했다. 이번 여행의 끝이 이렇게 마무리되어 얼마나 다행이냐고. 로코는 단지 노사라에서 이틀의 서핑을 놓친 것이 전부였다. 그렇지만 뉴저지로 돌아가면 로코는 그 변덕스러운 파도 속으로 또 들어갈 것이다.

집에 돌아온 우리는 친구와 가족들과 함께 이 이야기를 하면서 사진을 같이 보았다. 보시라, 이 대단한 서핑 용사를!

'만약에'라는 공포에서 벗어나라

하지만 그게 다가 아니었다. 그날 밤 나는 한숨도 못 잤다. 낮에 일어난 사고 때문에 지칠 대로 지친 데다 안도감이 한꺼번에 밀려오면서 흥분과 걱정이 뒤숭숭하게 뒤얽혔다. 시련은 끝났다. 모든 일이 다 잘될 것이다. 그런데 자꾸만 불안한 생각이 밀려왔다. 가장 큰 두려움은 로코가 패들링을 해서 나간 뒤 돌아오지 못하는 것이다. 서핑은 위험하다. 삶은 위험하다.

서핑을 할 때는 일이 잘못될 수 있는 상황이 너무나 많다. 서퍼라면 실력과 상관없이 누구나 부상을 당하고 잘못될 수 있다. 서핑은 너무 위험한 스포츠다. 서핑을 다룬 책들은 죽음 가까이에 갔던 서퍼의 경험을 담고 있다. 정신을 잃을 정도로 파도에 휩쓸리고, 파도 꼭대기에서 포식자를 만나고, 치명적인 보드 핀에 머리를 맞는 이야기들. 이런 것들 모두 흥미로운 이야깃거리다. 그 이야기를 하지 못하게 되기 전까지는.

바다에 대한 두려움보다 사랑이 더 크기에, 나는 두려움을 머릿속에 밀어넣는다. 그런데 내 안전은 별로 두렵지 않지만, 아들을 잃을지 모른다는 두려움은 떨쳐지지 않았다. 나보다 훨씬 수영도 잘하고 서핑 실력도 뛰어나며 나보다 훨씬 이성적인 판단을 내리는 아들이지만, 그래도 두려웠다. 바다와 사랑은 둘 다 헤아릴 수 없는 기쁨과 두려움을 안겨주는 강력한 힘이다.

그날 밤 나는 곰곰이 생각했다. 그 상황에서 나는 내가 할 수 있는 것보다 훨씬 더 잘 대처했다. 그러나 환상은 훨씬 더 강했으며, 무수한 '만약'의 상황들이 고삐 풀린 채 돌아다녔다. 만약 내가 로코와 함께 라인업에 있었다면 어땠을까? 그랬다면 로코는 그렇게 멀리까지 파도를 잡으러 나가지 않았을 테고, 설령 나가더라도 내가 멀리 가지 못하게 부를 수 있었을 것이다. 만약 내가 손가락에 난 하찮은 상처에 움찔하지 않았다면 어땠을까? 하지만 나는 혼자 해변으로 돌아왔고 아들을 위험에 빠지게 내버려두었다.

내 마음이 이 쓸모없고 허점투성이인 생각의 바다에 빠져드는 것을 나는 무기력하게 방관했다. 보드 핀이 두피에 상처를 내는 것과 같은 사고는 우리가 통제할 수 없다는 사실을 알면서도 말이다. 이 생각의 고리는 강력하고 피할 수 없는 것처럼 느껴진다. 마치 파도 꼭대기에 올라가지 못해 불가항력으로 끌려 내려오는 것처럼. 내 친구이자 작가인 캐런 카보Karen Karbo는 로코가 태어났을 때 그리고 내가 어찌할 수 없는 두려움에 압도되었을 때, 이렇게 말했다. "어머니가 된다는 것은 가석방 없는 종신형을 받는 거야."

그 말을 듣고 기분이 나아졌는지는 모르겠지만, 어쨌든 나는 웃었다. 나는 이 말을 다른 사람들에게 수도 없이 들려줬는데, 대개는 어머니가 된다는 것이 얼마나 힘든 일인지를 희화하기 위해서였다. 너무 끊임없이 전전긍긍하며 살지 말라는 뜻에서 한 말이었다. 하지만 아이들이 부모의 이런 생각을 알게 되는 것은 원하지 않는다. 그것은 아이들에게 지나치게 무거운 부담이 될 것이다.

혼란스럽고 정신없는 순간에 내가 찾는 위안은 '만일의 사태'에 있다. 역사적인 순간에 나온 멋진 말들은 기본적으로 이렇게 요약된다. 미래는 예측할 수 있는 곧은 길로 펼쳐져 있지 않다. 온갖 장애물과 구불구불한 길로 뒤덮여 있다. 앞에 놓인 모든 순간에 반응하며 미래로 가는 길이 만들어진다. 그래서 모든 순간은 길이 만들어지는 과정이다.

내 걱정거리에는 온갖 가능한 미래가 있다. 대부분 밝고 긍정적이지만 한편으로는 재앙에 가까운 암울한 미래가 있다. 이들 모두 내가 상상조차 할 수 없는 무한한 다른 미래의 일들보다 일어날 가능성이 낮다. 모두 조건부다. 못하는 일을 하며 일어날 수 있는 모든 일 중에서 우리 모두에게 똑같이 공평한 것은 이것이다. 다음에 무슨 일이 일어날지 모른다는 것.

200년도 훨씬 전에 철학자 요한 고틀리프 피히테|Johann Gottlieb

Fichte는 《인간의 사명Die Bestimmung des Menschen》에서 이런 말을 했다. "일어났던 모든 일 중에 조금이라도 다른 것이 있다면, 지금 이 순간도 완전히 달라졌을 것이다. 그렇다면 지금을 이 상태로 만든 것은 무엇인가? 모든 순간은 '그 순간' 바로 전에 일어난 순간에 달려 있다. 마지막 한순간도 '그 순간' 전의 순간에 달려 있다. 이것이 무한히 반복되고, 현재의 순간에서는 무한히 긴 과거와 무한히 긴 미래가 다르다.[70]

단순히 생각으로만 머물렀던 것들이 금세기 들어 과학적 사실로 입증되었다. 1800년의 피히테 철학은, 1960년 지극히 작은 변화가 얼마나 어마어마한 결과로 바뀔 수 있는지를 증명하는 과학 자료로써 입증됐다. '나비효과'라고 알려진 이것은 MIT 과학자 에드워드 로렌즈Edward Lorenz가 발견했는데, 장기적인 기상예보가 얼마나 어려운지를 입증하는 데 도움을 주었다.[71]

로렌즈의 연구는 어떤 일이 발생하는 것을 바라보는 새로운 시각인 카오스 이론으로 이어졌다. 로렌즈는 이렇게 설명했다. "현재가 미래를 결정하지만, 현재의 근사치가 미래의 근사치를 결정하지는 못한다."[72] 이 말대로라면 현재가 미래를 결정하긴 하지만 점진적으로 변화하는 미래에서는 미래도 변할 것이라는 말이다. 이것은 상식이다. 그렇지 않은가?

카오스 이론과 그 복잡성은 물의 움직임을 예측하기가 얼마나 어려운지를 보면 충분히 이해되며, 현실 세계의 다른 부분에도 적용된다. 서핑에서 대처해야 하는 많은 것들이 이 예측 불가능성과 관련이 있다. 날씨와 파도가 그렇다. 카오스는 서퍼에게 저주와도 같다. 유체역학의 복잡성도 복잡성이지만, 예측 불가능성 역시 멋진 세션에서 날씨와 파도 그리고 서퍼의 행운이 딱 적절하게 맞아떨어져야 한다는 점에서 빛을 발한다. 최고의 세션은 서퍼가 기대하지 않았을 때 만나게 된다. 나쁜 일도 좋은 일만큼이나 예측할 수 없다. 카오스 이론은 최소한 우리가 가는 길에 어떤 험난한 일이 생겨도 그대로 받아들이는 데 도움이 된다.

서핑은 세상이 얼마나 짜증 나는 곳인지를 오랜 기간 이런 방식으로 알려주었다. 서핑을 한다는 것은, 우리 자신만큼이나 앞을 예측할 수 없는 일이다. 파도 위에 있는 것만으로도 삶의 진실에 나 자신을 드러내는 것이다. 파도는 일직선으로 오지 않는다. 파도는 유동적이다. 세계 최고의 학자들조차 파도가 어떻게 움직이는지 모른다. 그래도 괜찮다. 그것이 최악의 일이 일어날 것이라는 말은 아니다. 그저 '어떤 일이든' 일어날 수 있다는 뜻이다.

로코가 병원 침대에 누워 나와 불과 1미터 남짓 떨어진 곳에서 쉬고 있다는 사실은 카오스의 한복판에서 모든 일이 순조롭게 잘 풀려간다는 것을 의미했다. 카오스가 주는 것과 카오스가 가져가는 것이 있다. 카오스는 로코의 머리에 상처를 주었지만, 다행히 심각한 후유증은 남기지 않았다. 상황은 어떻게 구성하느냐가 중요하다.

물론 이런 사실을 안다고 해서 뜬눈으로 밤을 지새우지 않는 건 아니다. '로코는 여덟 살이 아니라 열여덟 살이야. 이젠 다 괜찮아.' 나는 혼잣말로 중얼거렸다. 그러나 아이 옆에 있어야 한다는 생각과 아이의 숨소리를 느끼고 싶은 충동을 떨칠 수가 없었다. 하지만 나는 아이에게 가지 않았다. 나는 아들에게 가지 않고 유리창 너머로 새벽녘의 하늘을 바라보았다.

이튿날 로코가 새벽 4시까지 잠을 자지 못했다고 말했다. 나도 네가 잘 있는지 확인하러 가고 싶은 마음에 새벽까지 한숨도 못 자고 깨어 있었다고 말하자, 로코는 미소를 지으며 그저 고맙다는 듯 고개를 끄덕이며 이렇게 말했다. "왔으면 깨어 있는 제 모습을 봤을 거예요."

불편함을 마주할 용기

세상에는 두 가지 고통이 있다.

로코를 겁먹게 했던 파도가 준 고통과 내가 부상을 입었을 때 받은 고통은 모두 치유가 되는 고통이다. 인간의 몸은 약하지만 어떻게든 회복된다. 몸은 다시 돌아온다. 움츠러들었던 마음도 마찬가지다. 이 지점에서 못하는 일을 하는 것이 도움이 된다. 늘 성공하지 않아도 된다는 생각을 단련하게 한다.

그런데 또 다른 종류의 고통이 있다. 바로 슬픔이다.

전 세계 모든 지혜의 말들은 슬픔이 기쁨과 한 쌍이라고 말한다. 인간의 감정은 모두 야누스의 얼굴을 한 듯이 보인다. 슬픔 없는 기쁨은 없다는 말을 우리는 얼마나 많이 듣고 사는가? 소멸

되지 않는 아름다움은 없다. 지옥 없는 천국은 어떤가?

이런 말들이 조금은 과장되게 느껴질 것이다. 선과 악 사이의 균형을 슬로건으로 만들기는 쉽지만 실제 우리가 사는 삶은 이보다 훨씬 어렵다. 우리는 경험하지 못한 경험과 살아본 적 없는 삶을 상상한다. 그리고 삶의 밝은 면만 경험하기를 원한다. 즐거움과 기쁨, 아름다움만 누릴 수 있는 삶을 꿈꾼다.

그래서 못하는 일을 하는 것을 경험하는 것이 중요하다. 어렵고 심오한 것은 단순히 생각만으로는 도달할 수 없다. 태국의 승려이자 교사인 아잔 차Ajahn Chah가 '비아非我'(자기 자신 이외의 모든 것을 뜻하는 말로 피히테 철학에서 중요한 개념이다. 자아의 대상으로 존재하는 모든 세계와 자연을 일컫는다-옮긴이)라는 개념을 두고 한 유명한 말이 떠오른다. "비아를 이해하려면 명상을 해야 한다. 머리로만 이해하려고 하면 머리가 터질 것이다."[73]

이런 맥락에서 다음 말을 되뇌어보자. 못하는 일을 하지 않는다면 희망은 없다.

이제 그렇게 살아보자.

지옥 없는 천국은 없다

어느 계절이건 어떤 날씨건, 로코와 나는 맨발로 바다에 가서 서핑 조건을 확인하곤 했다. 어떤 날은 이 의식을 하루에 네댓

번씩 하는 날도 있었다.

　뉴저지 해변은 집에서 걸어서 2분 30초 정도 걸린다. 우리는 눈으로 바다를 보기 전에 소리를 들으며 바다의 상태를 확인하곤 했다. 바다가 고요한 것은 달갑지 않은 신호다. 파도가 전혀 없다는 뜻이기 때문이다. 쉬익쉬익 소리도 좋은 신호가 아니다. 물이 불어 오르는 시간이 없고 물살만 끊임없이 해변으로 밀려온다는 뜻이기 때문이다. 철썩 하는 소리 뒤에 퍽 하는 소리가 공기를 가득 메우고 잠시 정적이 흐른다면 부서지는 파도가 있다는 의미다. 이 소리를 들을 때 우리는 눈썹을 치켜올리며 얼굴을 마주 보았다. '이 소리는…… 뭔가 있구나!'

　바다가 시야에 들어오기 직전 로코와 나는 달콤한 상상을 하며 긴장했다. 로코와 나는 지금 당장 패들링을 해서 파도로 나아갈지 아니면 밀물이 들어오거나 썰물이 나갈 때까지 기다릴지, 바람이 방향을 바꿀지 거세질지 잠잠해질지 같은 화제로 대화를 이어가곤 했다.

　최고의 상황은 그런 조건을 두고 토론할 필요가 없는 상황이다. 해변에서 멀지 않은 곳에서 깨끗한 파도가 구르며 들어와 해안선에서 적당한 거리에 있는 모래톱에서 부서지는 것이 최고의 상황이다. 그런 상황을 만나면 우리는 서로 얼굴을 마주 보고 고개를 끄덕인다. 그러고는 휙 돌아서서 집으로 달려가 웨트슈트를 입는다. 그리고 보드에 왁스를 바른 다음 파도를 타러 바다로 간다.

로코와의 이런 일상이 지난 10년 동안 내 에너지와 기쁨의 상당 부분을 차지했다. 파도를 잡고 타는 것은 이 미칠 듯 즐거운 여정의 일부일 뿐이다. 로코가 떠났을 때 내가 그토록 망연자실한 것도 이런 이유에서다.

아들과의 이별

대학교 1학년이 된 로코를 데려다주고 집으로 돌아오던 날 밤, 나는 가슴에 구멍이 난 듯한 허전함을 안고 로코에게 잘 자라는 문자를 보냈다. 마음속에서는 거짓 위안이 노래 후렴구처럼 맴돌았다. "난 괜찮아." 지난 1년간 이 순간을 대비해왔다. '힘들어 봤자 얼마나 힘들겠어?' 하고 생각했다.

그러나 잠을 설쳤다. 머리가 멍하고 두통이 느껴졌다. 뭔가 빠진 듯한, 팔다리가 없는 듯한 느낌이었다. 그게 뭔지 너무도 잘 알지만 그 느낌에 익숙해지지 않았다. 이튿날 아침 잠에서 깨어 욕실 샤워커튼 봉에 걸려 있는 우리의 웨트슈트를 보자 슬픔이 밀려왔다. 축 늘어진 웨트슈트는 생명력이 없었다. 며칠 전 북쪽의 매사추세츠로 가서 마지막 세션을 함께한 뒤 말리기 위해 그곳에 걸어둔 웨트슈트였다.

커피 한 잔을 들고 파도를 확인하러 혼자 해변으로 나갔다. 허리케인 헤르미오네가 동쪽 해변으로 올라가고 있었다. 헤르미오

네가 바다에 선사할 것들을 생각하니 흥분됐다. 서퍼들은 허리케인으로 인해 바다에 놀이 생기는 때 기다린다. 로코도 이런 파도를 놓치고 싶지 않았을 것이다. 하지만 로코는 매일 서핑을 할 수 있는 웨스트 코스트 칼리지를 포기하고 이스트 코스트 칼리지로 가는 바람에 육지에 갇혀 있다. 우리는 집과 가까운 곳에 있으려는 로코의 결정이 반가웠다.

나는 로코에게 파도 사진을 찍어 보내기로 했다. 로코도 그 지역 온라인 캠으로 봐서 잘 알겠지만, 그래도 보내고 나니 마음이 좀 차분해졌다. 그리고 우르릉 하고 울리는 파도 소리를 듣고는 아무도 없는 곳에 대고 "저기 파도가 있다!" 하고 크게 소리쳤다. 나 자신에게 괜찮다는 확신을 주고픈 마음에 전혀 그렇지 않은데도 짐짓 마음이 가벼운 척했다. 거친 판자가 깔린 길을 맨발로 의연히 걸었지만 나는 전혀 의연하지 않았다. 로코와 내가 수백 번도 넘게 함께 걸었던 바다 옆 모래언덕들이 바다를 가렸다. 언덕길을 지나서 푸르디푸른 대서양과 저 먼 곳의 수평선이 보이자 로코의 부재가 명치를 강타했다.

나는 파도처럼 밀려오는 감정을 추스르기 위해 재빨리 숨을 들이마셨다. 그리고 혼잣말을 했다. "괜찮아." 나는 판자 길을 벗어나 깊고 흰 모래로 들어가서 해안선을 바라보며 발로 모래를 팠다. 파도는 불규칙했으며 거세게 부서졌다. 서핑을 하기 좋은 파도는 아니지만 폭풍이 바다를 휘젓는 광경은 장엄했다. 바람이 북쪽에서 시속 32킬로미터로 불어와 아침부터 거센 바람 소리가 들려왔고 모래가 날아와 내 몸에 부딪쳤다. 이번에는 참을 수 없었다. 바다 풍경이 마음을 요란하게 흔들자 슬픔에 무릎을 꿇고 흐느껴 울었다. 파도와 바람이 나를 자비롭게 어루만져주었다.

아들이 그리웠다. 너무 그리워서 그 순간에는 내가 누구인지 알 수도 없었다. 그때는 괜찮지 않았다. 그건 슬픔이었다. 그냥 고통이 아니었다.

어제 아들을 바래다주면서는 이상하리만치 차분했다. 눈물도 흐르지 않았다. 타고난 금욕주의자인 로코도 미소 지으며 자신의 감정을 감췄다. 우리 두 사람 중 누구도 그 상황을 신파극으로 만들고 싶지 않았기에 우리는 잠시 포옹한 뒤 어색하게 헤어졌다. 작별 인사를 할 때는 심장이 찢어지는 듯했다.

집으로 돌아오면서 조엘과 지오와 나는 많은 이야기를 나눴다. 우리는 모두 가슴 깊이 로코를 그리워했다. 넷이었다가 셋이 된 셈이다. 우리의 초조한 대화도 시답잖은 유머도 공허하게 울렸다. 그 감정을 억누르기에는 미약한 시도였다. 우리는 엄습하는 감정을 쫓아내려고 웃었다.

내가 좋아하는 애니메이션인 미야자키 하야오 감독의 〈이웃집 토토로〉의 한 장면이 떠올랐다. 아버지와 두 딸이 병원에서 요양 중인 어머니와 가까이 있으려고 이사를 왔다. 새로 이사 온 집은 어딘지 평범하지 않고 이전에 사람이 살았던 흔적도 없다. 그곳은 온갖 장난꾸러기 생명체로 가득하고 귀신이 출몰할 듯 으스스해 보였다. 그리고 이사 온 날 저녁, 아버지와 두 딸은 같이 목욕하다가 무서움을 쫓기 위해 일부러 크게 웃는다. 무척 아름다운 이 장면이 내 마음을 몇 번이나 울렸는지 모른다. 내가 암에 걸렸다는 두려움을 쫓기 위해 일부러 더 많이 웃었다는 사실을 나는 알고 있다.

내가 해변에서 무너져 펑펑 울던 그 아침은 로코를 바래다주고 집으로 온 지 몇 시간밖에 지나지 않았을 때였다. 나는 흰 모래사장 깊숙이 웅크리고 앉았다. 그리고 이리저리 거칠게 요동치는 바다를 바라보았다. 마치 내 찢어지는 마음을 보는 것만 같았다. 나는 크게 웃었다. 늘 그러던 것처럼. 그런데 이번에는 이 웃음이 내 짙은 슬픔을 쫓아내지 못했다. 깊고 오래된 그리움이 느껴졌다. 그리고 그 순간 깨달았다. 이 그리움이 오직 바다 앞에서만 존재하는 그리움이라는 것을. 지난 20년 동안 잊고 지낸 감정이었다.

나는 어린 시절부터 몇 시간씩 바다를 바라보기도 하고 파도가 육지에 닿아 갈 곳을 잃은 길을 걸으면서 그 아픈 감정과 함께 자랐다. 청소년 시절에도, 20대에도 그리고 서른다섯 살에도 나는 바다와 수평선을 바라보며 내 안의 깊은 곳에서 파도처럼 끊임없이 들어오고 나가는 무언가를 느꼈다. 하지만 그 감정의 근원이 뭔지는 모른 채 그냥 그 감정에 익숙해졌다. 그 감정은 내 인생의 기후가 되어갔다. 나는 가능하다면 언제든 그 감정의 근원을 찾고 싶었다. 바다 곁에 있으면 더 행복하기도 하고 더 우울하기도 했다.

마침내 이 두 가지 감정이 편안한 불협화음으로 공존하자 나는 내 삶에서 중요한 일을 하기 직전의 감정과 중요한 무언가를 놓치고 있다는 감정을 번갈아 느끼게 되었다. 나는 이 느낌을 정리했다. 어쩌면 탁 트인 바다가, 우리가 차지하는 공간과 시간이 우주라는 공간에서는 티끌만 한 정거장이라는 사실과 무한한 가능성의 광대함을 이해하는 데 도움을 주었는지도 모른다. 어쩌면 나는 모든 것의 본성에 반대되는 방향에, 무지함에 또는 거기에 따르는 확신의 결여에 동조하고 있었는지도 모른다.

이 어수선한 감정들이 사라졌을 때 나는 그 본질에 대한 단서를 잡았다. 아이들을 낳았을 때 정체를 알 수 없던 그리움도 사라졌다. 그리움이 사라진 자리에는 다른 것들이 들어섰다. 바로 사랑이었다. 이전보다 훨씬 더 큰 사랑이 그 자리를 채웠다. 마치 내 존재의 중심에 있던 불균형한 무게추가 중심을 잡은 기분이었다. 또는 진동이 멈추고 평생 갈망해오던 평온함이 찾아온 듯한 기분이었다. 나는 그 안정감의 그늘에서 서핑을 배우고 못하는 일을 했다.

나는 형언할 수 없이 아들이 그리울 것이다. 로코가 대학 생활을 시작한 그날 이후 바다에 앉아 있노라면 오래된 그리움이 되살아났지만, 내 중심은 뭔가 새로운 것으로 물들었다. 거기엔 아름다움이 있었다. 나는 펑펑 울면서 이 오래된 그리움이 내 삶에서 어머니로서 발견한 의미와 목적에 대한 그리움에 지나지 않는다는 사실을 깨달았다.

지난 20년 동안 나는 위험과 두려움의 본질을 받아들이는 법을 배웠다. 그리고 오랫동안 이 그리움을 붙들고 씨름하지 않았기 때문에 어쩌면 이 그리움이 영원히 사라졌을지 모른다고 생각했다. 그러나 시간이 흐른 뒤 그것이 다시 쳐들어와 목적과 의미에 매달아둔 밧줄이 한계점까지 늘어났다는 사실을 일깨워주었다. 나는 그것이 내 역할을 새로이 깨닫게 하리라 생각했다. 아이들에게는 엄마로, 바다에서는 서퍼로 역할을 하게 될 줄 알았다. 하지만 변하지 않는 것은 없었다.

이 격변의 순간에 나는 반대편에 있던 오래된 진실을 깨달았다. 아름다움과 슬픔이 뒤섞였다. 극도로 차가운 것을 만지면 불에 덴 듯한 느낌을 받는 것처럼, 몸은 받아들인 정보를 항상 정확하게 구분할 수 없다. 감정도 마찬가지다. 그 감정의 실체를 항상 제대로 구분할 수는 없다. 그래서 우리는 행복할 때 울거나 무서울 때 웃기도 한다.

좋은 경험도 나쁜 경험도
삶의 일부

아일랜드의 시인이자 철학자인 존 오도너휴John O'Donohue는《아름다움: 보이지 않는 포옹Beauty: Invisible Embrace》에서 이런 말을 했다. "아름다움은 빛과 사랑의 영역에만 속하지 않으며, 갈등과 단절되어 있지도 않고, 그 반대편의 이야기에서 고립돼 있지도 않다. 아름다움의 활기와 생명력은 전혀 다른 것의 중심에서 나온다."[74]

전직 성직자였던 오도너휴가 2008년 갑자기 세상을 떠나면서 우리는 이 시대 가장 위대한 철학자 중 한 명을 잃었다. 그는 생전 마지막 인터뷰에서 내면의 아름다움에 관해 이렇게 말했다. "그것은 밀려오는 충만함, 은총과 우아함에 대한 더 큰 감각이자 더 깊은 감각이며 앞으로 펼쳐질 생의 풍성한 기억의 고향입니다."[75] 최근 내 인생은 종이접기를 다시 펼친 것처럼 거꾸로 되어 있다. 로코가 떠났을 때 내가 마주한 감정은 단순한 슬픔이 아니었다. 가장 힘든 시간이 펼쳐지는 순간, 그날 파도에는 아름다움이 있었다.

언젠가 오도너휴가 살던 서부 아일랜드처럼 소박하고 사색적인 공간에서 이런 생각을 접한 적이 있다. 일본인들은 이 고통스러운 아름다움의 개념을 천 년 동안 중심 사상으로 다듬어왔다. '모노노아와레物の哀れ'라고 불리는 이 정서는 '덧없는 슬픔' 정도로 번역할 수 있으며 앞서 언급한 생각이 담긴 말이다. 덧없음은 중세 이후 줄곧 일본 미학에서 큰 부분을 차지하고 있다. 짧게 피고 지는 벚꽃, 꽃 같은 청춘, 바다 먼 곳에서 여행을 마치고 돌아와 육지에서 쉴 때 치는 무르익은 파도. 일본인들은 변하지 않는 것은 없다는 정서를 지금 이 순간을 소중히 여기는 기쁨으로 여긴다.

일본 중세시대의 승려 요시다 겐코吉田兼好가 쓴 《도연초徒然草》에는 오래 지속되지 않는 것 또는 완벽하지 않은 것을 칭송하는 일본 미학의 정서가 담겨 있다. 그는 가장 심오한 아름다움은 완벽함이나 대칭, 영원불멸에 있지 않고 기대, 상상, 뜻밖의 일, 불완전함에 있다고 보았다. 그의 글에는 이런 말이 있다. "봄꽃은 활짝 핀 꽃만 보아야 할까. 달은 구름 한 점 없는 맑은 날에만 보아야 할까. 내리는 비와 함께 달을 그리워하기도 하고, 발이 드리운 방에 있느라 봄이 지나가는 걸 보지 못했다 해도 마음은 더 애잔하고 그윽해진다."76

이러한 일본의 정서가 최근 일본 이외의 다른 지역에서도 대중적으로 인식되기 시작했다. '사비'라는 말은 불완전함, 미완의 것, 쓸쓸한 아름다움을 뜻한다. 보이지 않는 달은 어쩌면 모든 욕망과 아쉬움의 상상이 담겨 있기에 가장 아름다운지도 모른다. '와비ゎび'라는 말은 '안에 숨겨진 아름다움'으로 가난하고 소박하게 보이는 미를 뜻한다. 이 두 단어를 합쳐 '와비사비ゎびさび'라고 하는데, 와비사비는 아름답지 않은 것을 이해하는 방식 또는 추함에 깃든 아름다움을 보는 방식을 가리킨다. '긴쓰기金継ぎ'는 깨진 도자기에서 아름다움을 찾는 수리 기법이다. 손상된 것을 매끈하게 복원해 본래 상태로 돌려놓는 것이 아니라 금이 간 자리에 옻칠이나 금속분을 발라 새로운 아름다움을 만드는 기법이다.

샤워한 뒤 거울에 비친 내 상반신을 볼 때마다 나는 아름다움을 바라보는 새로운 시각에 고마움을 느낀다. 한때 아름답고 기능적이었던 나의 젖가슴은 이제 보기 흉한 흉터가 생겼지만, 나는 내 젖가슴에서 아름다움을 보는 법을 배웠다. 그것은 약함과 고통을 견디고 얻은 아름다움이다.

어려운 일을 하겠다고 고집을 부릴 때마다 나는 이런 종류의 아름다움을 떠올리곤 한다. 못하는 일을 하는 것의 아름다움을 깨닫는다면 그리고 더 잘하기 위해 노력한다면, 겉으로 보기엔 서툴러도 일종의 아름다움을 구현하는 것이다. 어떤 일을 하려고 기를 쓰고 노력할 때, 우리 모습은 깨진 도자기 조각처럼 보인다. 그리고 드디어 우아한 순간에 도달했을 때 그것은 마치 깨진 부분을 옻칠로 잇는 것과 같다.

칼이나 초밥, 도자기를 만드는 장인들에게도 그 과정이 전부다. 내 친구이자 사진가인 마이크 메이저스Mike Magers는 오랫동안 일본에서 지내면서 수년간 일본의 장인들을 사진에 담는 작업을 했다. 일본의 장인들은 어떻게 그렇게 평생을 흔들리지 않고 한 가지 일에 집중하느냐고 묻자 그는 다음과 같은 답을 들려주었다.

"서양 사람들이 장인이 되지 못하는 이유는 실패와 성공 사이의 거리가 너무 명확히 정해져 있어서 시작도 하기 전에 중단하기 때문이지. 서양에서는 모든 일을 쉽게 하고 싶어 해. 타고난 재능을 기대하지. 장인이 된다는 건 다듬어 나가는 것이지 통달한다는 게 아니야. 어제 만들었던 것을 내일 조금 더 낫게 만드는 과정일 뿐이지."[77]

마이크가 사진에 담고 있던 어느 도예가는 그에게 이렇게 말했다. "이 기술을 완전히 익히기까지 10년이 걸렸지만 남은 평생 동안 내 영혼과 손을 연결하는 작업을 해야 합니다." 흔히 그 분야에 통달한 사람을 장인이라고 생각하지만 그들의 관점에서 보면 그들은 늘 배우는 중이다. 공예의 장인이 자신의 불완전함을 받아들일 수 있다면 우리도 경험을 확장하면서 그 경험이 우리를 어디로 데려가는 과정을 받아들일 수 있다. 노력에 깃든 아름다움과 의미를 찾을 수 있다면 인생이 우리에게 주는 무수한 것들에 마음을 열게 된다. 마음이 열려 있는 동안에는 깨지는 경험도, 깨진 곳에 옻칠을 하는 것도 모두 기쁨이다.

이런 상보성은 예술에서 뚜렷하게 드러난다. 불완전함을 칭송하는 일본 미학부터 어둠과 빛을 결합하는 서구 르네상스에 이르기까지, 우리가 만들어낸 예술 작품들은 이 두 가지 경험을 모두 담고 싶어 하는 듯 보인다. 앞서 살펴본 음양의 조화와 마찬가지로 인간의 중요한 조건을 반영하려면 양쪽을 모두 성찰해야 한다.

의미에 관한 질문은 측정하기 어려우므로 노벨 물리학상 수상자인 프랭크 윌첵Frank Wilczek은 대신 이렇게 묻는다. "이 세상이 아름다운 개념들을 구현하고 있는가?"[78] 그는 우주를 더욱 명확히 이해하는 데 도움을 줄지도 모르는 방정식을 연구하다가 상보성에서 아름다움을 발견한다. 상보성이란 반드시 동시에 존재할 필요는 없지만 두 가지 전혀 다른 개념들이 구현될 수 있으며, 각각의 개념은 나머지 하나의 개념을 명확히 밝히는 데 도움을 준다는 의미다. 예를 들어 입자 물리학에서 이 개념은 입자처럼 움직일 때도 있고 파동처럼 움직일 때도 있는 빛의 특징에 적용된다. 각각의 관점에서 빛을 보면 빛을 더 깊이 이해하는 데 도움이 되지만 이 두 가지 다른 이론을 한꺼번에 적용할 수는 없다.

월첵은 이렇게 설명한다. "상보성은 물리적 현실이기도 하고 지혜에 담긴 교훈이기도 하다. …… 정의를 실현하려면 세상을 이 두 가지 방식으로 바라보아야 하며, 이 방식들은 각각 매우 풍요로울 수도 있고 내적으로 일관될 수도 있으며 각각 저마다의 언어와 규칙을 가지고 있을 수도 있다. 그러나 이 두 방식은 서로 양립하지 않을 수도 있기 때문에, 현실 세계에 완전한 정의를 행하려면 이 두 가지 방식을 각각의 관점에서 적용해야 한다."

내가 원하는 건 단순히 상보성을 아는 것이 아니다. 나는 아는 것을 넘어서 상보성을 활용하고 싶다. 그래서 늘 스콧 피츠제럴드F. Scott Fitzgerald의 유명한 말을 떠올리곤 한다. "어떤 사람이 최고의 지성을 지녔는지 시험하려면 정반대의 두 가지 생각을 동시에 품고서도 여전히 제 역할을 잘하는지 보면 된다." 아마 그는 자기 자신과 모든 소설가들이 의지하고 있는 기술을 이야기한 것인지도 모른다. 이런 능력이 없으면 등장인물과 스토리는 금방 지루해질 것이다.

대부분의 사람들에게 이런 불협화음은 쉽지 않다. 대다수가 본능적으로 간단한 답과 매끈한 표면을 추구한다. 통합이 즐거운 이유는 그것이 편하기 때문이다. 우리는 마음속에 상충하는 생각들이 공존할 가능성보다는 부조리를 선호한다. 서핑 세계에서도 그런 모습을 자주 볼 수 있다. 그들이 서핑을 잘하지 못한다면…… 왜 바다까지 가서 서핑을 하는가?

나는 답을 알고 있다. 여러분도 알고 있다. 못하는 것을 하는 것도 삶의 일부이기 때문이다. 그것도 아주 훌륭한 일부이기 때문이다. 우리는 그 일을 정말로 할 수도 있고 동시에 실패할 수도 있다.

서핑은 즐거움과 불편함이라는 상반되는 개념을 적극적으로 받아들이는 데 큰 도움이 되었다. 그러나 감정의 소용돌이에 빠져 서핑이 긴박한 사항이 아님을 깨달았을 때, 나는 내면의 불편함을 외면화하기 위해 과감한 조치를 취했다.

천국 같던
집과의 이별

주삿바늘이 척추로 들어왔다. 충격파가 등 한가운데로 들어와 솟구치더니 내 머리 바로 밑 경추에 자리를 잡고 그 주위를 맴돌았다. 겁이 나서 감히 꼼짝도 할 수 없었다. 그 강렬한 느낌과 고통의 순간에 내가 할 수 있는 일은 가만히 있는 것뿐이었다. 호

흡이 느려지고 깊어지고 규칙적이 되면서 흉곽 정중선이 들어
올려지지 않았고, 앤절라가 실수 없이 일을 마치기가 더욱 어려
워졌다. 두 팔은 45도 각도로 세워진 침대 위의 베개를 감싸고
있었고 얼굴은 베개에 어색하게 파묻혔다. 시술실 스피커에서
울려 퍼지는 레드 제플린의 음악과, 그 아래로 들리는 로버트 플
랜트의 섹시한 음색과, 부드럽지만 끈덕진 바늘 소리가 기괴한
침묵을 뒤덮었다. 문신의 매력 중 하나는 고통에 대한 공동의 인
내다. 설령 아티스트와 나 둘뿐이라 해도 이것이 얼마나 더럽게
아픈지 서로 잘 알고 있다. 특히 주삿바늘이 척추 아래쪽을 찌를
때의 고통이란!

문신은 내 오른쪽 어깨 앞 작고 귀여운 그림으로 시작됐지만
뭔가 불완전한 느낌을 주었다. 표면에 드러난 고통은 내가 느낀
고통을 대변해주기에 턱없이 부족한 느낌이랄까? 나는 좀 더 많
은 징표가 필요했으며, 그 방편으로 등에 커다란 문신을 새기기
로 했다. 영원하지 않은 것을 영원히 표현한다는 것은 우스꽝스
러운 행위의 전형이다.

이 우스꽝스러움은 오직 벚꽃 문신이 언젠가 때가 되면 내 생
의 마지막과 함께 사라질 것이라는 냉엄한 진실에 의해서만 완
화된다. 아직 살아 있는 동안에는 그것들을 함께 두고 싶었다.
내 삶에서 너무도 많은 것이 변했고 나는 상실감에 빠졌다. 내
슬픔을 명예롭게 하기 위해, 내가 느끼는 감정의 소용돌이를 아
주 잠시라도 벗어나기 위해, 나는 문신 바늘 아래에서 느끼는 고

통과 불편함을 택했다.

지오는 조기입학 전형으로 대학에 들어가게 되어 여덟 달 후면 집을 떠날 테고, 이제 집은 빈 둥지가 될 것이다. 게임의 마지막 단계가 눈에 그려졌다. 로코가 떠났을 때는 그래도 지오가 우리 삶에 축복으로 남아 있었다. 그러나 지오마저 없는 집은 견딜 수 없이 공허했다. 아이들의 일상적인 뒤치다꺼리에서 벗어나 나만의 자유를 누리게 되는 날을 기꺼이 즐겁게 맞기를 바랐지만, 그런 감정은 전혀 들지 않았다.

앞으로 겪게 될 상실감에 마음이 착잡해진 우리는 사랑하는 노사라의 집을 팔았다. 이런 결정을 내린 데에는 여러 이유가 있는데, 솔직히 말하면 두 아이의 대학 등록금도 중요한 비중을 차지했다. 못하는 일을 하는 즐거움이 줄 수 있는 기쁨의 물리적 징표가 있다면, 우리가 지은 노사라의 집이 바로 그 징표일 것이다. 그곳에서 나는 못하는 일을 마음껏 즐겼다. 단순하고 소박한 집이었으며 정글에 있는 온갖 생명체를 다양한 방법으로 끌어들인 집이기도 했다. 지옥 같은 순간에도 천국 같은 집이었다.

집의 디자인과 구조, 집 짓는 과정은 집을 짓기로 결정했을 때 내가 세운 우주적인 원대한 결의 못지않게 내 미학 교육과도 관련이 있다. 물질적인 대상에 애착을 품는 것이 얼마나 우매한 짓인지 잘 알면서도 나는 전 세계를 다니며 보았던 다른 집보다 일본의 그 집에서 뭔가 다른 걸 느꼈다. 우리가 꿈의 집을 찾아 그렇게 자주 이사 다닌 것도 이런 이유 때문이다. 집은 우리의 생활 혹은 우리가 갖고 싶은 것을 상징화한다. 노사라에 있던 집은 내가 갈망하던 삶을 표상한다. 차분하고, 깨끗하고, 우아하고, 작고, 자연과 유대감을 느낄 수 있고, 서핑을 하기 좋은 멋진 바다가 가까운 곳이다. 가쓰라리큐柱離宮에서 영감을 받아 지은 우리 집, 카사 데 라 로사스Casa de las Rosas(장미의 집이라는 뜻-옮긴이)의 인테리어에는 내 영혼의 풍경이 담겨 있다. 모든 것이 유쾌하고 반짝이지는 않지만, 나는 그 부분과는 타협을 했다. 벽마다 역사가 서린, 몇 세대에 걸쳐 내려온 오래된 집은 아니지만 그곳에서 가족과 친구들과 보낸 행복한 시간은 우리에게 힘을 주었다. 그곳에서 몇 년간 아이들을 키웠기 때문에 그 집을 놓아주기란 쉽지 않았다.

변호사 사무실에서 계약을 마친 뒤 변호사가 집을 판 우리와 새 주인이 된 사람들을 축하하기 위해 서 있는 동안 나는 간신히 울음을 참았다. 로코가 대학에 갔을 때 바닷가에서 느꼈던, 물밀 듯 밀려오는 감정과 비슷했지만 이번에는 만감이 교차했다. 그 집을 떠나보내는 것이 슬펐지만 동시에 감사한 마음도 들었다.

어제보다 나아지라, 그것만으로 충분하다

지극히 짧은 순간의 친절이라도 친절은 주는 사람이나 받는 사람의 기억에 오래도록 남으며 다른 이에게도 친절을 베풀게 해준다. 공동체와 유대감은 우리 모두를 초월한다.

집을 팔고 나서 어느 7월에 우리는 기오네스로 여행을 떠났다. 언제나 그랬듯 파도는 완벽했다. 어깨 높이에 부드러우면서도 서퍼를 밀어낼 힘은 충분해서 오래도록 만족스러운 서핑을 할 수 있는 파도였다. 파도가 드문드문 왔기 때문에 우선순위 경쟁은 꽤 치열했다. 멋진 파도가 내 쪽을 향해 오자 바로 옆 라인업에 있던 코스타리카 현지인 서퍼가 그 아름다운 파도를 내게 양보하며 자신이 있는 쪽으로 들어오라고 했다.

"당신이 타세요! 왼쪽으로 가세요……. 지금 패들링을 하세요! 더 세게요! 얼른, 힘껏, 더 힘껏!"

나는 양팔의 힘이 허락하는 한 있는 힘껏 패들링을 했지만 파도를 잡기엔 역부족이었는데, 그도 이런 상황을 보고 있었다. 바로 그때 그가 말없이 갑자기 내 뒤로 와서 보드 뒤쪽을 밀어주며 파도까지 가는 데 필요한 힘을 보태주었다. 그러고는 소리쳤다. "지금이에요! 지금 일어서세요!" 나를 격려하는 믿음직한 목소리가 다시 한 번 들려왔다. 낯선 이의 응원이라 더욱 따뜻하게 느껴졌다. 그 파도에 닿았을 때 어떤 에너지가 솟아오르는 것을 느꼈다. 나는 수월하게 일어나 파도에 올라 왼쪽으로 돌아서 파도의 면을 타고 내려왔다. 차례로 무너지는 몇 개의 파도를 타고 거의 해변까지 와서 드디어 파도가 모두 끝났을 때 파도의 등을 걷어차며 내려왔다. 좀처럼 느끼기 힘든 뿌듯함이 밀려왔다.

나는 그 이유를 곧 깨달았다. 보통 사람들은 물속에 있는 나를 보고 내가 파도를 놓칠 것이라 예상하고 자신들이 좋은 파도를 가져가곤 했다. 이것은 서핑을 잘 못하는 사람들이 겪을 수밖에 없는 통과의례다. 못 탈 것 같은 파도는 다른 사람이 탈 수 있게 양보하는 것이다. 하지만 그 청년은 중년의 외국인 초보자를 도와줘야 할 이유가 전혀 없는데도 파도를 양보했으며, 내가 그 파도를 잘 탈 수 있도록 아낌없이 도와주었다. 그의 관대함이 파도를 더할 나위 없이 잘 타게 해주었던 것이다.

집을 팔고 처음 갔던 그 여행에서 돌아오면서 나는 줄곧 축복에 대해 생각했다. 집이 없으니까 우리는 다른 숙소를 찾아 이리저리 헤매고 다녔다. 그러던 와중에 문득 내가 그곳에 간 이유는 파도와 정글 그리고 우리도 일원으로 함께하는 공동체 때문이라는 생각이 들었다. 그 모든 것은 노사라가 우리에게 준 축복이었다. 그곳에 우리 소유의 집이 있느냐 없느냐는 전혀 상관없는 일이었다. 어떤 상황이건 우리는 모두 이 지구의 방문자다. 하지만 모르는 현지인이 나를 도와주며 베푼 축복은 파도보다 더욱 진한 유대감을 느끼게 했다.

만약 내가 서핑을 못하지 않았더라면 그런 친절을 누리지 못했을 것이다. 도움이 필요 없었을 테니까. 도움을 요청하기가 늘 쉽지는 않지만, 요청하지도 않은 도움을 받는 일은 우리가 서로에게 해줄 수 있는 가장 조화로운 일이다. 그렇다고 해서 다른 사람들이 전부 일을 못할 것이라는 생각으로 간섭해야 한다는

말은 아니다. 모든 사람이 모든 일에 뛰어났다면 과연 공동체가
생겨났을까? 다른 사람의 도움이 필요하긴 했을까? 어쩌면 이제
는 완전히 새로운 인류 발전의 이론을 써야 할지도 모른다. 아마
도 우리를 하나의 종으로, 하나의 문명으로, 하나의 가족으로 묶
어주는 것은 우리의 모자람인지도 모른다.

나오미 시하브 나이Naomi Shihab Nye의 〈친절함Kindness〉이라는 시
가 떠오른다.

> 친절함이 무언지 진정으로 알려면
> 가진 것을 잃어봐야 한다.
> 묽은 수프에서 소금이 녹아 사라지듯
> 미래가 한순간에 사라지는 것을 느껴봐야 한다.
> 손에 쥐고 있던 것
> 소중하고 중요하게 간직해왔던 것
> 그 모든 것이 떠나가야만 한다.
> 그래야 알게 된다.
> 친절함이 없는 풍경이 얼마나 쓸쓸한지.
> 결코 멈추지 않을 것 같은 버스 안에서
> 승객들은 옥수수와 닭고기를 먹으며
> 하염없이 창밖을 바라본다.
> 친절의 부드러운 중력을 배우려면
> 흰 판초를 입은 인디언이

죽어 있는 길을 지나가봐야 한다.

그가 너일 수도 있었다는 것을 알아야 한다.

그도 계획을 세워 온밤을 여행한 자다.

그를 살아 있게 했던 것도 단조로운 호흡이었다.

친절함이 내면의 가장 깊은 것임을 알려면

가장 깊은 다른 곳에서 우러나오는 슬픔을 알아야 한다.

이 슬픔에 젖어 잠에서 깨어봐야 한다.

너의 목소리가

모든 슬픔의 실 가닥을 올올이 알아채

그 천의 크기가 얼마나 되는지 가늠할 때까지

이야기해봐야 한다.

그때는 친절함 외에는 아무것도 중요하지 않고

오직 친절함만이 너의 신발 끈을 매주고

밖에 나가 편지를 부치고 빵을 사게 해준다.

오직 친절함만이

세상 사람들 사이에서 고개를 들고 말해준다.

네가 찾고 있던 것은,

어디든 그림자처럼 친구처럼 함께 갈 수 있는 것은

바로 나라고.**79**

머무를 집도 없이 노사라에 갔을 때 뭔가를 잃어버린 듯한 느
낌이 들었는데, 한 번도 본 적 없는 이의 친절한 행동은 모든 것

을 순식간에 바꿔놓았다.

패들링을 해서 라인업으로 돌아왔을 때, 내 서핑 천사는 내가 있는 곳에서 27미터쯤 떨어져 있었다. 그는 샤카(주먹을 쥐고 엄지와 약지를 펴 보이는 하와이식 인사말로, '걱정할 것 없어!' '좋아!' '괜찮아!' 등의 긍정적인 의미로 사용한다—옮긴이)를 해 보였다. 이 늙은 초보는 아름답고 보편적인 서핑 용어로 '유후!'를 뜻하는 그 인사에 감동받았다. 나도 그에게 샤카를 해 보이며 소리쳤다. "무차스 그라시아스, 세뇨르!" (정말 고마워요!)

우리가 눈만 뜨면 그리고 마음만 열면, 도처에 아름다움이 있다는 사실이 생각났다. 눈을 뜨고 마음을 열면, 가장 필요한 순간에 "세상 사람들 사이에서 고개를 내미는 친절"을 받아들이게 된다. 물론 위험도 있다. 엘리자베스 레서Elizabeth Lesser는 이렇게 말한다. "마음을 열었을 때 심장이 어떤 느낌일지는 선택할 수 없다."80 베스트셀러 《부서져야 일어서는 인생이다Broken Open》의 저자인 레서는 평생 뭔가를 추구하며 살았다.

티베트의 승려 초감 트룽파Chögyam Trungpa는 이런 글을 남겼다. "진부한 관점에서 보면 두려움이 없다는 것은 어떤 대상을 무서워하지 않는다는 뜻이다. 누가 당신을 때리면 당신도 그를 때릴 것이다. 그러나 우리는 거리의 싸움꾼처럼 두려움이 없는 상태를 이야기하는 것이 아니다. 진정으로 두려워하지 않는 마음은 부드러운 마음에서 나온다. 두려움이 없다는 건 세상이 당신의 마음을 간지럽히게 내버려두는 것이다. 순전하고 아름다운 마음을. 부끄러움도 저항도 없이 기꺼이 마음을 열고 세상을 정면으로 바라보아야 한다. 다른 이들과 기꺼이 마음을 나누어야 한다."[81] 이런 경험에 꾸준히 마음을 연다면 그 에너지가 우리를 끌어당겨 진정한 아름다움에 도달하게 된다.

그렇다면 이를 실천하는 방법은 사랑만큼 고통을, 아름다움만큼 슬픔을 느낄 것이라는 사실을 이해하고 꾸준히 마음을 여는 것이다. 결과적으로 우리는 열린 마음이 무엇을 초대할지를 겁내지 않게 된다. 위험 없이는 못하는 일을 할 수 없고, 그 대가로 우리가 경험하게 되는 아름다움도 이 못하는 과정 없이는 경험할 수 없다. 자식들을 향한 사랑은 내 모든 세포에 스며들어 있기 때문에 떠나보내면서 느끼는 가슴 아픔은 세상 그 무엇과도 바꿀 수 없는 특권이다.

로코와 지오는 앞으로 더 많은 경험을 나 없이 하게 될 것이다. 응당 그래야만 한다. 나도 내 삶의 흐름과 목적을 다시 조정해야 한다. 물론 앞으로도 아이들이 나와 함께하겠지만, 그것이 꼭 물리적으로 함께한다는 의미는 아닐 것이다.

지난 20년 동안 삶의 의미와 목적은 초점을 바꾸었고 앞으로 그 초점이 어디를 향할지는 아직 모른다. 나는 슬픔의 순간에 그 불편함과 싸우지 않고 그 안에 머무르면서 아름다움을 발견하는 법을 배웠다. 레서의 질문처럼. "왜 우리는 마음을 닫아두는 것이 좋은 생각이라고 여기는가? 왜 우리는 감정의 문을 닫았는가?"

이 책의 마지막 장을 쓰면서 나는 내 17년 서핑 인생 동안 최고의 서핑을 경험했다. 일주일 전에는 친절한 코스타리카인 서퍼가 내 보드를 밀어 멋진 파도를 타게 해주었고, 그 주 주말에는 몇 차례 작은 파도를 타며 몹시 행복했다. 우아하고 멋진 서핑을 해서가 아니라 힘든 일을 해냈다는 자신감 때문이었다.

나머지 날들은 허탕이었다. 거대한 파도가 밀려오면서 나를 기오네스 해변에 고꾸라뜨렸다. 이제 여러분은 이런 이야기에 익숙할 것이다. 나는 그 주 내내 파도에 휩쓸려 넘어졌고, 해변에서 만들어진 파도 몇 개를 탔지만 하찮은 파도는 더 이상 즐겁지 않았다. 진짜 서핑을 할 수 있을 만큼 실력이 향상됐기 때문에 초보들이 타는 파도는 더 이상 내게 기쁨을 주지 않았다. 로코가 라인업 멀리 사라지는 모습을 지켜보면서 해변에 앉아 마음으로 서핑을 하기도 했다. 못하는 일을 하며 실력을 쌓아갈 때도 항상 다른 수준의 관문이 있다. 다음 수준으로 넘어갈 수 있을 때까지 또다시 못해야 한다. 서핑계의 부처 제리 로페즈Gerry Lopez는 말했다. "이건 결코 끝나지 않는다."

내가 이 책에서 충분히 말하지 않은 것이 있다. 못하는 일을 힘들게 하다 보면 더 잘하게 된다. 내 서핑 실력은 여전히 뛰어나진 않지만, 나는 서핑을 할 수 있고 실제로 한다. 그리고 어제보다 잘하고 싶다. 내가 무슨 마조히스트라는 말은 아니다. 지금은 세상을 떠난 내 친구 앤서니 부르댕은 이런 말을 했다. "하다 보면 그냥 조금 덜 못하는 것일 뿐"이라고.[82] 나는 덜 못하고 싶다. 여러분도 덜 못하고 싶을 것이다. 어찌 됐건 나는 내가 꾸준히 노력하리라는 사실을 알고 있다.

어쩌면 우주가 내게 무슨 말을 하려는 건지도 모른다. 아니면 그냥 골탕 먹이는 건지도 모른다. 그런데 우리가 뉴욕으로 돌아오기 며칠 전, 내가 이 책 원고를 넘기기 바로 몇 주 전, 파도가 일고 바다는 평소와 달리 내가 좋아하는 대로 움직였다. 바다에서 밀려오는 머리 높이의 파도들. 바람 한 점 없고, 깨끗하게 17초 동안 부풀어 있는 너울. 나는 패들링을 해서 또 다른 파도를 잡았다. 그리고 계속해서 다른 파도를 잡았다. 전부 일곱 개의 파도를 탔는데, 일곱 개 모두 더할 나위 없이 아름다운 세션이었다.

이 말을 들은 친구가 내게 이렇게 물었다. "넌 파도를 다 세면서 타?" 그래! 나는 모든 파도를 세면서 탄다! 로코는 그날 스물다섯 개의 파도를 잡았다. 나도 로코와 함께 마음으로 그 파도들을 모두 탔다. 심장을 짓누르는 두려움도 없었다. 나는 파도와 싸우지 않고 파도와 하나가 되었다. 앞에서도 이 말을 했지만, 이번에는 마치 내가 무엇을 원하는지 아는 것처럼 그런 일이 일어나고 또 일어났다. 못하는 일을 아주 오래 하다 보면, 조금은 덜 못하게 되기 때문이다.

파도 일곱 개라고? 맹세하건데, 더 많이 시도했다. 하지만 내가 탄 파도는 일곱 개까지였다. 어쩌면 결국 이 모든 이야기는 내가 사랑한 일을 엉망으로 못하지는 않았으니 괜찮다고 확신시키기 위한 말들인지도 모른다. 이제는 내가 바다에서 무얼 하고 있는지 깨달을 정도로 느긋해졌다. 파도를 잘 타는 것도 중요하다. 그러나 가장 중요한 것은 그게 아니다.

내가 꾸준하게도 못했던 이 일에는 파도를 타는 것보다 훨씬 더 큰 무언가가 있다는 점이 드러났다. 그것은 아름다움과 고통이, 유대감과 상실이 함께 있다는 사실을 깨닫고 나아가는 것이다. 인생은 알아내는 게 아니라 사는 거다. 꾸준하게 그리고 못하는 일을 하며 사는 것이다. 우리는 편한 것을 찾지만 불편한 것과도 분명 마주치게 된다. 못하는 일을 하면 그 불편함이 아름다운 무언가로 바뀐다는 사실을 받아들이게 된다.

나는 새로운 못할 거리를 시작할 생각이다. 노래 수업을 알아보고 있다. 나보다 실력이 뛰어난 지오와 함께할 수 있는 일이다. 아직 만들지는 않았지만, 언젠가 지오가 만들 밴드에서 노래를 하고 싶다는 나의 환상이 어쩌면 지오의 귀를 괴롭힐지라도, 나는 노력해볼 것이다. 로코 때문에 생각난 게 있다. 나는 서핑은 해도 수영은 못하는데, 왜 내가 이미 못하고 있는 일을 시작하지 않는 거지? 어쩌면 서핑을 덜 못하게 해줄 멋진 방법이 될 수도 있는 수영을? 가능성은 무궁무진하다. 이제는 나도 안다. 그 여정과 그 길에서 만나는 것이 중요하다는 사실을. 새로운 무언가를 시작해보자. 그리고 못하는 일을 하면서 가게 될 그 길을 가보자. 그 어디에도 없을 그 길을.

감사의 글

우선, 몇 년 전 그리니치빌리지 학교 앞에 서서 로코에게 마법의 말을 들려준 존 애덤스에게 감사한다. 뉴저지 시사이드 파크에 있는 라이트 코스트 서프 숍의 마이크 콜롬보에게 감사한다. 내가 서핑을 배우고 싶다고 말했을 때, 서핑을 배우기엔 너무 늦은 나이라고 말할 수도 있었을 텐데 그러지 않고 마음을 열어준 그에게 정말 감사한다. 존과 마이크는 책과 서핑 두 가지로 가는 문을 열어주었다. 이들이 없었다면 이 책을 쓰지 못했을 것이다.

내 친구이자 에이전트인 킴 위더스푼에게도 감사하며 잉크웰의 파트너 리처드 파인에게도 감사한다. 알렉시스 헐리와 윌리엄 칼라한에게도 늘 감사한다. 두 사람은 내가 글 쓰는 일을 하며 쩔쩔맬 때 통찰력을 보여주었고 헤아릴 수 없이 귀한 도움을 주었다.

사이먼 크리츨리와 피터 카타파노는 못하는 일을 하는 것의 가치를 너그럽게 봐주고 《뉴욕타임스》에 실렸던 내 글을 잘 이끌어주었다.

편집자 사라 펠츠는 첫 만남부터 지금까지 열정을 다하고 최선을 다해 도와주었다. 그동안 나누었던 수많은 대화와 이 책이 출간될 때까지 사소한 것 하나하나 세심하게 관심을 쏟아준 점 깊이 고맙게 생각한다. 나는 최고의 편집자 중 한 명과 일한 것이 크나큰 행운이라고 생각한다. 내가 날마다 하는 일임에도, 사라가 일하는 과정을 경외심을 갖고 지켜보았다. 사라가 이 책에 쏟아준 시간과 노력에 뭐라고 표현해야 할지 모를 정도로 감사한다.

책을 만든다는 것은 만만한 일이 아니다. 한 권의 책을 세상에 내놓기 위해 수많은 이들의 노력에 깃든 고통을 잘 안다. (언젠가는 내가 펴낸 책의 권수도 헤아릴 수 있을 것이다!) 그리고 내 책과 관련 있는 모든 이들에게도 감사한다. 특히 사라의 동료 멜라니 이글레시아스 페레즈, 제휴 출판사의 수전 도너휴, 마케팅과 광고를 담당한 에이리엘 프리드먼, 비앙카 샐번트, 다나 트로커, 크리스틴 파슬러 모두에게 감사한다. 발행인 리비 맥과이어와 편집이사 린드세이 세그넷에게도 감사한다. 멋진 표지를 만들어준 지미 이아코벨리에게도 감사한다.

나오미 시하브 나이는 이해심 많게도 빛나는 시 〈친절함〉을 이 책에 수록하도록 허락해주었다. 그녀의 언어가 이 책에 담기게 되어 무척 영광이다.

유쾌한 일러스트를 그려준 니에즈 보르헤스에게 감사한다.

내 서핑 친구들에게도 감사한다. 함께 서핑 이야기를 나누고, 함께 라인업에 서고, 도와주고, 동지애를 나누고, 바다 안팎에서 응원하고 지지해준 친구들에게 감사한다. 지면이 아니면 고마움을 전힐 길이 없어 이름을 밝히고 감사 인사를 전한다.

제이 애들러, 에릭 안톤슨, 필 메이컨, 필 브라우니, 폴 카사디, 지미 코트니와 크리스 코트니, 닉 프랑크푸르트, 에릭 굿맨, 레어드 해밀턴, 버네사 퍼푸리, 마크 루카치, 마이크 메이저스, 개럿 맥너마라, 마이클 스콧 무어, 메리언 페리, 짐 필립스, 오스틴 리날디, 존 사전트, 필 신, 셸비 스탠저, 앨릭스 윌킨슨, 타드 지올코우스키(언제나 내가 가장 좋아하는 서핑 책을 쓰는 분이다) 그리고 친절했던 코스타리카 출신의 서퍼. 아마 그를 다시 만나지는 못하겠지만 내 보드 테일을 밀어준 덕분에 멋진 파도를 탈 수 있었다. 또한 내 사위 크리스토퍼 메이어에게도 고맙다는 말을 하고 싶다. 라인업에 함께 서서 헤아릴 수조차 없을 만큼 나를 도와주었다.

소중한 시간을 내서 나와 이야기를 나누고 못하는 일을 하자는 이 미친 개념을 받아들여준 모든 이들에게 감사한다.

앤서니 부르댕, 수재너 카할란, 로잔 골드, 맷 허시, 셰린 존스, 캐티 케이, 엘리자베스 레서, 줄리 리스콧-헤임스, 마이크 메이저스, 오브리 마르쿠스, 앤디 마틴, 파누쉬 토라비, 자말 요기스, 앤드루 졸리 그리고 무수히 많은 이들에게 감사한다. 이토록 많은 친구, 동료, (못하는 일을 한다는 게 뭔지 매우 잘 아는) 동료 작가들, 지인들과 못하는 일을 하는 것을 놓고 이토록 많은 이야기를 나누는 특권을 누렸다. 모두에게 깊이 감사한다. 10년 동안 대화를 나누며 못하는 일을 한다는 개념을 내가 이해하도록 도와준 모든 이들, 못하는 일을 하는 것이 왜 멋진 일인지를 이해하도록 도와준 모든 이들에게 고맙다는 인사를 하고 싶다.

이 책의 메시지를 널리 알리는 데 도움을 준 로니 피터스와 수전 사킨스에게도 감사한다.

내 친구 챈탈 베이컨은 이 책의 막바지 작업을 하는 동안 내게 먹을 것과 쉼터를 제공해주었다. 챈탈의 집과 회사는 차분한 오아시스와도 같았다.

미카 스타와 모든 직원들은 내가 마땅히 해야 할 일을 어떻게 해야 할지 모를 때 기꺼이 도와주었다. 정말 고맙다.

내 사랑하는 사람들, 친구들에게도 항상 고맙다. 항상 중심을 잡아주고, 매일매일 내가 정말 행운아라는 사실을 일깨워주는 이들이다. 콜린 디커먼, 조 돌체, 카시 에바셰브스키, 레베카 밀러, 크리스 패드젯, 크리스티나 리날디, 킴 위더스푼(맞다, 또 언급했다!).

이 책의 든든한 지원군이 되어준 하퍼 웨이브에도 감사한다.

내 일상이 돌아가는 데 가장 큰 역할을 해주고 있다. 하퍼 웨이브의 직원 모두 사랑스럽고, 우아하고, 정말 잘 웃는다. 나는 진심으로 행운의 작가이다.

특히 앤서니 부르댕에게 감사 인사를 전한다. 내 친구이자 저자이며, 내가 이 책을 쓰는 동안 세상을 떠나 온 세상을 슬픔에 잠기게 했다. 못하는 일을 하는 것에 관한 그의 생각은 매우 심오했다. 죽기 전 그는 내게 '덜 못하기'에 관한 작업을 하고 있다고 말했다. 지금 어느 곳에 있든지, 내 친구 앤서니, 부디 당신의 나날이 즐거이 못하는 일들로 가득하기를. 그곳에는 우리가 당신을 위해 빌어준 더 큰 평화와 사랑이 있기를.

남편 조엘 로즈에게도 감사한다. 이 여정을 참을성 있게 견뎌주고 이 게임에 동참해주었다. 잘할 때나 못할 때나, 부유할 때나 가난할 때나.

두 의붓딸 셀린과 클로에에게도 고마움을 전한다. 다른 곳에 있을 때도 사랑과 포용력으로 나에게 따뜻한 은총을 주었다. 부족한 내 모습을 관대하게 받아들이고 그들의 삶에 나를 기꺼이 맞아주었다. 정말 고맙다.

키지와 빈스에게도 고맙다. 그냥 고맙다.

내 부모님 피트와 로젠에게도 감사한다. 오랜 세월 내가 수많은 일을 못하는 모습을 지켜보며, 내가 어떤 모습이건 사랑해주어 정말 감사한다.

나의 가장 큰 감사는 당연히 두 아들 로코와 지오에게 전한다.

굳이 애쓰지 않고도 그 누구보다 수많은 인생의 교훈을 내게 주었다. 부디 내가 두 아들을 어른으로 키우는 일을 너무 못하지 않았기를 바란다. 둘 다 나에게는 온 세상이다.

주석

프롤로그

1 　노벨상 수상자들이 미국국립과학아카데미National Academy of Sciences 소속 과학자들보다 "예술과 기예에 대한 선호도가 뚜렷하게 컸다": Root-Bernstein, Robert et al, "Arts Foster Scientific Success: Avocations of Nobel, National Academy, Royal Society, and Sigma Xi Members," Journal of Psychology of Science and Technology, vol. 1, no. 2(2008년 1월), pp. 51~63, doi: 10.1891/1939-7054.1.2.51.

2 　제2차 세계대전 직후 활동한 독일의 철학자 요제프 피퍼Josef Pieper가 《여가: 문화의 기본Leisure: The Basis of Culture》에서 "여가의 개념은 노동자라는 전체주의적 개념과는 정반대다"라고 말한 내용과, 이른바 '사회적 유용성'과는 동떨어진 인간의 활동을 찬양한 것도 비슷한 맥락일 수 있다: Pieper, Josef, Josef Pieper: An Anthology, San Francisco: Ignatius Press, 1989, p. 140.

3 　얼마 전 나는 《뉴욕타임스New York Times》에 이런 글을 썼다. "못하는 일을 한다는 것(은 굉장한 일이다)": Rinaldi, Karen, "(It's Great to) Suck at Something," New York Times (2017년 4월 28일), www.nytimes.com/2017/04/28/opinion/its-great-to-suck-at-surfing.html.

1장

4 해나 아렌트Hannah Arendt는 《인간의 조건》에서 이러한 행동을 "기적적으로 작동하는 인간의 능력"이라고 말한다: The Human Condition, chicago: University of Chicago Pross, 1998, P.246

5 이 호기심 또는 새로운 것에 이끌리는 행위는 인간이 장수하는 데 긍정적인 영향을 끼친다: Swan, Gary E., and Dorit Carmelli, "Curiosity and Mortality in Aging Adults: A 5-Year Follow-up of the Western Collaborative Group Study," Psychology and Aging, vol. 11, no. 3(1996년 9월), pp. 449~453. doi:10.1037//0882-7974.11.3.449.

6 도파민은 우리가 사랑에 빠지는 순간 뭔가에 홀리게 만들고, 어떤 것에 강하게 중독되게 만드는 강력한 신경전달물질이다. 행동신경과학자 베서니 브룩셔Bethany Brookshire는 도파민이 섹스와 마약, 로큰롤에 푹 빠지게 만드는 물질이라고 말한다: Brookshire, Bethany, "Dopamine Is _____ Is it love? Gambling? Reward? Addiction?" Slate (July 3, 2013),
www.slate.com/articles/health_and_science/science/2013/07/what_is_dopamine_love_lust_sex_addiction_gambling_motivation_reward.html.

7 그는 이러한 노력을 "아래에 있는 충동부터 위에 있는 충동에 이르기까지 결코 멈추지 않는 충동"이라고 했다. 아들러는 인간의 모든 노력의 원동력, 완벽함을 추구하려는 의지는 타고난 것으로 "그것이 없는 삶은 생각할 수도 없다"고 말한다. 또한 그는 이러한 의지가 없는 인간은 결코 생존할 수 없으리라고 말한다: Adler, Alfred et al, The Individual Psychology of Alfred Adler, New York: Harper Perennial, 2006, pp. 103~104.

8 아들러는 그것을 "진실을 향한 불굴의 탐구"라고 일컫는다. 그리고 그것을 완벽주의와 다시 연관지어 이렇게 말한다. "삶의 문제들을 해결하기 위한 결코 충족되지 않는 노력은 일종의 완벽주의를 향한 갈망에도 그 원인이 있다": ibid.

9 아들러를 추종하는 심리학자 소피 라자스펠드Sophie Lazarsfeld는 "완벽함을 건강하게 추구하는 것과 강박적으로 완벽해지려 하는 것" 사이에는 차이가 있다고 말한다. 라자스펠드는 심리요법을 통해 사람들이 "자기 자신의 불안전함과 직면하는 법을 배우고 …… 불완전해지기 위해 필요한 용기를 얻는다"고 말한다: Lazarsfeld, Sophie, "The Courage for Imperfection," American Journal of Individual Psychology, vol. 22, no. 2(1966), pp. 163~165.

10 우울과 낮은 자존감이 자신의 불완전함을 받아들이지 않은 결과라는 것이 그런 연구들의 골자다: Shinrigaku Kenkyu, "Relationship Between Two Aspects of Self-Oriented Perfectionism and Self-Evaluative Depression: Using Coping Styles of Uncontrollable Events as Mediators," Japanese Journal of Psychology, vol. 75, no. 3 (August, 2004), pp. 199~206.

11 오스트리아의 정신과 의사이자 미국에서 활동하는 루돌프 드라이커스 Rudolf Dreikurs는 문제가 있는 아이들과 함께 하는 프로그램을 개발한 의사로, 1957년 오리건대학에서 다음과 같은 말을 하며 경고했다: Dreikurs, Rudolf, The Courage to Be Imperfect. Eugene, OR: University of Oregon, 1957.

12 드라이커스가 우리를 낙담시키려 한 것은 아니지만 그는 "우리가 기능적인 것을 배우고, 그 일이 어떤 일이건 즐기는 법을 배운다면 우리 스스로 완벽해지려고 애쓸 때보다 더 잘할 수 있다"고 믿었다: ibid, p.289.

13 8세기 당나라의 승려 도오는 이제 막 출가한 스님에게 이렇게 말했다. "보고자 하면 한 번에 다 보아라. 생각하기 시작하면 핵심을 놓친다": Suzuki, Daisetz T., Zen and Japanese Culture, Princeton, NJ: Princeton University Press, 2010, p. 13.

14 전문 서퍼들이 실제로 물에서 서핑을 하는 데 보내는 시간은 전체 서핑에 소요하는 시간의 8퍼센트에 불과하다는 연구 결과도 있다: SurferToday, www.surfertoday.com/surfing/7653-surfers-only-spend-8-of-the-time-riding-waves(정보 확인 날짜 2017년 11월 12일).

2장

15 가장 잔혹한 이야기들은 수전 케이시Susan Casey의 《더 웨이브The Wave》에 잘 나와 있다. 책에는 브렛 리클Brett Lickle이 30미터 높이의 파도 위에서 제트스키 등 다른 장치에 연결하기 위해 장착한 면도날처럼 날카로운 견인용 핀에 종아리를 찢긴 이야기도 있다: In Pursuit of the Rogues, Freaks and Giants of the Ocean, New York: Anchor Canada, 2011, p. 282.

16 피네건은 10대였던 여자 친구에 관해 이렇게 말한다. "카린은 서핑을 배우는 데 관심이 없었는데 나는 그것이 합리적이라고 생각했다. 좀 더 나이가 들어서, 그러니까 열네 살이 넘어서 서핑을 시작하려는 사람들은 내 경험상 서핑에 능숙해질 가능성이 거의 없으며 대부분 고통과 슬픔을 겪고 나서야 그만둔다": Finnegan, William, Barbarian Days: A Surfing Life, New York: Penguin Books, 2016, p. 123.

17 "《화살경The Sutra of the Arrow》은 불교 경전에서 반복되는 멋진 구절로 우리에게 두 가지 고통이 있음을 알려줍니다. 하나는 육체적 고통으로 실재하는 고통이고, 다른 하나는 정신적 고통으로 만든 고통이지요." 자이말 요기스는 서핑 전문 용어들을 자연스럽게 사용해 복잡하게 얽히고설킨 고뇌하는 영혼들의 이야기를 풀어냈다. 그는 내게 이렇게 말했다. "당신이 당신 자신에게 하는 이야기들을 인식하고 그 이야기들은 당신 자신이 만들어낸 이야기라는 사실을 깨달아야 해요. 그리고 애초에 그런 이야기들이 있다는 사실에 스스로를 비난할 수도 있지만 그 이야기들을 밀어내는 것은 더욱 고약한 일이에요": Jaimal Yogis, ibid.

18 예를 들어 케티 케이Katty Kay는 마흔 살의 나이에 카이트 서핑을 시작했으며, 자신감에 관한 책을 썼다. 나는 케티가 못하는 일을 하는 것이 자신감을 얻는 데 얼마나 큰 도움이 되는지에 관한 연구를 통해 빛을 발할 수 있기를 바랐다: The Science and Art of Self-Assurance—What Women Should Know, New York: HarperBusiness, 2018, p. 40.

19 자신감, 낙천주의, 자기효능감 등은 미묘하게 차이가 나기는 하지만 두 저자는 이 모든 것이 "개인의 역량에 대한 감각과 밀접한 관련이 있다"고 말한다: Kay, ibid., p. 48.

20 "자신감은 생각을 행동으로 옮겨준다." 오하이오 주립대학교 심리학 교수이자 이 분야의 전문가인 리처드 페티Richard Petty는 말한다. : Kay, ibid., p.50.

21 "도전이라는 요소가 매력적이다. 나는 나만의 악마들과 싸우고 있었다. 내가 카이트서핑을 시작한 13년 전에는 이 스포츠를 하는 여성이 많지 않았으며, 남성이 현저하게 많은 종목을 정복한다는 점도 카이트서핑을 매혹적으로 보게 된 요소 중 하나였다": Katty Kay, 저자와의 인터뷰(2017년 8월 24일).

22 "의지력은 변화를 견딜 정도로 강하지 않다." 케슬러 박사는 우리에게 말한다. "도전은 그저 자기훈련에 불과한 그 무엇 또는 비난에 불과한 그 무엇에서 힘을 이끌어낸다. 자신을 고립시키는 압박을 내려놓을 때 그리고 자신에 대한 선입견 대신 응원과 유대감을 받아들일 때 지속적인 변화가 일어난다": Kessler, p. 267.

23 베트남의 승려 틱낫한 스님은 욕망이 어머니의 자궁을 떠날 때 생존을 추구하던 것에서 비롯된다고 말한다. 중국과 베트남에서는 자궁이 '아기를 위한 궁전'이라는 뜻이다: Hanh, Thich Nhat, Fear, New York: HarperOne, 2012, p. 8.

24 그러나 틱낫한은 이렇게 말한다. "갈망이 우리 안의 모든 고통을 야기한다고 말하는 것은 지나친 단순화다": Hanh, Thich Nhat, The Heart of the Buddha's Teaching: Transforming Suffering into Peace, Joy, and Liberation, New York: Harmony, 1999, p. 23.

25 틱낫한의 《반야심경》에는 이런 말이 있다. "우리가 달리기를 멈추지 않는다면 우리 안에 있는 그리고 우리 주위에 있는 생명의 기적들을 놓치게 될 것이다. …… 무원을 행한다면 그 무엇도 더 이상 좋지 않아도 된다": Hanh, Thich Nhat, The Other Shore: A New Translation of the Heart Sutra, Berkeley, CA: Palm Leaves Press, 2017, p. 97.

26 이런 의미 부여와 그 필요성을 내려놓는 것이 자유로울 수 있는 방법이며 "자유는 행복을 위한 유일한 조건이다": Hanh, Fear, pp. 78-79.

27 신경가소성은 "함께 활동하는 신경들이 함께 연결된다"는 법칙을 토대로 한다. 이 말은 1949년에 신경심리학자 도널드 헵Donald Hebb이 인간은 어떻게 학습하고 어떻게 습관이 형성되는지 설명하면서 제안한 개념이다: Cooper, S. J., "Donald O. Hebb's Synapse and Learning Rule: A History and Commentary," Neuroscience and Biobehavioral Reviews, vol. 28, no.8 (January 2005), www.ncbi.nlm.nih.gov/pubmed/15642626.

28 케슬러는 이렇게 말한다. "한 가지 캡처를 극복하려면 또 다른 캡처를 발견해야 하는 경우가 많지만 우리는 점차 우리의 마음가짐을 새로 만들 수 있고 심지어 세상을 경험하는 방식도 변화시킬 수 있다": Kessler, David A., Capture: Unraveling the Mystery of Mental Suffering, New York: Harper Perennial, 2017, p. 267.

29 케슬러는 책에서 이렇게 말한다. "평생을 살아가면서 우리는 뒤죽박죽이고 더러는 혼란스러운 인생의 조각들 속에서, 끊임없이 진화하는 우리 삶의 이야기 속에서 저마다의 일관된 이야기를 만들어간다. …… 스스로 만든 줄거리가 없다면 우리 삶의 궤적은 세부적인 것들이 무작위로 끊임없이 흩어지는 느낌일 것이다. …… 그렇다면 우리의 이야기가 어떻게 구성되는가가 중요한 문제다": Kessler, ibid., p. 266.

30 글쓰기의 장인 조앤 디디온 Joan Didion은 이렇게 말한다. "우리는 살기 위해 이야기를 한다": Didion, Joan, We Tell Ourselves Stories in Order to Live: Collected Nonfiction, New York: Everyman's Library, 2006.

3장

31 브라운은 이렇게 말한다. "약함은 사랑, 소속감, 기쁨, 용기, 공감, 창의

성의 고향입니다. 희망, 연민, 책임, 진정성의 원천이기도 합니다": Brown, Brené, Daring Greatly: How the Courage to Be Vulnerable Transforms the Way We Live, Love, Parent, and Lead, reprint ed., New York: Avery, 2015, p. 34.

32 브라운의 연구에서는 이런 것을 수치심의 "어둠의 마법 방어술"이라고 일컫는다. 브라운은 이렇게 말한다. "수치심은 말하지 못하는 상태에서 그 힘을 끌어낸다. 부끄러움을 말할 수 있다면 그 감정은 시든다. …… 수치심이 우리의 가치관과 유대감을 질식시킨다면 우리는 약함을 받아들일 수 없다": ibid., p.67

33 이 주제를 다룬 여러 책이 있지만 신경과학자 올리버 색스Oliver Sacks의 유작《고맙습니다》는 그중 가장 아름다운 책으로 꼽힌다. 얇지만 깊은 감동을 주는 에세이 모음집인 이 책은 그가 자신이 죽어간다는 사실을 알고 쓴 글이다. 전이된 암세포가 삶의 마지막을 재촉한다는 사실을 알고 있던 색스 박사는 이렇게 말한다. "두렵지 않다고는 못할 겁니다. 하지만 감사한 마음이 가장 큽니다": Sacks, Oliver, Gratitude, New York: Knopf, 2015, p. 20.

34 심리학자들로 구성된 한 연구팀에서 9·11 테러 이후 사람들의 감정에 관해 진행한 한 연구에 따르면 두려움, 분노, 슬픔 같은 감정에 감사함이나 연민 같은 긍정적 감정이 매우 밀착되어 있다: Fredrickson, Barbara L. et al., "What Good Are Positive Emotions in Crises? A Prospective Study of Resilience and Emotions Following the Terrorist Attacks on the United States on September 11, 2001," Journal of Personality and Social Psychology, vol. 84, no. 2 (February 2003). www.ncbi.nlm.nih.gov/pmc/articles/PMC2755263/.

35 미시간대학의 심리학자 바버라 프레드릭슨Barbara Fredrickson은 부정적인 감정과 긍정적인 감정 상태 사이의 연관성을 연구해 '확장과 수립broaden-and-build' 이론을 만들었다. 프레드릭슨은 "긍정적 감정이 사람들의 순간적인 생각과 행동 레퍼토리를 확장해주며 지속될 수 있게 해준다"고 말한다: Fredrickson, Barbara L., "Broaden-And-Build Theory of Positive

Emotions," Philosophical Transactions of the Royal Society B, vol. 359, no. 1449(September 2004), p. 1369, doi:10.1098/rstb.2004.1512.

36 데일 웹스터Dale Webster는 하루도 쉬지 않고 가장 오랜 기간 연속해서 서핑을 한 것으로 기네스북 신기록을 보유한 사람이다: "Most Consecutive Days Surfing," Guinness World Records, www.guinnessworldrecords.com/world-records/most-consecutive-days-surfing(March 4, 2018).

37 서른 시간에 걸친 수술을 받은 졸리는 "그 경험에 대한 직접적인 반응으로 지독히도 형편없는 나만의 사적인 섬에 들어갔다"고 말한다. 그는 이런 의문이 들었다. "인간은 도대체 얼마나 무너져야 겸손함이라는 지점에 도달할 수 있을까? 결국 그 지점에서 무언가를 배울 수 있을 텐데": Andrew Zolli, 저자와의 인터뷰(2018년 3월 8일).

38 조엘 디너스테인Joel Dinerstein은 저서 《전후 미국에서 쿨의 기원The Origins of Cool in Postwar America》에서 흑인 연주가들이 끊임없이 부딪쳐야 하는 인종차별에 맞서서 '쿨함'이 어떻게 생존 메커니즘이 되는지를 보여준다. 그는 책에서 "쿨하게 연주하기 위해 연주자들은 억압되고 상처 입기 쉬운 약한 상태를 냉담한 연주와 조화시켰다"고 말했다: Dinerstein, Joel, The Origins of Cool in Postwar America, Chicago: University of Chicago Press, 2018, p. 24.

39 디너스테인은 TED 강연에서 색소폰 연주자이자 쿨의 제왕 레스터Lester Young의 이야기를 들려준다. 레스터 영은 자신을 "엉클 톰처럼 여기는 분위기"에 맞서 무대에서 웃지 않았다: Dinerstein, Joel, Why Cool Matters. TEDxNashville, March 21, 2015.

40 "간단히 말하면요? 난 쿨하지 않아요. 살면서 한 번도 쿨한 적이 없어요": Anthony Bourdain, 저자와의 인터뷰(2018년 3월 14일).

4장

41 불교 수도승이자 명상가 페마 초드론Pema Chödrön은 《세상이 무너질 때 When Things Fall Apart》에서 이렇게 말한다. "자신의 한계에 도달하는 것은 장 애물을 만나거나 형벌을 받는 것이 아니라 온전한 정신 상태와 무조건적인 인 간의 선함에 이르는 길을 찾는 것과 같다": Chödrön, Pema, When Things Fall Apart: Heart Advice for Difficult Times, 20th anniversary ed. Boulder, CO: Shambhala, 2016, p. 16.

42 초드론은 이렇게 말한다. "우리에게 벌어지는 일을 훼방꾼이나 적으로 경 험하느냐 스승이나 친구로 경험하느냐는 전적으로 현실을 지각하는 방식에 달렸다. 즉 자신과의 관계에 달려 있다": Chödrön, ibid., p.65.

43 서핑과 바다를 주제로 작업하는 사진작가 르로이 그래니스LeRoy Grannis가 1968년에 찍은 사진 속 패럴리는 파도를 타며 서프보드 위에 서서, 양발을 벌 리고, 무릎은 살짝 굽히고, 팔은 편안하게 늘어뜨린 채 양손을 모으고, 고개를 기도하듯 숙이고 있다: Grannis, LeRoy, Midget Farrelly Surfing Shore Break, Makaha, 1968.

44 로스는 우리가 인과관계의 사슬과 반드시 맥락이 닿아야 한다는 관 념을 잠시 내려놓을 때, 그런 관념을 버리지 않았다면 활용할 수 없을 기 회들에 더 다가간다고 말한다: Roth, Remo F., "Introduction to Carl G. Jung's Principle of Synchronicity," Remo F. Roth, PhD, Home Page, 2002, paulijungunusmundus.eu/synw/synchronicity_jung.htm(정보 확인 날짜 2017 년 12월 1일).

45 18세기 시인이자 위대한 철학자인 프리드리히 실러Friedrich Schiller는 《프 리드리히 실러의 미적 교육론》에서 오직 일에만 매달리는 것을 경고한다. 그 는 이렇게 말한다. "인간은 인간이라는 말을 완전하게 느낄 때 놀이를 하며, 놀이를 할 때 비로소 완전한 인간이 된다": Schiller, Friedrich et al., "Twenty-Third Letter," On the Aesthetic Education of Man in a Series of Letters,

Oxford: Clarendon Press, 2005, p. 107.

46 내가 앤디에게 사르트르는 실존적 불안과 싸우기 위한 방편으로 무엇을 형편없이 못했느냐고 묻자 그는 《존재와 무Being and Nothingness》를 언급한다. 《존재와 무》에서 사르트르는 주로 스키를 언급하다가 물 위를 미끄러져가는 경험을 이야기한다. "사르트르의 말은 서핑을 하건 스키를 타건 모두 소크라테스가 되려고 한다는 뜻이다. 즉 죽어서 신처럼 되고 싶어 한다는 의미다. 오류를 범하기 쉬운 인간의 특징을 극복하기 위해. 그래서 나는 스키를 탈 때 오직 스키어이고만 싶다. 절반은 우회적인 방식으로. 완벽하다. 흠 잡을 데 없다. 사르트르는 이 부분에 관해 '즉자卽自와 대자對自'라는 표현을 사용한다. 모두가 신이 되고 싶어 한다. 그러나 우리의 의식 자체에 실패감이 자리 잡는다. 꿈과 경험 사이에는 불가피한 불균형이 존재한다": Andy Martin, 저자와의 인터뷰(2018년 1월 15일).

47 사르트르가 말했듯, 놀이는 자유다: Sartre, Jean-Paul, "Freedom: The First Condition of Action," Being and Nothingness: An Essay on Phenomenological Ontology, Translated by Hazel E. Barnes, New York: Washington Square Press, 2012, pp. 580-581.

48 요제프 피퍼Josef Pieper는 놀이와 여가에는 그보다 더 큰 것이 있음을 상기시켜준다. 그는 이렇게 말한다. "분명히 이해해둬야 할 것이 있는데, 여가는 정신적 태도이자 영적인 태도다. 여가는 단순한 외부적 요소들의 결과가 아니며 남는 시간이나 휴가, 주말, 방학 등에서 생기는 불가피한 결과도 아니다. 무엇보다도 여가는 마음의 자세이자 영혼의 상태……": Pieper, Josef, Leisure: The Basis of Culture, San Francisco: Ignatius Press, 2009, p. 46.

49 내가 가장 좋아하는 서핑 영화는 〈스텝 인투 리퀴드Step Into Liquid〉인데, 그 영화에 등장하는 전문 서퍼와 작가 샘 조지는 서핑의 목적을 묻는 질문에 이렇게 대답한다. "만약 내가 물에 들어갈 때보다 훨씬 달라진 기분, 훨씬 좋아진 기분으로 물을 나온다면, 그리고 그런 기분이 어떤 방식으로든 내 삶을 변화시키고 결과적으로 내가 더 행복하고 멋진 사람이 된다면, 아마 서핑이

사회적으로도 좋다고 주장할 수 있을 겁니다": Step Into Liquid, 다큐멘터리, Dana Brown 감독(Artisan Entertainment, 2003), DVD.

50 영향력 있는 영국 경제학자 존 메이너드 케인스John Maynard Keynes 는 1931년에 펴낸 《손주 세대의 경제적 가능성Economic Possibilities for Our Grandchildren》에서 2028년에는 국제경제가 매우 거대하고 효율적이 되어서 주당 노동시간이 15시간으로 줄어들 것이라고 예측했다. 그는 줄어든 시간만큼 생기는 남는 시간을 사람들이 어떻게 채울 것인지가 문제라고 했다. 그리고 이렇게 묻는다. "일반적인 신경 쇠약증은 …… 예측하지 말아야 하는가?" 케인스는 요제프 피퍼가 언급한 정신적 태도와 영적인 태도에서 자신감의 부족을 이야기하며 이렇게 말한다. "우리는 지나치게 오랫동안 열심히 노력하도록 그리고 즐기지 않도록 단련되어왔다": Keynes, John Maynard, Economic Possibilities for Our Grandchildren, Revisiting Keynes, edited by Lorenzo Pecchi and Gustavo Piga, Cambridge, MA: MIT Press, 2008, pp. 22‐23.

51 합 방식의 경제 시스템과 성과 위주의 보상 시스템도 이런 현상을 부추긴다. 하버드대학의 경제학자 리처드 B. 프리먼은 이렇게 말한다. "추가로 한 시간 더 일한 사람에게 더 많은 보상을 준다." 무조건 일을 많이 한 사람이 승자인 것이다!: Freeman, Richard B., "Why Do We Work More Than Keynes Expected?" ibid., p. 137.

52 프리먼은 이렇게 말한다. "미국은 부의 증가가 여가시간을 더 많이 늘려줄 것이라고 한 케인스의 예측에 가장 현저하게 반대되는 사례를 보여준다.

53 미국인은 지나치게 일을 열심히 해서 보통 주어지는 휴가도 가지 않는 반면 유럽의 경우 대부분의 사람들이 4~5주가량 되는 휴가를 거의 다 쓴다": Close, Kerry, "France Just Gave Workers the 'Right to Disconnect' from Work Email," Time(January 3, 2017). time.com/4620457/france-workers-disconnect-email/.

54 프랑스의 이전 정책은 미국과는 매우 다른 면이 있는 듯 보이지만, 통계를 보면 프랑스인이 미국인보다 15퍼센트 적게 일하면서도 미국인만큼 생산

적이다: "Average Annual Hours Actually Worked per Worker," OECD.stat, Organisation for Economic Co-Operation and Development, 2018. stats. oecd.org/index.aspx?datasetcode=ANHRS#, https://data.oecd.org/lprdty/gdp-per-hour-worked.htm; https://stats. oecd.org/index.aspx?DataSetCode=ANHRS(정보 확인 날짜 2018년 11월 18일).

55 고프닉은 TED 강연 〈무엇이 아기들을 생각하게 만드는가?〉에서 유아와 성인의 사고 과정을 비교한다: Gopnik, Alison, "What Do Babies Think?" TED Global, 2011년 10월, www.ted.com/talks/alison_gopnik_what_do_babies_think.

56 미국질병통제예방센터 The CDC의 보고에 따르면, 1994년에서 2010년 사이 정신질환 관련 약물 복용량이 다섯 배로 늘었다.: Health, United States, 2013: With Special Feature on Prescription Drugs, Report no. 2014-1232. Hyattsville, MD: National Center for Health Statistics, 2014.

5장

57 인터넷 웹사이트에서 5 of the Goriest Wipeouts(파도에 휩쓸려 생긴 최악의 5대 참사)로 검색하면 슈퍼스타 서퍼인 케알라 케널리Keala Kennelly가 테아후포Teahupo에서 이런 울퉁불퉁한 바닥에 넘어져 얼굴에 상처를 입은 모습을 확인할 수 있다(Teahupo는 초푸 또는 촙스라도 발음한다). 경고하는데······ 부상 모습이 꽤 잔혹하다: Haro, Alexander. "5 of the Goriest Wipeouts in Surfing's History," The Inertia (October 31, 2014), www.theinertia.com/surf/5-of-the-goriest-wipeouts-in-surfings-history/.

58 "해나 아렌트는 걸작 《인간의 조건》에서 개인과 군중에 관한 담론을 펼치며 이런 말을 했다. "우리가 보는 것을 보고, 우리가 듣는 것을 듣는 다른 이들의 존재는 세상과 우리 자신의 실존을 확인시켜준다": Arendt, ibid., p. 50.

59 로맹 롤랑은 이 개념을 모든 종교의 원천이라고 했다. 그는 이것을 "영원에 대한 단순하고 직접적인 감각, 즉 한계나 경계가 없는 감각"이라고 설명했다. 프로이트는 신비한 의미 부여에 반박하며 그것을 "외부 세계와 완전히 하나가 된 느낌"이라고 설명했다: Saarinen, Jussi A., "A Conceptual Analysis of the Ocean Feeling," Jyväskylä, Finland: Jyväskylä University Printing House, 2015, p. 10.

60 작가 아서 쾨슬러Arthur Koestler는 이 감정을 근사하게 묘사한다. "더 높은 실재, 자신이 그 일부라 느끼고 그 정체성에 항복하게 되는, 그것은 자연일 수도 있고 신이나 세계정신, 마법, 소리의 바다일 수도 있다": Koestler, Arthur, "The Three Domains of Creativity," Philosophy of History and Culture, edited by Michael Krausz et al., vol. 28(June 7, 2013), pp. 251 – 266.

61 회전하는 세계의 정지점. 육신도 비육신도 아닌; (중략) 그리고 얼마나 오래 제시간에 있을지도 말할 수 없다: Eliot, T. S., "Burnt Norton," Four Quartets, Boston: Mariner Books, 1943.

62 이러한 유대와 확고함을 주는 것이 예술의 영속성이라면서 해나 아렌트는 이렇게 말했다. "그것은 마치 세계의 안정성이 예술의 영속성 속에서 투명해짐으로써 불멸의 신호, 즉 영혼이나 생명의 불멸이 아니라 죽을 수밖에 없는 인간의 손이 이룬 불멸의 그 어떤 것이 구체적인 모습으로 현존하게 되어, 빛을 발하여 볼 수 있고 소리를 내어 들을 수 있으며 말을 하거나 읽을 수 있게 되는 것과 같다": Arendt, ibid., p. 168.

63 프랑스의 소설가이자 극작가 장 콕토Jean Cocteau는 모든 예술이 그림을 그리기 위해, 시를 쓰기 위해, 영화를 찍기 위해 복잡하게 얽힌, 풀리지 않는 선을 그리는 과정이라고 생각했다: Riding, Alan, "Art; Jean Cocteau, Before His Own Fabulousness Consumed Him," New York Times(October 5, 2003), www.nytimes.com/2003/10/05/arts/art

-jean-cocteau-before-his-own-fabulousness-consumed-him.html.

64 윌리엄 제임스에게 "신념은 의심이 여전히 이론적으로 가능한 어떤 것

에 관한 믿음을 뜻한다. 그리고 믿음을 시험하려면 행하려는 의지를 보면 되기 때문에, 신념은 이전에 증명되지 않은 어떤 유명한 문제에 대해 명분을 세우고 행동할 준비가 된 것이라고 말할 수도 있다": James, William, The Will to Believe, Human Immortality, and Other Essays in Popular Philosophy, Mineola, New York: Dover, 2017, p. 90.

65 이 이야기는 파도를 타기 위해 필요한 믿음의 도약과 매우 비슷하다. 그는 "엄청나게 위험한 곳을 건너뛰어야만 탈출할 수 있는 산"을 오르는 가상의 상황에서 믿음의 결핍이 가치가 있는지 의문을 제기한다: James, ibid., p. 97.

66 "그렇지만 나 자신에 대한 희망과 자신감은 내 목표를 놓치지 않게 해주며, 그런 주관적인 감정이 없었다면 불가능했을 행동을 하도록 대담하게 만들어준다. 이 경우 (거대한 범주의 하나이자) 지혜에 속한다는 것은 원하는 것을 믿는 것이다. 믿음은 목적을 실현하는 데 없어서는 안 될 필수 예비 조건 중 하나다. 신념이 스스로 증거를 만드는 경우도 있다. 믿어라. 그러면 옳을 것이고, 너 자신을 구할 것이다. 의심하라. 그러면 옳을지라도 너는 죽을 것이다. 이 둘의 유일한 차이점은 믿는 것이 크게 유리하다는 사실이다": James, ibid., p. 97.

67 이탈리아의 이론 물리학자이자 빼어난 작가인 카를로 로벨리Carlo Rovelli 는 윌리엄 제임스의 논리와 비슷하게, '정말 그렇게 되지 않을지도 모르는 것'을 상상하려는 의지가 과학적 발견의 기본이 된다고 말한다. "과학 사업의 장점은 미지의 것을 다루고 미지의 세계를 향해 한 걸음씩 나아가는 것이다. 이 일은 아름다움, 직관, 상상력에서 비롯되지만 그것들을 확인하는 방식은 매우 엄격하다. 이 말은 수많은 아름다운 생각들이 틀린 것으로 판명 난다는 사실을 의미한다": Tippett, Krista and Carlo Rovelli, "On Being with Krista Tippett: Carlo Rovelli—All Reality Is Interaction," The On Being Project(2017년 5월 10일), www.youtube.com/watch?v=jXFbtDR7IF4.

6장

68 베스트셀러 《헬리콥터 부모가 자녀를 망친다》의 저자 줄리 리스콧-헤임스와 이 주제에 관해 대화를 나눈 적이 있는데 헤임스가 논지를 명쾌하게 정리해주었다. "부모는 아이들의 가장 중요한 롤 모델이에요. 우리가 최고의 롤 모델이 될 수 있을지는 우리에게 달려있죠": Julie Lythcott-Haims, 저자와의 인터뷰 (2018년 6월 8일).

69 헬리콥터 육아라는 말은 브루스 에릭 케플러Bruce Eric Kaplan이 뉴요커에 실은 카툰에서 등장했다. Kaplan, Bruce Eric. New Yorker(August20, 2018)

70 200년도 훨씬 전에 철학자 요한 고틀리프 피히테Johann Gottlieb Fichte는 《인간의 사명The Vocation of Man》이라는 에세이에서 이런 말을 했다. "일어났던 모든 일 중에 이전 순간과 조금이라도 다른 것이 있다면, 지금 이 순간도 뭔가 달라졌을 것이다. 그렇다면 지금을 이 상태로 만든 것은 무엇인가? …… 모든 그 순간은 또다시 '그 순간' 바로 전에 일어났던 순간에 달려 있다. 마지막 한순간도 '그 순간' 전의 순간에 달려 있다. 이렇게 무한히 반복되고 …… 현재의 순간에는 무한히 긴 과거와 무한히 긴 미래가 다르다는, 전체를 생각하지 않으면 지금 그 모래알의 위치가 아닌 다른 위치의 모래알은 생각할 수 없다": Fichte, Johann Gottlieb, The Vocation of Man, new ed., Translated by Peter Preuss, Indianapolis: Hackett Publishing, 1987.

71 MIT의 과학자 에드워드 로렌즈Edward Lorenz의 발견은 '나비 효과'로 더 잘 알려져 있다. 이것은 결과를 예측하는 데 도움을 주었고, 장기적인 기상 예보가 얼마나 그리고 왜 어려운지를 최초로 입증하는 데도 도움을 주었다: Gleick, James, "The Butterfly Effect.," Chaos: Making a New Science, New York: Penguin Books, 2008, pp. 9 - 32.

72 그 결과는 이론적으로 예측 가능한 과학 모델 대신 어떤 일이 벌어지는 것을 바라보는 새로운 시각인 카오스 이론으로 이어졌다. 로렌즈는 이렇게 설명했다. "현재가 미래를 결정하지만, 현재의 근사치가 미래의 근사치를 결정하

지는 못한다": Lorenz, Edward N., "Deterministic Nonperiodic Flow," Journal of Atmospheric Sciences, vol. 20, no. 2(January 7, 1963), https://journals. ametsoc.org/doi/pdf/10.1175/1520-0469%281963%29020%3C0130%3ADNF% 3E2.0.CO%3B2.

7장

73 태국의 승려이자 교사인 아잔 차Ajahn Chah가 '비아非我'라는 어려운 개념에 관해서 했던 유명한 말이 떠오른다. "비아를 이해하려면 명상을 해야 한다. 머리로만 이해하려고 하면 머리가 터질 것이다": Ajahn Chah et al., A Still Forest Pool: The Insight Meditation of Achaan Chah., Wheaton, IL: Quest Books, 2004, p. 173.

74 아일랜드의 시인이자 철학자 존 오도너휴John O'Donohue는 《아름다움: 보이지 않는 포옹Beauty: The Invisible Embrace》에서 이런 말을 했다. "아름다움은 빛과 사랑의 영역에만 속하지 않으며, 갈등과 단절되어 있지도 않고, 그 반대편의 이야기들에서 고립돼 있지도 않다. 아름다움의 활기와 생명력은 전혀 다른 것의 중심에서 나온다.": O'Donohue, John, Beauty: The Invisible Embrace: Rediscovering the True Sources of Compassion, Serenity, and Hope., New York: HarperCollins, 2004, p. 40.

75 전직 성직자였던 오도너휴가 2008년 갑자기 세상을 떠나면서 우리는 이시대 가장 위대한 철학자 중 한 명을 잃었다. 그는 생전 마지막 인터뷰에서 내면의 아름다움에 관해 이렇게 말했다. "그것은 밀려오는 충만함, 은총과 우아함에 대한 더 큰 감각이자 더 깊은 감각이며 앞으로 펼쳐질 생의 풍성한 기억의 고향입니다": Tippett, Trista, and John O'Donohue, "John O'Donohue—The Inner Landscape of Beauty," The On Being Project 2017년 8월 31일), onbeing.org/programs/john-odonohue-the-inner-landscape-of-beauty/

76 그의 글에는 이런 말이 있다. "봄꽃은 활짝 핀 꽃만 보아야 할까. 달은 구름 한 점 없는 맑은 날에만 보아야 할까. 내리는 비와 함께 달을 그리워하기도 하고, 발이 드리운 방에 있느라 봄이 지나가는 걸 보지 못했다 해도 마음은 더 애잔하고 그윽해진다": Kenko, Yoshida, Essays in Idleness and Hdjoki, Translated by Meredith McKinley, London: Penguin Classics, 2014.

77 "서양 사람들이 장인이 되지 못하는 이유는 실패와 성공 사이의 거리가 너무 명확히 정해져 있어서 시작도 하기 전에 중단하기 때문이지. 서양에서는 모든 일을 쉽게 하고 싶어 해. 타고난 재능을 기대하지. 장인이 된다는 건 다듬어 나가는 것이지 통달한다는 게 아니야. 어제 만들었던 것을 내일은 조금 더 낫게 만드는 과정일 뿐이지": Mike Magers, 저자와의 인터뷰 (2017년 9월 6일).

78 노벨 물리학상 수상자인 프랭크 윌책Frank Wilczek은 의미에 대한 질문은 측정하기 어려우므로 대신 이렇게 묻는다. "이 세상이 아름다운 개념들을 구현하고 있는가?": Tippett, Krista, and Frank Wilczek. "Why Is the World So Beautiful?" The On Being Project (2016, 4월 28일), onbeing.org/programs/frank-wilczek-why-is-the-world-so-beautiful/.

79 나오미 시하브 나이Naomi Shihab Nye의 〈친절함Kindness〉이라는 시가 떠오른다. 친절함이 무언지 진정으로 알려면(중략) 바로 나라고: Nye, Naomi Shihab, "Kindness," Different Ways to Pray, Portland, OR: Breitenbush Books, 1980.

80 눈을 뜨고 마음을 열면, 가장 필요한 순간에 "세상 사람들 사이에서 고개를 내미는 친절"을 받아들이게 된다. 물론 위험도 있다. 엘리자베스 레서 Elizabeth Lesser는 이렇게 말한다. "마음을 열었을 때 심장이 어떤 느낌일지는 선택할 수 없다": Elizabeth Lesser, 저자와의 인터뷰(2018년 8월 10일).

81 초걈 트룽파는 이런 글을 남겼다. "진부한 관점에서 보면 두려움이 없다는 것은 어떤 대상을 무서워하지 않는다는 뜻이다. 누가 당신을 때리면 당신도 그를 때릴 것이다. 그러나 우리는 거리의 싸움꾼처럼 두려움이 없는 상태

를 이야기하는 것이 아니다. 진정으로 두려워하지 않는 마음은 부드러운 마음에서 나온다. 두려움이 없다는 건 세상이 당신의 마음을 간지럽히게 내버려두는 것이다. 순전하고 아름다운 마음을. 부끄러움도 저항도 없이 기꺼이 마음을 열고 세상을 정면으로 바라보아야 한다. 다른 이들과 기꺼이 마음을 나누어야 한다": Trungpa, Chögyam, "The Genuine Heart of Sadness," The Sun Magazine(2014년 7월), www.thesunmagazine.org/issues/463/the-genuine-heart-of-sadness

82 지금은 세상을 떠난 내 친구 앤서니 부르댕은 이런 말을 했다. "하다 보면 그냥 조금 덜 못하는 것일 뿐"이라고: Anthony Bourdain, ibid.

참고 문헌

Adler, Alfred. The Individual Psychology of Alfred Adler. Edited by Ansbacher, Heinz L. and Rowena R. et al. New York: Harper Perennial, 2006, pp. 103 – 104.

Arendt, Hannah. The Human Condition, 2nd ed. Chicago: University of Chicago Press, 1998, p. 246.

Barnes, Julian. The Sense of an Ending. New York: Vintage Books, 2012, p. 1.

Beck, Julie. "When Nostalgia Was a Disease." The Atlantic (August 14, 2013), www.theatlantic.com/health/archive/2013/08/when-nostalgia-was-a-disease/278648/.

Beckwith, Christopher I. Greek Buddha. Princeton, NJ: Princeton University Press, 2017.

Blake, Tom. Hawaiian Surfriders, 1935. Redondo Beach, CA: Mountain & Sea Publishing, 1983.

_____. A Surfer's Philosophy. Walnut, CA: Mount San Antonio College Philosophy Group, 2016.

Bourdain, Anthony. Interview by the author (March 14, 2018).

Brookshire, Bethany. "Dopamine Is _____ Is it love? Gambling? Reward?

Addiction?" Slate Magazine(July 3, 2013), www.slate.com/articles/health_
and_science/science/2013/07/what_is_dopamine_love_lust_sex_
addiction_gambling_motivation_reward.html.

Brown, Brené. Daring Greatly: How the Courage to Be Vulnerable
Transforms the Way We Live, Love, Parent, and Lead. New York:
Avery, 2015.

_____. The Power of Vulnerability. TEDxHouston(June 2010),
www.ted.com/talks/brene_brown_on_vulnerability.

Casey, Susan. The Wave: In Pursuit of the Rogues, Freaks and Giants of the
Ocean. Toronto: Anchor Canada, 2011, p. 229.

Chah, Achaan et al. A Still Forest Pool: The Insight Meditation of Achaan
Chah. Wheaton, IL: Quest Books, 2004, p. 173.

Chödrön Pema. When Things Fall Apart: Heart Advice for Difficult Times.
Boulder, CO: Shambhala, 2017.

Clifford, William K. "The Ethics of Belief," people.brandeis.edu/~teuber/
Clifford_ethics.pdf. p. 3.

Close, Kerry. "France Just Gave Workers the 'Right to Disconnect' from Work
Email." Time(January 3, 2017), time.com/4620457/france-workers-
disconnect-email/.

Cooper, S. J. "Donald O. Hebb's Synapse and Learning Rule: A History and
Commentary." Neuroscience and Biobehavioral Reviews, vol. 28,
no. 8(January 2005), www.ncbi.nlm.nih.gov/pubmed/15642626.

Didion, Joan. We Tell Ourselves Stories in Order to Live: Collected
Nonfiction. New York: Everyman's Library, 2006.

Dinerstein, Joel. The Origins of Cool in Postwar America. Chicago: University
of Chicago Press, 2018, p. 24.

_____. Why Cool Matters. TEDxNashville(March 21, 2015).

Dreikurs, Rudolf. "The Courage to Be Imperfect." Eugene: University of Oregon, 1970.

Eich, Eric et al. Cognition and Emotion. Oxford: Oxford University Press, 2000.

Eliot, T. S. "Burnt Norton." Four Quartets. Boston: Mariner Books, 1943.

Epictetus. The Handbook(The Encheiridion). Translated by Nicholas P. White. Indianapolis: Hackett Publishing, 1983.

Fichte, Johann Gottlieb. The Vocation of Man. new ed. Translated by Peter Preuss. Indianapolis: Hackett Publishing, 1987, p. 6.

Finnegan, William. Barbarian Days: A Surfing Life. New York: Penguin Books, 2016, p.123.

Frank, Thomas C. The Conquest of Cool: Business Culture, Counterculture, and the Rise of Hip Consumerism, paperback ed., Chicago: University of Chicago Press, 1998.

Fredrickson, Barbara L. "Broaden–And–Build Theory of Positive Emotions." Philosophical Transactions of the Royal Society B, vol. 359, no. 1449, September 2004, pp. 1367 – 1378, doi:10.4135/9781412956253.n75.

Fredrickson, Barbara L. et al. "What Good Are Positive Emotions in Crises? A Prospective Study of Resilience and Emotions Following the Terrorist Attacks on the United States on September 11, 2001." Journal of Personality and Social Psychology, vol. 84, no. 2(February 2003), www.ncbi.nlm.nih.gov/pmc/articles/PMC2755263/.

Freeman, Richard B. "Why Do We Work More Than Keynes Expected?" Revisiting Keynes, edited by Lorenzo Pecchi and Gustavo Piga. Cambridge, MA: MIT Press, 2008, p. 137.

Gleick, James. "The Butterfly Effect." Chaos: Making a New Science. New York: Penguin Books, 2008, pp. 9 – 32.

Gopnik, Alison. What Do Babies Think? TED Global (October 2011), www.ted.com/talks/alison_gopnik_what_do_babies_think.

Gopnik, Alison et al. The Scientist in the Crib: What Early Learning Tells Us about the Mind. New York: Harper Perennial, 2001.

Grannis, LeRoy. Midget Farrelly Surfing Shore Break. Makaha, 1968.

Groos, Karl. "Introduction." The Play of Man. New York: D. Appleton & Company, 1901, p. 2.

Gurganus, Allan. Oldest Living Confederate Widow Tells All: A Novel. New York: Ivy Books, 1990, p. 211.

_____. The Heart of the Buddha's Teaching: Transforming Suffering into Peace,

Joy, and Liberation. New York: Harmony, 1999.

Hanh, Thich Nhat. The Other Shore: A New Translation of the Heart Sutra. Berkeley, CA: Palm Leaves Press, 2017.

Haro, Alexander. "5 of the Goriest Wipeouts in Surfing's History." The Inertia (October 31, 2014), www.theinertia.com/surf/5-of-the-goriest-wipeouts-in-surfings-history/.

_____. "Laird Hamilton's Millennium Wave Reshapes How the World Looks at Surfing." The Inertia(June 13, 2014), www.theinertia.com/surf/laird-hamiltons-millennium-wave-reshapes-how-the-world-looks-at-surfing/.

Harris, Sam. Waking Up: A Guide to Spirituality without Religion. New York: Simon & Schuster, 2014.

Herrigel, Eugen. Zen in the Art of Archery. New York: Vintage Books, 1999.

Hume, Nancy G, ed. Japanese Aesthetics and Culture: A Reader. Albany, NY: State University of New York Press, 1996.

James, William. The Will to Believe, Human Immortality, and Other Essays in

Popular Philosophy. Mineola, NY: Dover, 2017, p. 90.

Jones, Serene. Feminist Theory and Christian Theology: Cartographies of
　　　 Grace. Minneapolis: Augsburg Fortress, 2010.

　　　——————. 저자와의 인터뷰 (April 26, 2018).

　　　——————. Trauma and Grace: Theology in a Ruptured World.
　　　 Louisville, KY: Westminster John Knox, 2009.

Jung, Carl Gustav, and Richard Francis Carrington Hull. Synchronicity: An
　　　 Acausal Connecting Principle. Princeton, NJ: Princeton University
　　　 Press, 1973, p. 115.

Jung, Carl Gustav, and Anthony Storr. The Essential Jung. Princeton, NJ:
　　　 Princeton University Press, 1983.

Kahneman, Daniel. Thinking, Fast and Slow, first ed. New York: Farrar,
　　　 Straus and Giroux, 2011.

Kay, Katty. 저자와의 인터뷰 (August 24, 2017).

Kay, Katty, and Claire Shipman. The Confidence Code: The Science and
　　　 Art of Self—Assurance—What Women Should Know. New York:
　　　 HarperBusiness, 2018, p. 40.

Kenko, Yoshida. Essays in Idleness and Hojoki. Translated by Meredith
　　　 McKinley. London: Penguin Classics, 2014.

Kessler, David A. Capture: Unraveling the Mystery of Mental Suffering. New
　　　 York: Harper Perennial, 2017, p. 267.

Keynes, John Maynard. "Economic Possibilities for Our Grandchildren."
　　　 Revisiting Keynes, ibid., pp. 22 – 23.

Koestler, Arthur. "The Three Domains of Creativity." Philosophy of History
　　　 and Culture, edited by Michael Krausz et al., vol. 28(June 7, 2013),
　　　 pp. 251 – 266.

Lazarsfeld, Sophie. "The Courage for Imperfection." American Journal of

Individual Psychology, vol. 22, no. 2 (1966), pp. 163 – 165.

Lesser, Elizabeth. 저자와의 인터뷰(August 10, 2018).

_____. Tom Blake: The Uncommon Journey of a Pioneer Waterman, edited by William K. Hoopes. Newport Beach, CA: Croul Publications, 2013.

Lythcott-Haims, Julie. How to Raise an Adult: Break Free of the Overparenting Trap and Prepare Your Kid for Success. New York: St. Martin's Griffin, 2016.

_____. 저자와의 인터뷰(June 8, 2018).

Magers, Mike. 저자와의 인터뷰 (September 6, 2017).

Mailer, Norman. The White Negro. San Francisco: City Lights Books, 1972, lines 221 – 224.

Marchant, Jo. Cure: A Journey into the Science of Mind Over Body. New York: Broadway Books, 2016.

Martin, Andy. 저자와의 인터뷰(January 15, 2018).

_____. "Swimming and Skiing: Two Modes of Existential Consciousness." Sports, Ethics and Philosophy, vol. 4, no. 1 (March 11, 2010), doi:10.1080/17511320903264206.

Moskvitch, Katia. "Fiendish Million−Dollar Proof Eludes Mathematicians." Nature: International Weekly Journal of Science(August 5, 2014), www.nature.com/news/fiendish−million−dollar−proof−eludes−mathematicians−1.15659.

Neff, Kristin. Self−Compassion: The Proven Power of Being Kind to Yourself New York: William Morrow, 2015.

Nichols, Wallace J., and Celine Cousteau. Blue Mind: The Surprising Science That Shows How Being Near, In, On, or Under Water Can Make You Happier, Healthier, More Connected, and Better at What You

Do. New York: Little, Brown and Company, 2014.

Nietzsche, Friedrich Wilhelm. On the Genealogy of Morals and Ecce Homo. Edited and translated by Walter Kaufmann. New York: Vintage, 1989.

Nye, Naomi Shihab. "Kindness." Words Under the Words: Selected Poems. Portland, OR: Eighth Mountain Press, 1995.

O'Donohue, John. Beauty: The Invisible Embrace: Rediscovering the True Sources of Compassion, Serenity, and Hope. New York: HarperCollins, 2004, p. 40.

Pauli, Wolfgang, and C. G. Jung. Atom and Archetype: The Pauli/Jung Letters, 1932 – 1958. Edited by C. A. Meier and translated by David Roscoe. Princeton, NJ: Princeton University Press, 2014.

Phelps, Edmund S. "Corporatism and Keynes: His Philosophy of Growth." Revisiting Keynes, ibid., p. 102.

Pieper, Josef. Leisure: The Basis of Culture. San Francisco: Ignatius Press, 2009.

Pope, Alexander. "An Essay on Criticism, Part II." 1711. Riding, Alan. "Art; Jean Cocteau, Before His Own Fabulousness Consumed Him." New York Times(October 5, 2003), www.nytimes.com/2003/10/05/arts/art-jean-cocteau-before-his-own-fabulousness-consumed-him.html.

Rinaldi, Karen. "(It's Great to) Suck at Something." New York Times (April 28, 2017), www.nytimes.com/2017/04/28/opinion/its-great-to-suck-at-surfing.html.

Root-Bernstein, Robert et al. "Arts Foster Scientific Success: Avocations of Nobel, National Academy, Royal Society, and Sigma Xi Members." Journal of Psychology of Science and Technology, vol. 1, no. 2(January

2008), pp. 51 – 63, doi:10.1891/1939–7054.1.2.51.

Roth, Remo F. "Introduction to Carl G. Jung's Principle of Synchronicity." Remo F. Roth, PhD, Home Page, 2002, paulijungunusmundus.eu/ synw/synchronicity_jung.htm (December 1, 2017).

Saarinen, Jussi A. "A Conceptual Analysis of the Ocean Feeling." Jyväskylä, Finland: Jyväskylä University Printing House, 2015, p. 10.

Sacks, Oliver. Gratitude. New York: Knopf, 2015, p. 20.

Sarno, John E. Healing Back Pain: The Mind–Body Connection. New York: Grand Central Life & Style, 1991.

Sartre, Jean-Paul. Being and Nothingness: An Essay on Phenomenological Ontology. Translated by Hazel E. Barnes. New York: Washington Square Press, 2012.

Satel, Sally. "Distinguishing Brain from Mind." The Atlantic (May 30, 2013), www.theatlantic.com/health/archive/2013/05/distinguishing–brain– from–mind/276380/.

Schiller, Friedrich et al. "Twenty–Third Letter." On the Aesthetic Education of Man: In a Series of Letters. Oxford: Clarendon Press, 2005, p. 107.

Shermer, Michael. "Part I: Journeys of Belief." The Believing Brain: From Ghosts and God to Politics and Conspiracies—How We Construct Beliefs and Reinforce Them as Truths. New York: St. Martin's Griffin, 2012, p. 55.

Shinrigaku Kenkyu. "Relationship Between Two Aspects of Self–Oriented Perfectionism and Self–Evaluative Depression: Using Coping Styles of Uncontrollable Events as Mediators." Japanese Journal of Psychology, vol. 75, no. 3(August 2004), pp. 199 – 206.

Smith, Zadie. "Some Notes on Attunement." New Yorker, December 12, 2017.

www.newyorker.com/magazine/2012/12/17/some—notes—on—attunement.

Stearns, Peter N. American Cool: Constructing a Twentieth—Century Emotional Style. New York: New York University Press, 1994.

Storr, Anthony. Solitude: A Return to the Self. New York: Free Press, 2005, p.197.

Suzuki, Daisetz Teitaro. Zen and Japanese Culture. Princeton, NJ: Princeton University Press, 2010.

Swan, Gary E., and Dorit Carmelli. "Curiosity and Mortality in Aging Adults: A 5—Year Follow—up of the Western Collaborative Group Study." Psychology and Aging, vol. 11, no. 3(September 1996), pp. 449—453. doi:10.1037//0882—7974.11.3.449.

Tippett, Krista, and John O'Donohue. "John O'Donohue—The Inner Landscape of Beauty." The On Being Project(August 6, 2015), onbeing.org/programs/john—odonohue—the—inner—landscape—of—beauty/.

Tippett, Krista, and Carlo Rovelli. "On Being with Krista Tippett: Carlo Rovelli—All Reality Is Interaction." The On Being Project(May 10,2017), www.youtube.com/watch?v=jXFbtDR7IF4.

Tippett, Krista, and Frank Wilczek. "Why Is the World So Beautiful?" The On Being Project(April 28, 2016), onbeing.org/programs/frank—wilczek —why—is—the—world—so—beautiful/.

Tovote, Philip, and Andreas Lüthi, "Curbing Fear by Axonal Oxytocin Release in the Amygdala," Neuron, vol. 73, no. 3(February 9, 2012), pp. 407—410, doi:10.1016/j.neuron.2012.01.016.

Trungpa, Chögyam, "The Genuine Heart of Sadness," The Sun Magazine(July 2014), www.thesunmagazine.org/issues/463/the—genuine—heart—

of—sadness.

Wilczek, Frank, A Beautiful Question: Finding Nature's Deep Design, New
York: Penguin Books, 2016.

Yogis, Jaimal, 저자와의 인터뷰(August 15, 2017).

Zolli, Andrew, 저자와의 인터뷰(March 8, 2018).

Zolli, Andrew, and Ann Marie Healy, Resilience: Why Things Bounce Back,
Simon & Schuster, 2013.

옮긴이 **박여진**

번역가 겸 여행작가이다. 파주 번역인 작업실에서 작업하고 있으며 다양한 매체에 칼럼을 기고하고 있다. 저서로는 《토닥토닥, 숲길》이 있으며 역서는 《사랑하는 아내가 정신병원에 갔다》, 《내가 알고 있는 걸 당신도 알게 된다면》, 《빌브라이슨의 발칙한 영국산책2》 외 수십 권이 있다.

나는 파도에서 넘어지며 인생을 배웠다

초판 | 1쇄 발행 2020년 5월 7일
     2쇄 발행 2020년 6월 11일

지은이 | 캐런 리날디
옮긴이 | 박여진

발행인 | 이재진
본부장 | 신동해   **편집인** | 김남연   **편집** | 김선영
마케팅 | 권영선, 최지은   **홍보** | 박현아, 최새롬   **국제업무** | 김은정   **제작** | 정석훈

디자인 | 이경란

주소 | 서울시 마포구 잔다리로 105 잇다빌딩 5층 웅진씽크빅 갤리온
주문전화 | 02-3670-1595   **팩스** | 02-3143-5508
문의전화 | 031-956-7062(편집) 031-956-7500(영업)
홈페이지 | www.wjbooks.co.kr   **페이스북** | www.facebook.com/wjbook
이메일 | wjgalleon@gmail.com   **포스트** | post.naver.com/wj_booking

발행처 | (주)웅진씽크빅
임프린트 | 갤리온
출판신고 | 1980년 3월 29일 제406-2007-000046호

한국어판 출판권 ⓒ 웅진씽크빅, 2020
ISBN 978-89-01-24208-8 03190

이 도서의 국립중앙도서관 출판도서목록(CIP)은 서지정보유통지원 시스템 홈페이지 (http://www.seoji.nl.go.kr)와 국가자료공동목록시스템(http://www.nl.go.kr/kolisnet)에서 이용하실 수 있습니다. (CIP2020014282)